本书是国家社科基金青年项目“‘十二五’时期加快发展现代服务业的区域对策研究”（批准号：11CJY070）的成果

服务业集聚与地方政府税收竞争

新经济地理学视角的考察

刘　奕◎著

Agglomeration of Service Industry and Tax Competition among Local Governments

A Study from the Perspective of New Economic Geography

经济管理出版社
ECONOMY & MANAGEMENT PUBLISHING HOUSE

图书在版编目（CIP）数据

服务业集聚与地方政府税收竞争/刘奕著．—北京：经济管理出版社，2020.4
ISBN 978－7－5096－7071－2

Ⅰ.①服… Ⅱ.①刘… Ⅲ.①服务业—产业集群—影响—地方税收—经济竞争—研究—中国 Ⅳ.①F812.7

中国版本图书馆 CIP 数据核字(2020)第 055482 号

组稿编辑：申桂萍
责任编辑：赵亚荣
责任印制：黄章平
责任校对：陈晓霞

出版发行：经济管理出版社
（北京市海淀区北蜂窝 8 号中雅大厦 A 座 11 层 100038）
网 址：www.E－mp.com.cn
电 话：（010）51915602
印 刷：三河市延风印装有限公司
经 销：新华书店
开 本：720mm×1000mm/16
印 张：14.25
字 数：247 千字
版 次：2020 年 5 月第 1 版 2020 年 5 月第 1 次印刷
书 号：ISBN 978－7－5096－7071－2
定 价：58.00 元

前　言

目前，中国有183个地级市正规划建设“国际大都市”，而争建服务业集聚区正是中国城市化浪潮的一个缩影。作为新的经济增长点和城市能级的象征，服务业集聚区对于城市发展的意义不言而喻；也正因如此，地方政府在服务业集聚区发展上不遗余力，通过大规模的财政投入和优惠的税收政策增加本地区对服务业投资的吸引力。虽然我们对现实中如此明显的现象相当熟悉，但在理论研究中却难觅合理的解释。

本书运用空间计量方法，尝试在新经济地理学框架下分析服务业集聚和地方政府税收竞争之间的互动逻辑。本书检验了地方政府税收竞争的存在性及其在服务业集聚形成中的作用，同时探讨了服务业集聚的形成对地方政府税收竞争策略的影响。本书的主要内容可以概括为三个方面：一是在对服务业集聚的特征和规律进行梳理总结的基础上，摸清了我国各服务行业的集聚状况和演变趋势，特别是探讨了产业尺度和空间尺度对研究我国服务业集聚的影响，并分析了不同服务行业集聚的空间联系模式；二是检验了我国省际服务业实际税率的演进趋势和区域空间关联；三是通过空间计量方法实证分析了服务业集聚与地方政府税收竞争之间的互动联系——对服务业集聚与地方政府税收之间的空间分布关联性及互动逻辑进行动态面板数据的格兰杰检验，在此基础上用反应函数对服务业集聚之于地方政府税收竞争格局的影响进行空间计量检验。最后，针对新形势下我国服务业发展依托基本区域背景的六大方面新变化，结合本书得出的实证结论，提出未来服务业发展的空间格局走向和六大政策建议。

通过分析，本书得出了如下富有政策意义的实证结论：①虽然服务业涵盖了多样性很强的一系列行业，但作为一个整体，服务业确实拥有将其同制造业区别开来的一些共同性质，而这些性质恰恰影响了服务业的地理集聚和区位模式选择，其中最重要的性质就是服务业特殊的运输成本结构。②综合空间尺度和产业尺度对我国服务业地理集中现状及演化的影响，可以看出，服务业在更细的行业尺度、更小的空间尺度上不但更加集中，且逐步趋于集中的演化态势也更加明显。③服务业的空间集聚可以体现为三种模式。第一种模式不但在地理空间内部具有较强的集聚程度，而且跨区域蔓延，显示出很强的空间溢出，典型的行业如信息传输、批发零售和房地产业；第二种模式虽然在城市内部集聚度较强，但跨边界的空间溢出较小，典型的行业如居民和其他服务业、科研综合技术服务业、交通运输仓储和邮政业等；第三种模式表现为行业在城市内部集聚程度较低，但跨边界连接成片，在整个研究区域内分布较为均匀，典型的行业如公共管理和社会组织、教育文化广播影视业等。④各省之间在服务业税率上存在着明确的税率竞争行为，越来越少的地方政府选择了“向下竞争”，而越来越多的地方政府正在选择“向上竞争”。地方政府税率与服务业集聚之间存在着正向的空间关联，服务业投资对服务业集聚的空间分布同样具有显著的正向影响。地方政府在税率竞争上更倾向于选择为吸引服务业投资而进行的策略性竞争行为，在公共支出上则更多地采取适应性策略。⑤本地化经济和城市化经济的存在对服务业在本地的实际税负将产生显著的正向影响，许多因素影响或决定着地方政府对集聚租金的征税能力；在集聚经济存在且满足某些条件的情况下，地方政府完全可以提高产业在本地的实际税负而不必担心引起资本逃逸；地方政府对集聚租金征税的能力，不仅取决于自身集聚经济的特点，还取决于周边其他地区集聚经济的特性。

结合上述实证结果，新的发展时期，我国服务业发展依托的基本区域背景将有六方面重大转变：第一，有别于以往遍地开花的区域经济发展战略，伴随京津冀一体化、丝绸之路经济带、21 世纪海上丝绸之路和长江经济带等区域发展规划的实施，其惠及地区无疑将成为未来我国服务业集聚发展与扩大开放的增长热点和战略重心；第二，有别于以往区域内部相向发展和同构化竞争的格局，基于分工的区域城市间协调和共赢将成为产业发展的主旋律；第三，有别于以往空间依赖的粗放式发展方式，土地指标控制的层层趋紧及对城市新区建设的规模控制将成为常态，服务业发展重点依托的发达地区特别是区域中心城市将着重加快工业土地二次开发，努力实现土地重整基础上的精明增长将成为新时期城市发展的主流；第四，有别于以往以重大项目招商引资为主的投资驱动模式和片面追求高大上的城市产业发展倾向，随着经济进入新常态，地方政府投资趋于谨慎，产业规划将以真实的市场需求为导向，更加强化微观主体在产业发展中的主导作用；

第五，有别于以往资源向重点区域倾斜、开发区片面侧重生产功能的产业发展倾向，重点区域发展将从单一性的生产空间向多元复合型的空间形态转变，政府职能重心也将从项目开发建设向社会管理服务转型；第六，有别于以往依托四个自贸区和一个服务业扩大开放综合试点城市为主的服务业“点状式”对外开放空间格局，“一带一路”倡议的深入推进将在新的历史时期为相关城市服务业发展开辟广阔的想象空间，使我国的服务业对外开放格局形成沿海与内陆边境两个维度。

适应上述变化，结合本书得出的实证结果可知，服务业空间格局面临相应调整，在集聚中走向平衡成为主要基调。为促进服务业尽快形成布局科学、分工合理的区域空间发展格局，应在都市区空间协调管制和战略性服务设施布局的基础上，积极推进以都市圈为中心的区域服务业发展格局；继续聚焦重点领域、搭建优势平台，深入推进服务业综合改革试点工作；改革完善服务业用地管理制度，推动土地差别化管理与引导服务业供给结构调整相结合；研究制定挖潜盘活的城镇存量土地和城乡建设用地的政策措施；规划编制和调整应充分考虑相关服务业项目的建设用地需求；创新建设全球服务业中心城市的政策体系。

目　录

第一章　导　论

从总体上看，这是一部由数据和事实组成的，在新经济地理学框架下讨论服务业集聚形成机理及其中地方政府竞争行为所起作用的著作。克鲁格曼（2000）曾讲道："经济地理这个题目本身就很重要……对理解经济学这个学科来讲，它是一个价值连城的实验室。"然而，以往主流经济学一直把空间经济研究排斥在外，经济学教科书热衷于讲授没有城市和区域的、没有任何空间维度的"纯粹"的经济理论，直至克鲁格曼开创新经济地理学。目前，经济活动的空间区位已成为当代经济学中最激动人心的领域之一，空间经济理论被视为不完全竞争与收益递增革命的第四次浪潮（梁琦，2005）。但令人遗憾的是，这个新生的、颇具价值的研究领域却长期缺乏对服务产业的应有关注，正如国际服务经济学界最著名的学者之一 Daniels（2006）在《经济地理学：过去、现在和未来》一书中说到的："服务经济无处不在，在经济地理学中却踪迹难觅……从中期和长期来看，缺失服务业维度的经济地理学是缺乏可持续性的，这也是近年来经济地理学缺乏新鲜血液的原因之一。"基于此，本书将关注点置于用新经济地理学理论解释我国服务产业的空间集聚问题上；而考虑到许多研究指出，中国的经济增长可能已经陷入了省际以邻为壑的"囚犯困境"，除了市场因素之外，本书还特别关注中国的地方政府税收竞争行为在服务业集聚形成中的力量。

一、研究背景：由两个案例延伸开来

我们的研究问题从以下两个案例开始。

案例一：服务业集聚与工业分工①

乌鲁木齐的一家“边疆宾馆”自1991年底开始接待苏联解体后专程到乌鲁木齐采购物品的独立国家联合体（简称“独联体”）客商，后来随着边境贸易的发展，发展成了一个集住宿、贸易、仓储、口岸等多种功能为一体的外贸服务企业，而且还带动了周边餐饮、娱乐等服务业的发展。边疆宾馆的口岸贸易以服装鞋帽为主，其中95%的商品来自内地，新疆出产的商品只是少数民族专用的特色产品。若问内地厂家为何不把生产车间转移到新疆来，答案是此地缺少产业分工和集聚优势。虽然服装鞋帽加工所需的零件并不复杂，但在江浙一带已经形成了分工精细的产业链。这就使零件制造成本、品种选择余地和供货速度都达到最优程度，以至于产品出厂成本加上长距离运费也比在新疆生产便宜。有一位来自乌鲁木齐“七一棉纺厂”的经营者，曾经专做牛仔服加工生意，每件成本都比内地运来的同类产品贵1元。在批量销售中，正是这一成本差距导致这位厂商竞争失败，最终放弃生产，远走哈萨克斯坦和俄罗斯经商。

案例二：中国式造城②

当下中国，200多个地级市中有183个正规划建设“国际大都市”。高额的土地收入，快捷的政绩提升，各地政府从不缺乏造城的冲动。从天文数字的建设投资，到饱受质疑的“水城”设计，直至外媒口中的“鬼城”之说，举河南全省之力打造的郑东新区一路争议不断。郑东新区城市展览中心，巨大的沙盘展示着150平方公里的宏大规划。郑州，一座铁路拉来的城市，随着传统国企的衰败和铁路中心地位的消退，渴望着一场变革重铸“中原心脏”的地位。2001年，郑东新区规划方案公开招标，日本建筑师黑川纪章的方案最终获得通过。建在旧机场原址上的郑东新区中央商务区（CBD）里，“中原第一高楼”——总高度280米的郑州会展宾馆正在建设当中。2003年，郑东新区建设拉开序幕。郑州老城区以东成了中国中部最大也是最繁忙的建筑工地。据估算，郑东新区建设总投资应在2000亿元人民币以上。CBD的外圈是两圈建筑环，内环建筑物高度为80米，外圈高120米，以金融、办公、商务和居住功能为主。为解建设资金饥渴，

---

① 朱玲：《新疆印象之一：活跃的口岸贸易》，《经济学家茶座》2007年第5期，第45–50页。

② 网易新闻“看客”：《中国式造城》，2015年11月14日第61期，http://news.163.com/photoview/3R710001/14219.html#p=729MEERU3R710001。

郑州市决定以“经营城市”的思路来建设“国际一流水准”的郑东新区，实际上就是依靠“土地财政”来推动新区发展。仅 2003 年一年，郑州在 CBD 核心区的建设投资就在 100 亿元以上，超过全市总基建投资的一半。

“边疆宾馆”是一个典型的服务业集聚形成和发展的案例，而其中更为有趣的是，后面还附带着一个有关工业集聚的故事。在我国，这种服务业集聚与工业集聚的互促、共聚并不是个别现象，就专业市场这样一种常见的服务业集聚形式来说，我国的传统制造业集群往往与一个或多个专业市场群相伴而生、相得益彰，如常熟有服装产业集群和常熟招商城、绍兴有纺织产业集群和中国轻纺城、嵊州有领带产业集群和领带商品城、义乌有各类小商品产业集群和中国小商品城等。目前，仅浙江省就有 4000 多个专业市场，其中交易值超过 1 亿元的有 223 个。可以说，中国专业市场数量之多、分布之广，在人类历史上前所未有。服务业与制造业的互促共聚，仅仅是一种巧合，还是背后有某种机制支撑？是否存在某种内生的力量促使这种聚集持续并导致进一步的聚集？基于此，本书力图将服务业这个第三部门嵌入新经济地理学的研究框架①，用实证研究方法探讨我国服务业集聚的现状和形成机理，也就是回答“我们在哪里”和“为什么这样”的问题。

案例二可以让我们对服务业集聚区形成中的政府行为有一个感性的认识。当下中国，293 个地级市中有 183 个正规划建设“国际大都市”，而争建服务业集聚区，正是中国城市化浪潮的一个缩影。作为新的经济增长点和城市能级的象征，服务业集聚区对于城市发展的意义不言而喻；也正因如此，为获得区域经济控制力和提升城市形象，地方政府在服务业集聚区发展上不遗余力，通过大规模的财政投入和优惠的税收政策增加本地区对服务业投资的吸引力。昔日有轰轰烈烈的“金融中心之争”（2008 年，北京、上海、深圳、天津、重庆、西安等多个城市都提出要建设国际性或区域性的金融中心），近日有各地竞相建设总部经济基地的大手笔，一县一会展甚至一县多会展更是屡见不鲜，地方政府在服务业集聚区建设上的热情和竞争的激烈程度可见一斑。可以说，目前地方政府在服务业集聚区发展的问题上采取了“以邻为壑”的态度；地方政府力促服务业的集聚，在公共投入和税收优惠上的竞争较之数年前经济开发区的建设有过之而无不及。虽然我们对现实中如此明显不过的现象相当熟悉，却在理论研究中难觅合理的解释。正如 Hindriks 等（2005）所指出的那样，新经济地理学对产业集聚形成机理

① 新经济地理学经典模型通常以两部门（农业部门和制造业部门）为基本假设。

的解说忽略了政府的作用，政府竞争性行为，诸如公共投入和税收竞争也是促成集聚的重要力量，由此会产生政策引致型集聚（Policy - induced Agglomeration）。基于此，作为对新经济地理学的扩展和补充，本书致力于运用空间计量方法，检验地方政府[1]税收竞争的存在性及其在服务业集聚形成中的作用，同时探讨服务业集聚的形成对地方政府税收竞争行为产生的影响。

二、相关文献的简要回顾

（一）新经济地理学文献关于产业集聚形成机理的解释

Marshall（1920）从三个方面说明了空间集聚与收益递增现象之间的关系，即知识的溢出、熟练劳动力市场的形成及与本地大市场相联系的前后向联系。尽管在现实世界中，以上三种外部性都在起作用，但建立前两种外部性模型的技术问题至今没能彻底解决。遵循 Dixit 和 Stiglitz（1977）开创性的垄断竞争模型框架，新经济地理学运用内部收益递增来解释经济集聚现象，并建立了一系列的一般均衡模型（Krugman，1991），研究规模报酬、产品差异化和运输成本对产业区位的影响，强调企业在利用规模报酬与节约运输成本之间的平衡，以及在此过程中的产业集聚趋势，现已成为解释产业集聚的主流理论。新经济地理学文献认为，造成产业非均衡分布和产业集聚的主导力量，在于规模经济、运输成本、市场规模及关联效应（Puga and Venables，1996；Fujita et al.，2001；Fujita and Krugman，2004），其中特别强调需求和成本关联对产业布局和产业集聚的决定作用（Krugman and Venables，1995）。

需求关联的循环累积因果关系可以解释为：当处于对称状态时，如果劳动力从南部向北部转移，那么由于劳动力常把自己的收入花费在工作地点，因此北部市场规模变大而南部市场规模变小。在存在交易成本且其他条件都相同的情况下，任何企业都选择市场规模大的区位，因此人口转移导致“消费支出的转移”，而消费支出的转移又导致“生产活动的转移”，且该过程是自我强化的，

---

① 国际上所谓的“地方政府”（Local Government）通常指联邦（中央）和州（省）级以下的政府，但中国的研究一般将省也纳入“地方”这一概念之中，此处遵循惯例，地方政府包括省级政府在内。

也就是说，企业向北部转移，使南部制造业部门的就业减少而北部的就业扩大，生产活动的转移将进一步刺激消费支出的转移。这种机制也叫“后向联系”机制，“循环累积”指的是人口转移导致消费支出的转移，消费支出的转移导致生产活动的转移，生产活动的转移反过来又激励人口的转移。

成本关联的循环累积因果关系可以解释为：假设两个对称区域，从南部到北部的人口迁移将扩大北部的工业劳动力数量而减少南部的工业劳动力数量。根据劳动力完全就业条件，这种人口转移将扩大北部生产的工业品种类数量。由于本地生产的产品在本地市场出售无须支付交易成本，在其他条件不变的情况下，产品种类的增加将降低北部的生活成本而提高南部的生活成本，这通常也称为生活成本效应。北部生活成本的降低等价于提高北部的实际工资水平，南部生活成本的提高等于降低了南部的实际工资水平，这就进一步激励了人口的转移，不断扩大北部在整个产品种类中所占的份额。这种机制是自我强化的，人口转移导致生产活动的转移，生产活动的转移在某种程度上降低了价格指数，价格指数的降低进一步激励人口向北转移，这也就是我们所谓的成本关联的循环累积因果关系，也叫“前向联系”机制。

在上述经济活动聚集过程中，抑制聚集的力量——分散力也同样存在。如果某一区域工业劳动力集中或企业大量集中，则企业之间争夺消费者的竞争将很激烈，根据零利润条件，厂商不得不削减工人的名义工资，这样将产生一种分散力，即市场拥挤效应或本地竞争效应。在其他条件不变的情况下，较低的名义工资使北部比起南部缺乏吸引力，南部的工业劳动力不会向北部转移。也就是说，这种扰动具有自我消除初始扰动影响的能力。

经济的集聚或分散取决于以上三种力量制衡的过程。新经济地理学基本模型的数理分析表明，即使两个区域初始条件完全相同且不存在外力作用，经济系统的内生力量终将使区域演化分异，产业集聚不可避免，甚至形成极端的核心—边缘结构。尽管区域间差距可以缩小，但无法永久性地消除。而在已经形成核心—边缘结构时，流动性生产要素对区位是有选择性的，这种选择性主要以“聚集租金”为主要目标，这意味着当整个经济系统处于稳定的核心—边缘均衡时，经济政策上的细微变动不会带来经济上大的变动。

新经济地理学文献存在着一个共性，即在各个不同的模型中，聚集力和分散力都体现在相应的变量或公式上，很清晰且高度严谨，从而打破了过去“集聚经济导致集聚”的论证模式，使对集聚经济的解释真正具有了微观基础。然而，以往研究集聚经济存在性及其影响的文献虽然很多，但更多关注的是产业集聚对于区域工资、生产率等变量的影响，很少有学者关注集聚经济对政府财政行为的影响。此外，作为一门新生的前沿学科，新经济地理学的经典实证文献还很缺乏。在中国，该领域的实证文献很少，仅有的几篇都是基于制造业空间分布的（范剑勇，2008），目前还没发现将其用于解释服务业领域集聚问题的文章。

（二）服务业集聚原理及趋势

关于服务业集聚的格局和趋势，一些文献分别基于不同国家的数据进行了研究，但从研究结果看，并未能达成一致。O'Donoghue 和 Gleave（2004）指出，服务业的地理集聚和空间模式与制造业是有很大区别的。Jennequin（2008）发现，虽然自 1986 年以来集中程度一直不太高，但欧洲服务部门在地理上呈现出越来越集中的趋向，其中金融和商务服务业是集聚程度最高的两个部门。Midelfart - Knarvik 等（2000）考察了欧洲的产业集中情况，其中有五个行业属于服务业的范畴。他们发现，与制造业相比，服务行业的集聚程度更高，而出现这种现象的原因可能是他们选择的服务行业具有较高的聚集度，其中金融服务、保险、商务、通信和不动产服务行业几乎是 1982 ~ 1995 年地理集中程度最高的服务行业；而交通服务业作为最为分散的产业之一，在这段时间却在集聚方面显示出了最高幅度的增长。Kolko（2007）研究发现，服务业是美国集中度最高的产业之一，空间尺度对服务业集聚程度的影响较强，在郡（县）级层面，服务业的集聚程度更高。Krenz（2010）运用 Balassa 指数对欧洲服务业的地理集中及变迁进行了研究，并对产业集聚变化的线性趋势进行了检验，结果表明，服务行业的地理集中和集聚在 1970 ~ 2005 年呈现出了一种下降态势，降幅为 22% 左右，其中大部分服务行业的集聚水平均显著下降。

从服务业区位选择和集聚发展的理论体系来看，一方面，服务业的多样化导致了区位理论模型的分支与流派的多样性，加上服务业内部各个领域差异十分显著，理论体系相对分散，相互之间的联系很弱，给学科整合带来巨大的困难。然而，作为一个完整的理论体系，只有经过学科的整合才能将其推上一个新的发展阶段（方远平和闫小培，2008），因此有必要从综合角度对生产性服务业、消费性服务业、分配性服务业和社会性服务业的区位理论及各个分支领域的研究进行全面综合。另一方面，目前国外有关服务业区位选择的文献几乎全部是基于城市内部空间结构进行研究的，且均是在地理学研究框架内对现状的描述和数学模型建构，已有的对于服务业集聚形成机理的理论解释如知识外溢、集体学习、接近全球网络等，更多带有事后追溯的特点，对于在宏观层面研究服务业区位选择的成因，服务业地理集中与集聚的演化、特征和规律，特别是服务业集聚形成机理及其效应缺乏系统的梳理和研究。而且，现有的文献中也多是基于制造业集聚研究制造业和服务业的互动关系，并不是对服务业集聚专门的、系统的研究，而基于制造业集群的传统集聚经济理论和模型并不适合服务业（Moullaert and Gallouj，1993）。

（三）新经济地理学对传统税收竞争模型的修正

在 Krugman（1991）《规模报酬递增与经济地理》这篇文章诞生后，许多文章开始尝试循着 Krugman 的思路，在存在规模经济和垄断竞争的假设下研究对流动要素的税收竞争行为。2000 年以后，在新经济地理框架下对税收竞争的研究进入高潮，一批理论研究文献竞相出现，其中比较有代表性的如 Ludema 和 Wooton（2000）、Kind 等（2000）及 Baldwin 和 Krugman（2004）。他们运用经典的核心—边缘模型或其变化形式证实了区域间正向税收差距的存在，这种差距至少将减少（如果不是抵消的话）税收竞争的负效应，而所有模型中最核心的部分是“企业是否能够从集聚中赢得租金”。这些模型的基本观点是：分散均衡条件下的区际税收竞争类似于标准税收竞争；聚集均衡条件下，贸易自由度和聚集因素对区际税收竞争有重要影响。在需求和供给的联系下，某一区域的产业集聚倾向于稳定；流动要素在产业集聚存在的情况下产生锁定，可能不会随着税率的边际变化而流动。在中心—边缘模型中，中心区域会对流动资本产生集聚租金，而只要中心区域与边缘区域的税率差距小于集聚租金，中心区域对资本的课税将不会引致资本的外流。而且，由于集聚租金与贸易自由度的关系呈钟形，两区域间的税收差异与贸易自由度的关系也是呈钟形的（Borck and Pluger，2006）。所以，更紧密的贸易合作会使税收的向上竞争比税收竞次更早出现，而这些基本结论与新古典框架下的标准税收竞争模型截然相反。

三、本书的基本思路

（一）主要思路和基本结构

本书的基本思路是探寻服务业空间集聚与地方政府税收竞争之间相互影响的

理论逻辑和实证证据。总体上讲，各章既在内容上相对独立，同时又可以形成一个相互间具有密切联系的主体，本书遵循如下思路，即先进行理论框架的搭建和文献事实的梳理，然后用中国的省级和地级市以上数据，进行服务业集聚与地方政府竞争之间互动关系的实证分析。本书在梳理搭建服务业集聚与地方政府税收互动理论框架的基础上，首先，定性、定量描述了我国服务业及其代表性子行业空间集聚的模式及演化规律，并通过空间数据呈现各省间服务业税收的竞争态势。其次，本书试图在新经济地理学框架下，剖析两者之间互动的内在逻辑，并检验新经济地理学中的经典问题——服务业“集聚租金”的存在性及其对我国地方政府间税收竞争策略的影响。最后，根据新形势下我国服务业发展的区域背景变化，对未来的服务业空间格局进行预测并给出政策建议。

本书的结构安排如下：第一章为导论。第二章在回顾新古典框架下政府横向税收竞争基本主张的基础上，通过对新经济地理学文献中有关产业集聚形成机理及地方政府税率和公共投入竞争的理论模型和实证研究进行归纳，尝试为全书建立起一个完整的理论分析框架。在新经济地理学框架下讨论区际税收竞争时，由于存在聚集租金，区域间税收竞争及其结果与新古典的情况是不同的。当贸易自由度足够高时，即使两个区域初始条件完全相同且不存在外力作用，经济系统的内生力量终将使区域演化分异，并促使流动要素在某一区域集中；只有贸易成本足够高或聚集力很弱时，流动要素才不会集中在某一区域，此时新经济地理学的结论与新古典经济学框架下的结论是相同的。当存在聚集租金时，资本聚集区域可以对资本征收高税率而不会造成产业的流失，也就是说，在需求和供给的联系下，某一区域的产业集聚倾向于稳定，流动要素在产业集聚存在的情况下产生锁定，可能不会随着税率的边际变化而流动。

第三章基于对国内外理论和实证文献的回顾，重点分析服务业集聚的依据及其不同于制造业集聚的特性，并给出我国服务业集聚发展的一些描述性证据。虽然服务业的地理集中与集聚有着强大的现实基础，但对服务业的集聚发展特性和规律的综合研究还非常有限，服务产业是否会出现与制造业同样的集聚和地方专业化的趋势，至今仍没有定论，更有不少研究持否定态度。本书的研究表明，虽然服务业涵盖了多样性很强的一系列行业，但作为一个整体，除了其产出是无形的之外，服务行业确实拥有将其同制造业区别开来的一些共同性质，而这些性质恰恰影响了行业的地理集聚和区位模式选择：其一，服务业并不像制造业那样依赖于自然资源投入；其二，服务业比制造业消耗更少的土地资源，这就使服务企业在地理空间上可以比制造业更加靠近；其三，服务业和制造业的运输成本结构是完全不同的。以上分析也为我们将服务业引入新经济地理学做出铺垫。

第四章我们应用空间基尼系数和 Moran's I 指数描述了中国服务业集聚态势和格局演化的基本情况，并与国外服务业集聚发展规律，以及国内关于我国制造业集聚和服务业集聚的研究结果进行对比研究。需要指出的是，本章还特别关注了产业尺度和空间尺度对衡量服务业地理集中和集聚程度的影响，并依据解释性空间数据分析（Exploratory Spatial Data Analysis，ESDA）方法区分了不同服务行业集聚的空间联系模式，这在国内该领域的研究中还是首次。

第五章在概述我国服务业税制和税收情况、归纳国内外政府间税收竞争存在性经验证据的基础上，用 Gini 系数和 ESDA 方法分析了我国省际服务业实际税率的演进趋势和区域空间关联，最后通过政策梳理，找到服务业领域地方政府税收竞争的主要表现形式。研究表明，我国服务业税率水平相近的地区具有聚集在一起的趋势，特别是交通运输仓储和邮政业、房地产业等行业税率的空间正相关非常显著，显示出各省之间在税率上存在着非常明确的税率竞争行为。而且，越来越多的地区开始位于高税率的集聚中，越来越少的地区位于低值集聚中，我国税率高值集聚的趋势近十年中在京津冀地区和长三角地区有所强化，税率水平在空间上的极化效应有所增强。也就是说，在服务业的税率竞争上，越来越少的地方政府选择了“向下竞争”，而越来越多的地方政府正在选择“向上竞争”。

从第六章开始，本书转入关于服务业集聚与地方政府税收竞争之间互动联系的定量分析。第六章通过对服务业集聚与地方政府税收空间分布关联性及因果关系的实证分析，厘清地方政府税收竞争与服务业集聚之间的互动机理和逻辑关系。分析表明，地方政府税收与服务业集聚之间存在着正向的空间关联、各服务行业与税率之间的共聚模式不同，服务业投资对服务业集聚的空间分布具有显著的正向影响。从总体上看，既存在服务业集聚对地方政府税率空间分布的影响，也存在地方政府税率对服务业集聚空间分布的影响，且两者之间的空间互动关系具有时滞。而基于动态面板数据的格兰杰检验则进一步证明了，地方政府在税率竞争上更倾向于选择为吸引服务业投资而进行的策略性竞争行为，而不是被动地选择适应性策略，地方政府倾向于通过税收手段进行公共服务融资、改善地区经济发展环境，用以吸引服务业在本地集聚；而且地方政府会对服务业投资的流入采取适应性策略，随着服务业在本地的集聚而增加一般预算支出。

在第七章，我们基于反应函数进行了服务业集聚与策略性税收竞争之间的空间计量检验。实证结果表明，服务业本地化经济和城市化经济的存在，对该服务行业在本地的实际税负将产生正向影响，而且集聚经济的影响在数量上来看是非常显著的。研究结果还表明，许多因素将影响或决定地方政府对集聚租金征税的能力，比如，与周边地区相比拥有较强经济基础的地区，倾向于设定较高的税率；本地化经济超越边界的扩散也将降低某地政府攫取集聚租金的能力。在集聚经济存在且满足某些条件时，地方政府完全可以调整策略，提高产业在本地的实际税负而不必担心引起资本逃逸；而且，地方政府对集聚租金征税的能力，不仅取决于自身集聚经济的特点，更取决于周边其他地区集聚经济的特性。

基于上述实证结果，结合新时期我国服务业依托的空间背景发生的六大变化，第八章指出，我国服务业空间格局在新时期将做出相应调整，在集聚中走向平衡将成为主要基调。为促进服务业尽快形成布局科学、分工合理的区域空间发展格局，应在都市区空间协调管制和战略性服务设施布局的基础上，积极推进以都市圈为中心的区域服务业发展格局；继续聚焦重点领域、搭建优势平台，深入推进服务业综合改革试点工作；改革完善服务业用地管理制度，推动土地差别化管理与引导服务业供给结构调整相结合；研究制定挖潜盘活的城镇存量土地和城乡建设用地的政策措施；规划编制和调整应充分考虑相关服务业项目的建设用地需求；创新建设全球服务业中心城市的政策体系。第九章为结束语。

（二）研究方法

服务业集聚与地方政府税收竞争的研究涉及内容较广，为透析其内在机理，本书综合使用了多种研究方法：

（1）通过规范分析，深入梳理了服务业集聚的依据、特征、证据，以及地方政府竞争行为的存在性、表现及其在服务业集群形成中的效应等。

（2）通过数理统计和计量分析，探寻服务业集聚的现状和演化规律，检验和修正服务业集聚的形成机理及其对地方政府税收竞争策略的影响，主要运用了新兴的空间计量经济方法，包括 Moran's I 指数、空间滞后模型（SLM）和空间误差模型（SEM）等。

（3）通过对比分析，考察国内外、国内不同区域和不同服务行业的集聚特征，并对其形成机理及特性进行横向比较。

（4）通过案例分析，选取我国一些地方服务业集群的典型案例，分析其形成过程、影响因素及其中地方政府竞争的影响。

（三）可能的贡献

本书偏离了传统的新古典理论方法，在 Dixit – Stigliz 垄断竞争和规模报酬递增的基本假设下，运用新经济地理学研究框架探寻服务业集聚同我国地方政府税收竞争之间的内在联系。本书在理论上可能的贡献主要体现在以下三方面：其一，作为后艾萨德区域科学的前沿方向之一，新经济地理学虽然有着丰富的理论文献，但几乎都是基于两部门（农业部门和制造业部门）假设而建构的模型，或者是将生产性服务业和制造业合二为一作为非农产业做整体上的研究，很少有研究将服务业部门单独纳入模型加以考虑。本书将尝试从服务业与其他产业（特别是制造业）的产业关联角度入手，以实证模型结果为基础，探讨将服务业部门引入新经济地理学经典模型的难点所在，并尝试探寻将服务业嵌入此研究框架的途径。其二，作为一门新生的前沿学科，新经济地理学的经典实证文献还很缺乏。在中国，该领域的实证文献很少，仅有的几篇都是基于制造业空间分布的，目前还没发现将其用于解释服务业领域集聚与区域协调发展问题的文章。本书致力于填补该方向实证研究的空白，在新经济地理学框架下，从实证角度检验影响我国服务业集聚形成的主要因素。其三，与其他成熟市场体制国家不同，制度与政策环境对我国服务业集聚的作用是不容忽视的。本书将以往一直被实证文献忽视的政府行为维度纳入视野，一方面考察地方政府税收竞争行为对服务业集聚形成的影响，另一方面考察服务业集聚的形成对地方政府税收竞争行为的影响，从而为检验新经济地理学在中国的适用性做出一定贡献。

第二章　集聚经济与地方政府税收竞争：一个理论分析框架

对代理人在不同地理单元中潜在流动的考察始于 Tiebout（1956），他将个人和家庭的流动看作地方政府公共支出行为的内生结果，也就是说，家庭对适合自己的公共服务和税收的组合“用脚投票”。后续的诸多财政联邦制方面的文献如 Musgrave（1959）、Oates（1972）、Gordon（1983）和 Wildasin（1988）都对此问题进行了研究。循此思路，本书也致力于考察公共实体与经济人行为之间的直接联系，但将焦点转为企业选址而不是个人和家庭对居住的选择行为。为什么政府对建设产业集群如此热衷？政府的竞争性努力是否已经内化于企业的选址决策中？政府的竞争性行为在产业集群形成过程中，究竟充当了向心力还是离心力？也就是说，政府的竞争性行为到底对产业在区域间的集聚或分散施加了怎样的影响？块状经济中，政府的竞争性行为会产生哪些不同于匀质空间中的结果？而作为一个新生学科，目前新经济地理学的基本结论多是由一篇篇经典论文所形成的，故本章在对相关文献进行梳理的基础上，尝试为全书的后续分析建立起一个完整的理论分析框架。

一、匀质空间中的政府横向税收竞争：新古典框架下的理论回顾

（一）匀质空间中政府税收竞争的基本主张

1. 税收竞争的内涵

针对“税收竞争”这个概念，并没有广为接受的、统一的定义。根据税收

政策百科全书对于税收竞争内涵的界定，税收竞争有直接和间接两个层面的含义：当政府为加强本国（地区）对企业、居民、劳动力和消费者的吸引力而设计实施相关税收法律法规时，其就直接参与到了税收竞争中；当政府通过修正其税收政策目标，比如增进税收公平性、促进税收中性和简易性等，以期达到增加其竞争力的效果时，其就间接参与到了税收竞争之中（Tannenwald，1999）。

不同于上述定义，Wilson 和 Wildasin（2004）将税收竞争从一般性概念引向具体化。他们提出以下三个层面的界定方式：

（1）广义口径。税收竞争指的是独立政府之间任何形式非合作性的税收设定行为。

（2）较窄口径。在广义口径基础上，每个政府的税收政策还应对税收收入在政府间的分配造成影响。

（3）最窄口径。独立政府的非合作税收设定行为，且在此基础上制定的政策取向将影响可流动税基（特别是劳动力、企业、资本和消费者）在区域间的分布。

2. 关于税收竞争后果的争论

政府间税收竞争提升效率的引述最早来自 Tiebout（1956）。著名的 Tiebout 假说指出，政府对流动资源的竞争，将导致本地公共产品更加有效的供给，并导致福利增进的结果。在对 Tiebout 假说的公式化描述中，政府被致力于吸引个人或家庭在本土居住以实现最大化税后价值的土地所有者所控制，为了达到上述目标，政府将提供公共产品，而这些提供公共产品的资金来源于地方税收（Wilson，1999）。由此就产生了税收竞争，政府为吸引居民将用尽可能低的税收水平提供尽可能多的公共服务，从每个居民中征收的税收将等于该居民消费的公共产品的成本。在这种边际成本定价模式下，每个居民将对其居住地做出最有效率的决策。Tiebout 假说最早是针对流动个体做出的，而后许多经济学家如 Fischel（1975）、White（1975）、Ritcher 和 Wellish（1996）将其扩展到了流动企业的层面。他们的研究假定企业的供给函数弹性是无限的，在均衡状态下，企业被课征的税率将等于提供给其公共服务的边际成本。相近的结论来自 Brennan 和 Buchanan（1980），他们认为税收竞争将带来福利增进，因为在竞争缺失的情况下，政府的规模将过度膨胀。Janeba 和 Schjelderup（2002）根据 Brennan 和 Buchanan 的研究指出，从政治经济学角度研究税收竞争的文献，将税收竞争视为限制政府寻租行为的有效工具，因而将提升政府效率。Tennenwald（1999）对税收竞争有效论进行了总结，认为税收竞争的好处主要来自四个方面：使纳税人减轻来自规模过大政府的剥削；促进税收行为更加遵从受益原则；基于受益原则，产生增加税收效率的激励；促进更合理的累进税在联邦层面的运用。

税收竞争无效论的经典阐述来自 Oates（1972）。他指出，税收竞争将产生地方公共服务低于有效水平的倾向，为了吸引投资，地方政府将使税收保持在一个较低的水平上，由此公共支出将低于边际收益等于边际成本的水平，那些不能为地方投资带来直接收益的服务更是如此。Zodrow 和 Mieszkowski（1986）、Wilson（1986）和 Hoyt（1991）也较早关注到了政府间税收竞争的负效应。基于资本供给数量固定、政府采取策略性行为设定税率的假设，他们的理论研究指出，在资本完美流动的情况下，某一区域税率的上升将导致资本净收益的下降，由此将带来资本的流失，故而引起本地区资本的边际生产率的上升和资本流入地资本边际生产率的下降，资本将持续流动到所有地方的资本净收益相同。在财政达到纳什均衡时，每个政府设定的税率将使公共产品和私人产品的边际替代率高于两者的边际转换率，所以，对流动要素的竞争将导致均衡时资本税率普遍较低和公共产品的供给不足①。Boadway（2004）在联邦制背景下，将政府税收竞争的负效应归结为以下三方面：一是财政无效率，也就是在财政分权的大背景下，税收竞争将导致不同地区的财政净收益不同，从而对资源的流动与地区间无效分配产生激励；二是财政水平外部性，即一国（或地区）税收决策将对其他国家（或地区）产生影响，并对同一层级政府产生正外部性或负外部性；三是财政纵向外部性，指的是某级政府税率的提高或降低将对其他层级政府的税收收入或税率产生影响。

随着经济一体化的不断加深，想对资本和劳动力等流动要素征税而不引起税源流失几乎是不现实的，政府为吸引资本而进行的竞争最终将导致竞次（Race to Bottom）结果的出现，也就是说，竞争将使各国对流动要素的课税行为被扭曲，税率陷入向下的螺旋不能自拔，并最终导致政府做出次优的公共支出选择。正如 Wilson（1999）所指出的那样，“税收竞争文献的核心思想，就是非独立的政府将陷入为争夺有限资本而进行的降低税率和公共支出水平的无用竞争中。”由这个逻辑推演下去，不同区域间的税收协调就有其存在的必要，并将在某些条件下促成帕累托改进和福利提升。

① 见 Wilson（1999）。

对政府间横向税收互动的另外一种解释来自 Salmon（1987）及 Besley 和 Case（1995），也就是说，税收模仿行为将导致标尺竞争（Yardstick Competition）。Besley 和 Case（1995）的模型假定投票者和政府之间具有委托代理关系，政府可以是善意的或者是机会主义者，委托方和代理方存在公共产品提供成本上的信息不对称，而这种信息不对称对代理方即地方政府是有利的。基于地方公共产品提供成本是相互关联的假设，投票人可以通过比较邻近地区地方政府的表现进行投票，据此地方政府就会将邻近地区的财政政策纳入考虑范围。财政竞争模型和标尺竞争模型虽然在模型形式上差别较大，但结论却殊途同归，即地方政府税率设定不仅考虑自身的财政政策，还将邻近地区的财政政策作为重要的考虑变量；邻近地区之间的财政变量是互补的，地方政府在财政政策上会采取模仿的行为模式。而且，正像 Brueckner（2003）所指出的那样，在现实中很难分清某种税收模仿行为是来源于资本竞争还是标尺竞争，因为对两者的实证研究选用的方法都是一样的。更有甚者，Devereux 和 Griffith（2003）认为，对于企业税而言，标尺竞争是可以忽略不计的，因为对于投票者而言企业税率并不是他们评判政策决策者的重要标准，甚至绝大部分投票者对本地区企业税率的水平会一无所知。

（二）新古典框架下传统税收理论模型

匀质空间中的基本税收模型（Basic Tax Competition Model，BTCM）由 Baldwin 和 Krugman（2004）给出。模型采用了 2×2 结构，即假定存在南部和北部两个区域、资本（K）和劳动力（L）两种生产要素，两国均处于完全竞争市场，生产一种规模收益不变的私人产品，区域间不存在贸易成本，国际市场上该产品价格相同，但要素价格不同。劳动力不可流动，整个世界的资本存量 K^w 数量固定，且可以脱离所有者在区域间自由流动。

北部和南部的生产技术由标准的新古典生产函数给出：

$$Y = F[K,\ L] \quad F_L,\ F_K > 0 > F_{KK} \tag{2-1}$$

其中，F_L、F_K和F_{KK}分别是生产函数的一阶偏导和二阶偏导。代表性的消费者是拥有所有经济要素的劳动者，他拥有的凸形偏好函数由下式给出：

$$U = U[G,\ C] \tag{2-2}$$

其中，G 指政府提供的公共产品，C 指私人消费。

BTCM 模型的核心在于资本流动性对均衡税率的影响，但为了简化，要素流动性在模型中并不具有连续性，也就是资本要么具有完全的流动性，要么完全不流动。分别用 n 和n^*代表北部和南部使用的流动要素（这里是资本）数量，K 和K^*表示北部和南部所拥有的资本数量。假设世界总资本量为K^W，将K^W进行标准化，这样，$n+n^*=K^W=1$。当资本无法流动时，禀赋将决定资本的空间分布；当资本完全流动时，资本的空间分布则取决于税后资本回报率的均等化。要素空间分布的条件可以表示为：

$$
\begin{array}{ll}
F_K[n, L](1-t)=F_K[1-n, L^*](1-t^*) & \text{K 是流动的} \\
n=K, \ n^*=K^* & \text{K 是不流动的}
\end{array} \quad (2-3)
$$

其中，t、L 和 K 是北部的税率、劳动力和资本禀赋，t^*、L^*和K^*是南部的税率、劳动力和资本禀赋。

北部和南部的政府最大化其代表性消费者的效用，并且使自身预算平衡。以北部为例，北部的目标函数可以表示为：

$$\max U[G, C], \ G=tY, \ C=(1-t), \ Y=F, \ I=F-F_Kn+F_KK \quad (2-4)$$

其中，Y = F ［n，L］ 表示的是北部的 GDP，I 是北部的 GNP。为了更加明确，可以写成：

$$Y=F[n, L]I=\{F[n, L]-F_K[n, L]n\}+F_K[n, L]K$$

其中，下标代表偏导数，$F_K[n, L]$就是当 n = K 时 F[K，L]对 K 的偏导数，即北部的资本产出。大括号内的表达式代表着北部的劳动收入(即劳动获得的所有产品中除去由资本所贡献的部分)，由于资本收益率是固定的，因此该部分等于$F_L=[n, L]L$。$F_K[n, L]K$ 是北部所属资本的税前收入。G 是公共产品，我们假设公共产品的单位成本为 1，这样区域提供的公共产品等于在当地征收的税收收入。南部具有同构的目标函数。

两个政府在税率上进行纳什博弈，北部政府效用最大化（maxU ［G，C］）的一阶条件为$U_G dG/dt+U_c dc/dt=0$，解此方程可以得到：

$$\frac{U_G}{U_c}=\frac{-dC/dt}{dG/dt} \quad (2-5)$$

$dC/dt=-I+(1-t)(dI/dn)(dn/dt)$，但根据包络定理，$dI/dn=0$，故：

$$\frac{-dC/dt}{dG/dt}=\frac{d\{-[(1-t)I]\}/dt}{d(tY)/dt}=\frac{I}{Y+\frac{dY}{dt}t}$$

$$=\frac{I}{Y+\left\{F_K[n, L]\frac{dn}{dt}+F_L[n, L]\frac{dL}{dt}\right\}t}$$

$$= \frac{I}{Y + F_K[n, L]\frac{dn}{dt}t} = \frac{I}{Y\left\{1 + \frac{dn/n}{dt}t\,\frac{n}{Y}F_K[n, L]\right\}} = \frac{I}{Y\left(1 + \frac{dn/n}{dt}t\eta\right)}$$

因此，

$$\frac{-\frac{dc}{dt}}{\frac{dG}{dt}} = \frac{I}{Y\left(1 + \frac{\frac{dn}{n}}{dt}t\eta\right)}$$

其中，$\eta \equiv \frac{n}{Y}F_K[n, L]$。

在南部税率给定的情形下，$\eta > 0$ 是资本的产出弹性，dn/dt 是资本的区位分布对北部税率的敏感程度。在资本可以流动的条件下，对式（2－3）给出的资本分布条件进行全微分，则：

$$d\{F_K[n, L](1-t) - F_K[1-n, L^*](1-t^*)\}/dt$$

$$= F_{KK}[n, L](1-t)\frac{dn}{dt} - F_K[n, L] + F_{KK}[1-n, L^*](1-t^*)\frac{dn}{dt} = 0$$

解上面的方程，得：

$$\frac{dn}{dt} = \frac{F_K}{(1-t)F_{KK} + (1-t^*)F_{KK}^*} \quad F_K > 0,\ F_{KK} < 0,\ F_{KK}^* < 0$$

从而：

$$\frac{\frac{dn}{n}}{dt} = \frac{\frac{F_K}{n}}{(1-t)F_{KK} + (1-t^*)F_{KK}^*} < 0 \tag{2-6}$$

其中，F_{KK}表示资本的边际产出下降速率，取负值。要求解此税收博弈方程，我们只需写出南部政府的一阶条件，然后用这两个条件解出两个税率。

（三）传统税收竞争理论评述

正如 Wilson（1999）所指出的那样，自 20 世纪 80 年代中期以来，研究税收竞争的文献层出不穷，直至目前仍然有增无减。学者们根据基本税收竞争模型得出了许多富有意义的结论：①资本流动性导致对社会最优而言很低的税率；②资本流动性和资本的税率负相关；③资本可以流动时，两个区域同时平稳地增加税率，则可以实现帕累托改进；④如果区域规模由不可流动生产要素的禀赋来度量，则规模较大区域可以比规模较小区域征收更高的税率；⑤规模较大区域有着较低的资本劳动比，即税率与资本劳动比负相关，在其他条件相等时，这就意味着规模较小区域的单位资本收入较高；⑥规模较大区域输出资本，规模较小区域输入资本，也就是用单位资本收入水平来度量富裕程度时，资本从发达地区流向欠发达地区；⑦在世界非流动生产要素供给中占较大份额的区域，税基对税率变动的敏感程度较低；⑧资本流动性与在总税收中资本所占份额是负相关的。如果在 BTCM 模型中，对劳动和资本征收不同的税率，则在资本存在流动性而劳动不存在流动性时，所有政府将会对资本征收零税率而对劳动征收正的税率，因为对资本征税会产生扭曲，而对劳动征税不会产生扭曲。

对该领域的持续关注主要源于现实生活的诸多实例，比如研究表明，经济合作与发展组织（OECD）国家 1982～2005 年的静态税率下降了 34.84 个百分点，再比如美国各州和各地方政府都参与到了税收竞争之中，还有例子说明各地方政府为吸引国外和国内企业落户而提供了大量补贴。此外，学者和政策制定者都发现，Oates（1972）关于税收竞争的论述适用性非常广，对政策制定具有非常重要的参考意义，比如在政府制定福利支付减少政策以避免吸纳更多穷困家庭方面，以及通过减弱环境标准吸引投资的决策方面。然而，关于匀质空间内政府税收竞争效应问题的争论仍然没有解决。Musgrave（1997）指出，税收竞争的结果是好是坏主要取决于我们观察的是哪种竞争行为。如果竞争用较低的成本提供了好的服务，并促进公平、有效的税收体系的形成，这就是好的税收竞争，而分税制下的多重政府通常会在地方层面产生这样的结果。然而，如果地方政府用较低的税率吸引资本或者较高收入的居民，长期来看公共服务将处于一个无效率的水平上。

然而，传统税收竞争理论自诞生之日起就面临着各方面的质疑和挑战。传统税收竞争模型是在新古典模型框架下建立的，企业面对匀质空间的完全竞争市场，规模报酬不变，没有集聚经济、没有运输成本，也不存在区域间贸易，对流动资本的征税用于为公共支出筹资，这显然将政府支出视作了一种公共消费品。很显然，这一系列假设都是不符合现实的。如果公共产品是生产性的，从公共支出中可以得到资本收益，政府就可以运用公共投入作为吸引资本的有效工具（Sinn，2003）。随着产业集聚现象不断进入学者和决策者视野，特别是 Chipman（1970）运用外部规模收益递增刻画集聚经济的文章问世后，一些学者也试图在原有的标准税收模型框架下引入集聚经济因素，其中比较有代表性的文章来自 Fernandez（2005）。他的研究表明，即便竞争性企业相信它们遵循规模收益不变进行生产，资本的增加会增加整个区域所有企业的生产率，但地方政府仍然相信，本地区资本总水平的增加将使本地企业的生产率更高，在地方政府为了最大化代表企业效用而做出有关资本税率和公共产品提供水平的决策时，也会将此因素予以充分考虑。传统税收竞争理论主张，对流动要素的竞争将导致无效税率竞次结果的出现，更深的经济一体化则将加剧竞争并最终导致税率的迅速下降；而Fernandez（2005）等将集聚经济因素引入模型后，非但没有改变标准税收竞争模型的基本结论，反而更加深了对流动要素进行税收竞争的严重程度，自此，资本的流失不仅意味着税基的减少，更意味着区域外部规模经济的减少，这使政府对资本流失的恐惧更甚一层，也将产生更加严重的税收竞争和公共产品供给缺失。

对传统税收竞争理论最猛烈的冲击则来自现实。在现实世界中，虽然要素的流动性日益加剧，但税收的竞次情形并没有真正出现，资本税率远高于零。研究发现，美国州政府及地方政府在公共服务供给和税收水平上差异很大，地方政府之间的竞争并没有带来税率和公共支出向下竞争的结果（Fenge et al.，2007）；Vandenbussche等（2005）运用德国企业微观数据发现了中心—边缘地区之间巨大的税收差异，作为边缘的Wallonia地区比中心地区——Flanders地区征收更低水平的税收。这种理论和现实的巨大差异激发许多经济学家建立新的理论框架，其中较有影响力的研究来自新经济地理学领域。

二、产业集聚的形成机理：新经济地理学视角

（一）产业集聚：源起及效应简述

在Porter（2004）提出集群战略的著名文章《位置、竞争与经济发展：全球经济中的地方产业集群》中，产业集聚被定义为某一领域地理接近、相互关联的企业及相关机构，由于共性和互补性而相互联系。马歇尔最早论述了产业集聚或产业区的益处，后来被经济学家称为“地方化经济”，而中间投入品共享、劳动力市场共享和技术外溢则是集聚经济的源泉（Krugman，2000）。总的来看，经济集聚的产生源于技术外部性和资金外部性（Pecuniary Externalities），其中技术

外部性指的是直接影响生产函数的非市场化互动；而资金外部性则指的是通过市场机制发生、通过价格表现出来的经济互动，具有降低投入成本的效果，但不直接影响投入的生产效率。Fujita 和 Thisse（2002）的研究指出，资金外部性（或者叫市场接近效应）是集聚在较大地理范围内形成的重要原因，典型的例子如美国的“制造产业带”和欧洲的“蓝色香蕉”集聚区；而技术外部性通常在模型中被刻画为生产率改进（Rosenthal and Strange，2004），更多地用于解释城市集聚及高度专业化的产业和科技集聚区。

自 Chipman（1970）之后，许多文章都建立模型来说明技术外部性的作用，而大量实证研究也运用 Chipman 的方法，将城市和产业规模作为生产率的决定因素进行研究，其中技术外溢则是集聚经济产生的源泉之一。Moomaw（1981）估计了城市人口对生产率的影响，而 Henderson（1986）则发现了城市中的产业规模对企业的生产效率将产生正向效应。Rosenthal 和 Strange（2004）在其文章中提到了集聚经济效应的许多实证证据，这些证据表明，将集群的规模扩大 1 倍将会使生产率提高 3% ~8%。然而，通常来讲，想要准确估计集聚经济的效果是比较困难的，因为导致企业选择某一区域的原因通常有很多，比如要素禀赋条件、公共服务、基础设施甚至天气条件等，简单的估计方法往往会过高地估计集聚经济的作用。而且上述文献大多使用的是宏观数据，理论要求最好应用企业层面的微观数据来测度地理集聚活动的效应。为了解决上述问题，Henderson（2003）最早使用了美国高科技企业的微观数据进行研究，结果非常显著，正向弹性达到了 8%；Martin 等（2008）运用更加庞大的制造业数据却发现了更小的弹性，即集群企业雇用工人 10% 的增加只会带来企业生产率 0.4% ~0.5% 的增长，而且发现集聚和生产率增加之间呈钟形关系（Bell – shaped Relationship）。基于此，他们建议需要给地方政府建设产业集群的热情降温。

尽管文献对集聚经济对生产率的影响莫衷一是，产业集群依然成为各国及各地方政府区域政策中的一项重要内容。更有甚者，许多国家还尝试通过促进经济活动的分散来平衡区域间的发展差距，无惧由此带来的效率损失。

（二）产业集聚的形成机理：新经济地理学的解释

Marshall（1920）从三个方面说明了空间集聚与收益递增现象之间的关系，即知识的溢出、熟练劳动力市场的形成及与本地大市场相联系的前后向联系。尽管在现实世界中，以上三种外部性都在起作用，然而建立前两种外部性模型的技术问题至今没能彻底解决，因此之前的研究较少涉及知识溢出和劳动力市场问题，注意力主要集中在联系效应上。

遵循 Dixit 和 Stiglitz（1977）开创性的垄断竞争模型框架，新经济地理学运用内部收益递增来解释经济集聚现象，并建立了一系列的一般均衡模型（Krugman，1991）。规模报酬递增意味着生产者倾向于靠近规模大的消费市场或与生产者有纵向联系的企业，而消费者则愿意靠近生产者从而不必支付运费而享受到更多的产品。两相叠加，产生了集聚的循环累积效应；而这种效应则依存于运输费用、消费者对产品多样性的偏好及垄断竞争部门的市场份额。

以下以核心—边缘模型为例，综述新经济地理学中关于产业集聚形成机理的几个核心观点，其中循环累积因果机制是导致经济集聚的关键，贸易自由度的变化对循环累积因果机制起决定性的影响作用。

1. *本地市场放大效应*

该效应指的是如果某种外生冲击改变原有需求的空间分布，扩大了某一区域的需求，则大量的企业改变原来的区位，向该区域集中。根据核心—边缘模型给出的两个市场的出清条件如下：

$$R = \mu\, w^{1-\sigma}\frac{E^w}{n^w}\left[\frac{s_E}{s_n w^{1-\sigma}+\phi(1-s_n)(w^*)^{1-\sigma}}+\frac{\phi(1-s_E)}{\phi s_n w^{1-\sigma}+(1-s_n)(w^*)^{1-\sigma}}\right]$$

$$R^* = \mu(w^*)^{1-\sigma}\frac{E^w}{n^w}\left[\frac{1-s_E}{(1-s_n)(w^*)^{1-\sigma}+\phi\, s_n w^{1-\sigma}}+\frac{\phi\, s_E}{\phi(1-s_n)(w^*)^{1-\sigma}+s_n w^{1-\sigma}}\right]$$

$$w = w^*$$

对 w、w^*、s_H、s_n和参数 ε 取全微分，可以得出由三个方程组成的方程组。这些方程可以解释人口转移所导致的北部工业劳动力所占份额的变化，而这种劳动力份额的变化是随着北部市场规模$ds_H/\mu d\varepsilon$ 的变化而发生的。导数$ds_H/\mu d\varepsilon$ 称为区内市场导数，可以度量随北部市场规模的扩大而发生的产业活动向北迁移的量。一般来讲，核心—边缘模型比较复杂，但如果我们求出在对称点（也就是 $\varepsilon=0$，$s_H=s_n=1/2$）上的区内市场导数的值，则可以得出下式：

$$\mu\frac{ds_H}{d\varepsilon}\bigg|_{1/2}=\frac{1+a\sigma+(1-a\sigma)(\Phi/\Phi^B)}{(1-a^2\sigma^2)(1-\Phi/\Phi^B)}$$

其中，ϕ^B是突破点，而且 $a\sigma<1$，就是说“非黑洞条件”成立。如果贸易自由度足够大，则对称均衡是不稳定的，这时区内市场导数不存在。考虑 $\phi<\phi^B$的情况，此时对称均衡是稳定的，可以得出以下结论：首先，由于分子大于 1 而分母小于 1，故区内市场导数大于 1，这就是 Krugman 的区内市场效应；其次，

$ds_H/\mu d\varepsilon$ 随贸易自由度的变大而变大，这就是“区内市场放大效应”（Baldwin and Krugman，2004），就是说自由贸易加速了企业的转移速度。这一点对某一区域经济政策分析而言具有重要意义，即越是封闭的区域，越愿意实行对生产活动的补贴政策。这也告诉我们，区域政策与贸易自由度是以非线性方式相互影响的。

2. 循环因果链

在核心—边缘模型中，聚集力是自我强化的，这种特性也叫循环累积因果关系，既包括与需求关联的循环累积因果关系，也包括与成本关联的循环累积因果关系。

需求关联的循环累积因果关系可以解释为：当处于对称状态时，如果劳动力从南部向北部转移，那么由于劳动力常把自己的收入花费在工作地点，s_E 变大而 $1-s_E$ 变小，使北部市场规模变大而南部市场规模变小。在存在交易成本且其他条件都相同的情况下，任何企业都选择市场规模大的区位，因此人口转移导致“消费支出的转移”，而消费支出的转移又导致“生产活动的转移”，且该过程是自我强化的，也就是说，企业向北部转移，使南部制造业部门的就业减少而北部的就业扩大，生产活动的转移将进一步刺激消费支出的转移。这里的关键是，如果工业部门的工资水平不变，北部生产的扩大必须要超过消费支出转移规模以便满足企业的零利润条件，也就是区内市场放大效应，南部企业转入北部后，工业部门提供大量的就业机会，工业部门的劳动力需求大大超出北部工业劳动力的供给，因而生产的转移进一步激励人口的转移。这种机制也叫“后向联系”机制，“循环累积”指的是人口转移导致消费支出的转移，消费支出的转移导致生产活动的转移，生产活动的转移反过来又激励人口的转移。

成本关联的循环累积因果关系可以解释为：假设两对称区域，从南部到北部的人口迁移将扩大北部的工业劳动力数量（H）而减少南部的工业劳动力数量（H^*）。根据劳动力完全就业条件，这种人口转移将扩大北部生产的工业品种类数量（s_n）。由于本地生产的产品在本地市场出售无须支付交易成本，在其他条件不变的情况下，产品种类的增加将降低北部的生活成本而提高南部的生活成本，这通常也称为生活成本效应。北部生活成本的降低等价于提高北部的实际工资水平，南部生活成本的提高等于降低了南部的实际工资水平，这就进一步激励了人口的转移，不断扩大北部在整个产品种类中所占的份额。这种机制是自我强化的，人口转移导致生产活动的转移，生产活动的转移在某种程度上降低了价格指数，价格指数的降低进一步激励人口向北转移，这也就是我们所谓的成本关联的循环累积因果关系，也叫“前向联系”机制。

与此同时，如果某一区域工业劳动力集中或企业大量集中，则企业之间争夺消费者的竞争将很激烈，根据零利润条件，厂商不得不削减工人的名义工资，这样将产生一种分散力，即市场拥挤效应或本地竞争效应。在其他条件不变的情况下，较低的名义工资使北部比起南部缺乏吸引力，南部的工业劳动力不会向北部转移。也就是说，这种扰动具有自我消除初始扰动影响的能力。

三种力量作用过程的理论推导如下：

首先分析市场拥挤效应。为了区分生产转移和支出转移，假设工人的转移主要是由名义工资差异所导致的，而且转移出去的工人的收入都返回到原来的住地。这样，人口转移只改变 n 和n^*，而不改变 E 和E^*。从北部代表性工业产品的市场出清条件开始，此时的市场出清条件为 $w\bar{x}=R$。需要关注的是当$s_H=1/2$时，是否s_H的稍微提高会改变名义工资差异。由于当$s_H=1/2$时为对称结构，因此如果北部名义工资水平（w）提高，那么南部的名义工资水平（w^*）就会降下来。当只有本地市场竞争效应起作用时，如果 w 下降，则工资差异缩小，因此对称均衡是稳定的。R 可以写成：

$$R=\frac{w^{1-\sigma}\mu E}{\Delta n^w}+\frac{\phi w^{1-\sigma}\mu E^*}{\Delta^* n^w}=\frac{\mu E^w w^{1-\sigma}}{n^w}\left(\frac{s_E}{\Delta}+\frac{\phi s_E^*}{\Delta^*}\right)$$

其中，$\Delta\equiv\frac{nw^{1-\sigma}+\phi n^*(w^*)^{1-\sigma}}{n^w}$，$\Delta^*\equiv\frac{\phi nw^{1-\sigma}+n^*(w^*)^{1-\sigma}}{n^w}$，$s_E=E/E^w$，$s_E^*=E^*/E^w$

企业规模和总企业数量n^w是固定的，这样对 $w\bar{x}=R$ 取对数并进行微分：$\hat{w}=\hat{R}=d(\ln R)=(1-\sigma)\hat{w}+d\left(\frac{s_E}{\Delta}+\frac{\phi s_E^*}{\Delta^*}\right)/\left(\frac{s_E}{\Delta}+\frac{\phi s_E^*}{\Delta^*}\right)=(1-\sigma)\hat{w}+\left[\frac{s_E}{\Delta}(\hat{s}_E-\hat{\Delta})+\frac{\phi s_E^*}{\Delta^*}(\hat{s}_E^*-\hat{\Delta}^*)\right]/\left(\frac{s_E}{\Delta}+\frac{\phi s_E^*}{\Delta^*}\right)=(1-\sigma)\hat{w}+s_R(\hat{s}_E-\hat{\Delta})+(1-s_R)(\hat{s}_E^*-\hat{\Delta}^*)$

则可得到式（2－7）：

$$\begin{cases}\hat{w}=(1-\sigma)\hat{w}+s_R(\hat{s}_E-\hat{\Delta})+(1-s_R)(\hat{s}_E^*-\hat{\Delta})\\ s_R\equiv(\mu w^{1-\sigma}E)/(n^w\Delta R)\end{cases}\tag{2-7}$$

由对称均衡可知，$\hat{s}_E=-\hat{s}_E^*$，$\hat{\Delta}=-\hat{\Delta}^*$，代入式(2－1)整理得：

$$\sigma\hat{w}\big|_{s_n=1/2}=2(s_R-1/2)(\hat{s}_E-\hat{\Delta})$$

其中，^表示变化量（如$\hat{x}=dx/x$），s_R表示北部代表性企业的收益占全体收益R的份额。当处于对称结构（也就是$s_n=s_H=1/2$）时，只要$\phi<1$，则$s_R>1/2$；当ϕ趋近于1时，s_R变小并趋向于1/2；当$s_H=1/2$时，$s_R=1/(1+\phi)$。

根据Δ的定义，我们可以写出：

$$\hat{\Delta}=d\left(\frac{nw^{1-\sigma}+\phi n^*(w^*)^{1-\sigma}}{n^w}\right)/\Delta$$

$$=\frac{nw^{1-\sigma}}{\Delta n^w}[\hat{n}+(1-\sigma)\hat{w}]+\frac{\phi n^*(w^*)^{1-\sigma}}{\Delta n^w}[\hat{n}^*+(1-\sigma)\hat{w}^*]$$

$$=s_M[\hat{n}+(1-\sigma)\hat{w}]-(1-s_M)[\hat{n}+(1-\sigma)\hat{w}]$$

整理得：

$$\hat{\Delta}\big|_{s_n=1/2}=2(s_M-1/2)[\hat{n}-(\sigma-1)\hat{w}]$$

$$s_M=\frac{nw^{1-\sigma}}{\Delta n^w} \tag{2-8}$$

其中，s_M是北部对工业产品的支出份额，它随北部工业种类的减少而下降。当交易成本为正时，随着ϕ的提高，s_M将变大并大于1/2。如果利用需求方程和对称结构，很容易发现$(2s_M-1)=(1-\phi)/(1+\phi)$。

根据假定，工人的收入返回原地，所以$\hat{s}_E=0$。根据式（2-7）和式（2-8），可以得出：

$$\hat{w}=\frac{-4(s_R-1/2)(s_M-1/2)}{\sigma-(\sigma-1)4(s_R-1/2)(s_M-1/2)}\hat{n} \tag{2-9}$$

式（2-9）就是在前面提出的假设下的“市场拥挤效应”的表达式，因为它反映了从对称状态开始的随n=H的提高而发生的w的变化。从式（2-9）我们可以得出如下结论：首先，由于分子为负而分母为正[分母等于$\sigma(1-Z^2)+Z^2$，其中Z为封闭状态的测度，$Z\equiv(1-\phi)/(1+\phi)$，$0<Z<1$]，故人口向北迁移降低北部的名义工资，提高南部的名义工资；其次，它显示人口移动本身并不打破均衡，当不考虑需求关联或成本关联时，不管是否发生人口移动，对称均衡总是稳定的；再次，随着贸易自由度的提高，$(s_R-1/2)$和$(s_M-1/2)$都在减小，故本地企业之间争夺消费者的竞争也随之减弱，减弱速度大体等于交易成本的平方，自由贸易减弱了北部企业对北部市场的依赖程度，而这些又使北部的支出从依赖北部的产品种类转向南部的产品种类，这两种作用力的合成，就表现为贸易成本的平方形式；最后，在上述情况下，突破点和持续点是同一个点，同时，在交易成本为正的情况下，分散力开始发挥作用，因此突破点和持续点都在$\phi=1$处，

当不存在交易成本时，任何区位都是一种均衡。

关于需求关联的循环因果链，假设工人是根据名义工资水平做出迁移与否的决策，且所有收入都在他们工作的地点消费。已知$s_E = E/E^w$，根据标准化，$E = L + wn$，$E^w = 1/\mu$。把 E 和E^*代入s_E，取对数并对 w 和 n 进行微分，然后整理式（2－7），则：

$$\hat{s}_E = \frac{wn}{E}(\hat{w} + \hat{n}) = \mu(\hat{w} + \hat{n}) \tag{2-10}$$

根据标准化，当处于对称结构时，$wn = 1/2$ 和 $E = \mu/2$。把式（2－10）和式（2－8）代入式（2－7）：

$$\hat{w}\mid_{1/2} = \frac{(\mu Z - Z^2)\hat{n}}{\sigma - Z^2(\sigma - 1) - Z\mu} \tag{2-11}$$

其中，$Z = \frac{1-\phi}{1+\phi} = (2s_R - 1)\mid_{1/2} = (2s_M - 1)\mid_{1/2}$。在式（2－11）中，由于$0 \leqslant Z \leqslant 1$ 和 $\sigma > \mu$，分母总是大于零。由式（2－11）可以得出如下结论：其一，在式（2－11）中，分子中的第一项大于零，说明消费支出的转移将破坏均衡；其二，支出转移的影响主要由支付在工业产品上的份额 μ 来确定，因此支出转移破坏均衡的程度随对工业产品支出份额 μ 的扩大而增强；其三，随着贸易自由度的提高，企业越来越少地依赖本地市场，因此随着贸易自由度的提高，破坏均衡的效应也在减弱，具体地说，当 ϕ 逼近 1 时，s_R接近于1/2，故（$2s_M - 1$）接近于0；其四，分子中的第二项（也就是$-Z^2$）表示的是市场拥挤效应，由于它为负，故市场拥挤效应将尽可能保持均衡；其五，当 $dw/dn < 0$ 时，对称结构是稳定的，当交易成本很高时，也就是 Z 接近于 1 时，这种结论同样成立；其六，在 $dw/dn = 0$ 处的贸易自由度（ϕ^b）′等于（$1-\mu$）/（$1+\mu$）。由于聚集力大于分散力时的交易成本取值范围是由（ϕ^b）′来定义的，因此该临界值是刻画聚集力强度的重要变量。这样，该临界值取值范围的扩展意味着聚集力占主导地位的交易成本取值范围扩大了。

关于成本关联的循环因果链，考虑根据南北实际工资差异做出转移与否决策的工人数量 H、收入全部花费在工作地点时的情况。北部实际工资取对数并进行微分，则得出$\hat{w} = \hat{w} + \alpha\hat{\Delta}$，其中 $\alpha \equiv \mu/(\sigma - 1)$。根据对称时$\hat{\Delta}$的表达式，可以得出：

$$\hat{w}\mid_{s_n = 1/2} = \hat{w}[1 + \mu(2s_R - 1)] + \frac{\mu}{\sigma - 1}(2s_R - 1)\hat{n} \tag{2-12}$$

在式（2－12）中，第二项即为生活成本效应，也就是成本关联的循环累积因果效应。由于第二项为正，它加大人口转移导致的实际工资差异，因而是一种破坏均衡的作用力。同时，随着 $\mu/(\sigma-1)$ 的提高，消费者更加关注本地的生产，因而生活成本效应随 μ 的提高和 σ 的降低而得到增强。由于s_R随 ϕ 接近 0 而接近 1，故高交易成本将强化生活成本效应。有两点值得关注：第一，成本关联效应可以从需求关联效应和本地市场竞争效应中分离出来，式（2-12）中的第一项表示了需求关联效应和本地市场竞争效应，第二项表示了成本关联效应；第二，由于 $2s_R-1\leqslant1$，故$\hat{w}$的系数为正，这就意味着需求关联效应和本地市场竞争效应相互作用后的净效应对实际工资水平 w 的影响主要取决于 $1+\mu(2s_R-1)$ 的符号。

经济的聚集或分散将取决于聚集力和分散力的大小。如果聚集力大于分散力，将产生经济的聚集；反之则带来经济的分散。其中的关键在于贸易自由度的变化。一个基本的规律是，在贸易自由度很低时，人口和产业呈分散布局；在中等水平的贸易自由度条件下，人口和产业在空间上迅速集聚；当贸易自由度很高时，人口和产业又倾向于分散布局。

3. 内生的非对称性

内生的非对称性指的是初始对称的两个区域，随着交易成本的逐渐降低，最终导致区域间的非对称。根据新古典理论，可流动性生产要素都具有转移趋势，使区际要素供给相对均等化，比如斯托尔弗—萨缪尔森定理告诉我们，交易成本下降为零时，某一国具有相对优势的产业部门的实际工资下降。这意味着在没有包含聚集力的模型中，人口转移将减少不同地区生产模式之间的差异，伴随人口移动的贸易自由度的提高，区域间初始的非对称会逐渐走向区域间的对称。与此相反，新经济地理学基本模型的数理分析表明，即使两个区域初始条件完全相同且不存在外力作用，经济系统的内生力量终将使区域演化分异，产业集聚不可避免，甚至形成极端的核心—边缘结构。产业集聚区域（核心区）在满足本地需求的同时向非集聚区域（边缘区）输出商品，要素流动性和贸易自由度的提高将进一步加剧初始的差异；尽管区域间差距可以缩小，但无法永久性地消除。

4. 突发性聚集

在核心—边缘模型中，内生的非对称现象的发生是突发性的。当处于对称均衡且贸易自由度达到某一临界值ϕ^B（$\phi^B>\phi$）以前，贸易自由度 ϕ 的提高不会影响产业的区位；一旦达到这一临界值，自由度 ϕ 的稍微增加，都会引发突发性聚集，这时的稳定状态就是所有产业集中在某一区域。

5. 区位黏性

区位黏性也叫“路径依赖”，在贸易自由度 $\phi>\phi^s$时，也就是核心—边缘模型具有多种稳定均衡时才发生。当这种情况存在时，历史事件起关键作用。如果经济从接近核心—边缘结构处开始演化，并不断向核心—边缘结构逼近，但不会转变为核心—边缘结构的稳定均衡状态，这时来一个短暂冲击，比如某一区域对生产活动实行暂时性补贴政策，则促使经济系统从这种稳定均衡状态转入另一种稳定均衡状态，但当这种暂时冲击消除以后，经济系统不会恢复到冲击前的稳定状态，会被这种冲击后形成的新的路径紧紧地黏住。这种黏性或路径依赖特征对经济政策的分析具有重要意义。

6. 驼峰状聚集租金

已经形成核心—边缘结构时，流动性生产要素对区位是有选择性的，而这种选择性主要以“聚集租金”为主要目标，可以由当完全聚集是稳定均衡时，工人从核心区转移到边缘区时遭受的损失衡量。用数学公式来表示这种损失为：

$$w - w^{*}\Big|_{s_H=1} = 1 - \phi^{a}\left(\frac{1}{\phi}\,\frac{1-\mu}{2} + \phi\,\frac{1+\mu}{2}\right)^{\frac{1}{\sigma}}$$

聚集租金是贸易自由度的凹函数，当 $\phi = \phi^{s}$ 和 $\phi = 1$ 时，聚集租金为零；当 $\phi^{s} < \phi < 1$ 时，租金为正；当 $\phi = \sqrt{\phi^{B}}$ 时，租金取最大值，ϕ^{B} 为突破点。随着自由度的提高（也就是 ϕ 从 ϕ^{S} 提高到 1），租金曲线先升后降，显示出“驼峰状”。聚集租金对经济政策的分析具有重要意义，即当整个经济系统处于稳定的核心—边缘均衡时，经济政策上的细微变动不会带来经济大的变动（见图 2－1）。

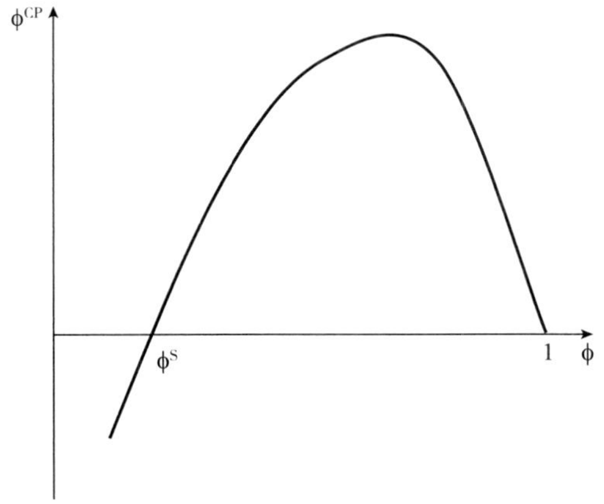

图 2－1　驼峰状聚集租金

（三）政府的税收竞争行为：集聚形成机理中被忽略的维度

税收竞争的影响问题也时常成为个人和企业区位研究的关注对象。在浩如烟海的有关企业区位的实证研究中，不少都关注到了地方税收特征对其吸引力的影响，然而绝大部分研究都主张，税收相对于地区的一些特征向量如工资水平、地理位置、有技能劳动力的可获得性等而言，对于企业区位和扩张的决策是一个影响力非常小的因素；而且，较之都市之间的竞争或区域间的竞争，税收这个政策工具对于都市内竞争来说更有意义。

Charney（1983）最早从实证研究角度关注到了大都市中美国企业区位决策对于不同子区域内征收的不动产税率是非常敏感的，而且个人所得税率也会产生类似的影响。Newman 和 Sullivan（1988）指出，在其他要素同等的情况下，税收对于区位决策来说确实是有意义的。Tannenwald（1999）指出，相较于传统区位选择的研究，对于在收入相异，特别是资本收益或企业利润不同的地区之间做出区位决策的研究是两个不同的问题；当要建立一个制造企业、呼叫中心或集散设施时，不仅需要考虑自然资源、人力资源情况，更需要考虑如何利用地区间的税收差异及转移定价和企业内部的金融安排等手段提升企业的盈利水平，而后者是一个更简便且需要更少资源的方式。而且，对基于不同国家（比如北美和欧洲）的实证结论的适用性也需要重新考察，比如对于同样的距离，在北美可能是一个州之内的问题，而到了欧洲就成了国与国之间的问题，所以，在北美得出的实证结论在欧洲或其他地区就未必适用了。而 Head 和 Mayer（2004）通过对在欧日本企业的研究发现，较之市场规模和集聚经济外部性，税收差异在企业区位选择中的作用并没那么重要。

表 2－1 是税收与企业区位的三篇典型研究，由此可以使我们了解到 1999 年后该领域研究的进展情况。在这三篇文章中，我们将看到税收对企业区位决策的影响各有不同，有些研究所反映的影响程度比 Tannenwald（1999）所描述的要大得多。但 Feld 和 Kirchgassner（2003）也指出，企业所得税率的差异将会对就业在欧盟成员国的分布情况产生比较小的影响，税率区别的主要影响将不会主要体现在实际生产行为的区位决策比如就业方面，而将主要影响企业选择在哪里交企业所得税的决策。

表 2-1　税收与区位决策的研究（基于 2000～2003 年宏观和微观数据）

作者	考察国家/单元/时间	考察数量及特征	考察方法	主要结论	政策建议
Mark，McGuire and Papke，2000	美国/华盛顿及相邻城市和郡/1969～1994 年	234 个数据点；1 个行政区和 8 个城市	对人口年增长率、个人所得税率、消费税率、居住用不动产税率、人均 AFDC 支出、人均收入、总犯罪率、人均非 AFDC 支出进行一次回归分析；对年均就业增长与消费税率、商业不动产税率、公司所得税率、个人不动产税率、失业保险支出、人均收入和总犯罪率进行二次回归	地方政府课征的不动产税对企业区位决策不产生实质性影响	与之前的研究相同，研究发现非福利性公共服务的增加将带来经济活动的增加
Mintz and Smart，2001	加拿大/企业税收总收入/1986～1999 年	3509 个数据点；14 年，6 个地区，7 个产业部门，6 个税收规模族群（减去 19 个灭失数据点）	对人均真实可应税收入和税率、收入价格、省及产业特征变量进行回归分析，特别增加了用以控制企业类型的特征变量	在多个地区的大型企业可以较容易地转嫁可应税收入；在多个区域生产的大型企业比在单一地区生产的大型企业或小型企业呈现出更高的税收弹性	1% 的平均税率下降将带来税收收入 7.5% 的增加，但没有结果表明税率对就业或投资的影响
Feld and Kirchgassner，2003	瑞士/州/1981 年、1991 年、1985～1997 年	企业区位/52 个数据点/2 年（1981 年和 1991 年），26 个州。对于就业有 338 个数据点，涵盖 13 年（1985～1997 年），26 个州	对企业在区域的分布，以及工资、企业税率、个人税率、教育支出、公共投资、城市人口比例、代表时间和州的特征变量进行回归分析。而后，对就业和相对工资水平、企业税率、个人税率、教育支出、公共投资、人口、人口年龄结构、城市化率进行回归分析	企业和个人所得税率对于小规模和中等收入规模的企业在区域间的分布具有影响，对于区域间就业的分布情况也有影响	企业所得税对高收益企业数量具有反向作用；对于中等规模企业的影响要大于小企业。个人所得税对于企业在区域间分布的负向影响更大，且对小企业的影响比对中等规模企业来说更为重要。瑞士的个人税收对于企业的区位决策更为重要，因为它将对高技能劳动力的吸引力产生决定性影响。税收差异并不一定反映在具体生产行为的区位决策上，而是有可能反映在企业在哪里交税的决策上

在新经济地理框架下，有关政府税收竞争对集聚经济形成作用的研究还比较少，现有研究主要致力于回答政府税收竞争和税收协调在集聚经济形成过程中充当向心力还是离心力的问题。循着 Martin 和 Rogers（1995）的研究思路，Fenge 等（2007）在新经济地理框架内，运用自由资本模型（Baldwin et al.，2003）分析了由规模报酬递增引致的区域集聚经济和垄断竞争存在的情况下，基础设施领域的财政竞争及其影响。他们的研究考虑了两方面的非对称性及其互动：一方面，研究将区域之间基础设施禀赋的不同纳入考虑，提出由于规模收益递增、贸易成本和边际成本递增的共同作用，拥有较多基础设施禀赋的地区资本收益更高，这也就是说，在给定贸易成本的水平下，区域基础设施禀赋将加剧集聚，即充当了一种向心力；另一方面，研究还考虑了各个区域政府支出份额的异同，而这种区域规模的异同正是构成本地市场效应的基础，具有更大本地市场就相当于在模型中拥有比较优势。研究指出，在贸易成本较高的情况下区域竞争将引致基础设施集中，而在贸易成本降至某一水平时会导致基础设施的分散分布；而贸易成本很大时财政竞争将产生基础设施的过度供给，在区域一体化水平较高时会产生供给缺乏。由此，就会出现区域集中与效率之间的两难选择，因为只有用足够低的贸易成本产生足够高的集聚，才能达到区域基础设施的分布有效率的结果。Jofre – Monseny 和 Sole – Olle（2008）指出，对流动资本征收较高的税收将对经济集聚活动产生负面影响，而对于较大规模的城市而言，集聚经济将减弱税收对于经济活动的这种负效应。Hindriks 等（2005）的研究表明，考虑到公共投资会产生集聚效应，也就是说，资本的流入会激励公共投资，公共投资又会吸引更多的资本，这就使政策引致的产业集聚成为可能，而这种集聚与新经济地理学框架下经典的集聚作用是不同的。

在税收协调对经济集聚影响的研究方面，Wrede（2008）分析了在集聚经济正外部性存在的前提下，对于非对称税收竞争的均等化努力所产生的结果。研究表明，税收收入的均等化将在集聚外部性较强的情况下加速资本在空间的分散。Konrad 和 Kovenock（2008）指出，均衡税收将破坏集聚经济优势的发挥，他们发现，区域内原有的 FDI 所承担的税收水平将高于后来引进的 FDI，政府为了吸引新企业投资而采取的一系列财政刺激措施将使已有的集聚经济优势更加稳定，却有可能危及均衡水平上的税收收入。关于经济一体化对经济集聚形成的效应问题，Ott 和 Soretz（2008）在区域增长模型框架下，考察了竞争性的政府政策及经济一体化对经济活动分布的影响。在这篇文章中，经济一体化被理解为地区间合作的加强，并描述为一个地区从其他地区公共支出中的获益程度。研究表明，经济一体化和政府公共投入的特征都将对经济集聚的形成产生至关重要的影响。随着经济一体化的加深，经济集聚将不易发生，而且集聚程度会有所降低。

此外，许多研究还将视野投注到用产业集聚所引起的正外部性来解释地方经济发展差距的成因上，典型的如 Rice 等（2006）。目前，该领域已形成了由地理学家、经济学家和历史学家运用不同分析工具解释产业地方专业化和产业集聚的成因（比如区域要素禀赋、原材料密度、比较优势、区域外部性、交通成本和市场潜力等）及产业集聚的影响的可喜局面。

三、块状经济下的政府横向税收竞争：新经济地理学框架下的考察

综上所述，研究集聚经济存在性及其影响的文献可谓汗牛充栋，却很少有学者关注集聚经济对于政府财政行为的影响，特别地，以往关于集聚经济的实证研究更多关注的是产业集聚对于区域工资、生产率等变量的影响，鲜少见到研究产业集聚对于税收竞争影响的实证文章。新经济地理学领域的学者将集聚力量引入了税收竞争的研究之中，他们将集聚与规模收益递增和产品的贸易成本相联系，考察其对区域税率平衡的影响。

（一）基本主张

在 Krugman（1991）《规模报酬递增与经济地理》这篇文章诞生后，许多文章开始尝试循着 Krugman 的思路，在存在规模经济和垄断竞争的假设下研究对流动要素的税收竞争行为，其中有代表性的文章如 Baldwin 和 Krugman（2004）、Andersson 和 Forslid（2003）及 Kind 等（2000）。这些模型的一个基本特点是，在需求和供给的联系下，某一区域的产业集聚倾向于稳定；流动要素在产业集群存在的情况下产生锁定，可能不会随着税率的边际变化而流动。在中心—边缘模型中，中心区域会对流动资本产生集聚租金，而只要中心区域与边缘区域的税率差距小于集聚租金，中心区域对资本的课税将不会引致资本的外流。而且，由于集聚租金与贸易自由度的关系呈钟形，两区域间的税收差异与贸易自由度的关系

也是呈钟形的（Borck and Pluger，2006）。所以，更紧密的贸易合作会使税收的向上竞争比税收竞次更早出现，而这些基本结论与新古典框架下的标准税收竞争模型截然相反。

（二）理论模型

在块状世界中，聚集力使流动要素变为准固定要素（Kind et al.，2000），税收竞争的结果就会有很大的不同。对聚集经济的作用和影响，Baldwin 等（2003）运用了新经济地理学中常用的“滚摆线”来说明，如图 2－2 所示。图中纵轴表示北部和南部流动要素的实际收益比率，即$\frac{\pi/P}{\pi^*/P^*}$；横轴表示北部在流动要素中所占份额，用s_n来表示。假定流动要素受高收益率的吸引。这样，当北部的收益率很高时，北部流动要素在世界总流动要素中所占份额就很高；反之，如果北部的要素收益率较低，则在世界流动要素中所占份额较低。

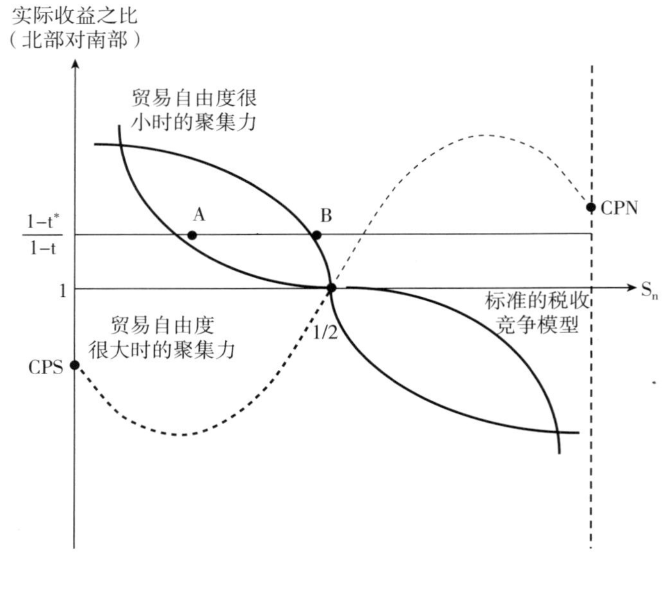

图 2－2　块状世界税收特性和新古典边际报酬递减

资料来源：Baldwin 等（2003）。

首先，在新古典模型的情况下（图 2－2 中的粗实线表示），假设两个区域的初始条件相同，如果产业活动从南部向北部转移，则北部的要素收益相对降低。

北部资本占全部资本的比例小于一半时，北部的资本收益率高于南部；当北部占全部资本的比例大于一半时，其资本收益率低于南部。收益递减则意味着在任何一点，曲线都是向下倾斜，南、北部收益相同的对称点在$s_n = 1/2$处。在新古典模型中，税收非对称将会导致适度的资本重新配置。例如，如果北部的税率高于南部，即$(1-t^*)/(1-t)$大于1，则资本将从北部流向南部，直到两者的税后收益相等为止，即$\pi(1-t)/P = \pi^*(1-t^*)/P^*$。在图中A点处，北部的资本收益率要高到刚好可以补偿北部更高的税率。存在聚集经济时，也可以观察到同样的情况，但此时交易成本要足够大。

当交易相当封闭时（即贸易自由度小于突变点），新经济地理学所有模型都有一个稳定的对称均衡，如图2－2中的细实线所示，税收差异同样产生了一个适度的资本重新配置，B点表示税后的均衡点。

然而，当存在聚集经济且贸易自由度足够高时，非对称税收的影响就完全不同了。当贸易自由度足够高时，收益率和资本的分散化之间的关系正好相反，如图中的虚线所示。该虚线在$s_n = 1/2$处向上倾斜，斜率为正说明在该贸易自由度水平下，经济的聚集力超过了分散力，因此在该区域，聚集所带来的收益递增将导致经济的进一步聚集。当所有的资本都集中在北部时，北部的实际收益率变得更高，如CPN点所示；当所有的资本聚集在南部时，南部的资本收益率将变得更高，如CPS点所示。在这种情况下，非对称税率可能对区位没有影响。例如，如果经济活动在CPN点上，此时非对称税率将不会引起任何影响，资本不会从高税率地区逃逸，因为CPN处的实际收益率将高于税率差异，这说明资本在高税率地区获得更高的收益。总之，当存在聚集经济时，即使不存在差别化税率的激励，产业也将会聚集，这对制定税收政策具有重要的启示。

对于任意给定的南部资本税率，在不引起资本向南部转移的情况下，北部可以向资本征收的最高税率，即在不发生资本外溢的情况下，北部可以维持产业聚集的最高税率差异，也叫作持续点税收差异，只要资本的实际收益大到足以抵消税率差异的影响，流动要素就不会向南部转移。将税收差异表示为$T = (1-t)/(1-t^*)$，则资本不外溢的条件是：

$$T > T^s T^s \Omega^{CP} = 1 \quad (2-13)$$

其中，T^s就是“持续点税收差异”，集聚经济创造了可以对其征税的租金。

当开放度足够高，同时贸易自由度大于维持点时（即$\phi > \phi^s$时），集聚租金大于1，这样，核心区税率可以超过外围区的税率。然而，当贸易自由度小于ϕ^s

时，集聚租金小于1（也就是$\Omega^{CP}<1$），如果北部想维持目前的聚集格局，那么必须降低税率。

由此，块状世界的税收竞争得出了以下具有代表性的结论：

（1）当贸易自由度足够高时，聚集将促使流动要素在空间上的集中。在这种情况下，流动要素对税率做出的反应与BTCM是完全不同的。然而当贸易自由度很低时，新经济地理学模型表现出收益递减，这与BTCM中的情况类似。这意味着只有在交易成本足够高或聚集力很弱时，传统的税收竞争模型才可能成立。

（2）聚集力可以创造该区位特定的租金，对此租金征收一定税率的税收不会导致资本的外溢。

（3）BTCM模型预测了流动要素聚集和相对税率之间的负相关关系，即资本劳动比很高的地区具有很低的税率。但如果存在聚集力，那么只有在贸易受到极大限制时这种相关性才能成立。当贸易自由度很高时（即$\phi>\phi^{s}$），资本劳动比高的地区征收高税率的税收是完全可能的。

（4）持续点税收差异T^{s}取决于形成驼峰状租金时的贸易自由度水平，因为集聚租金是贸易自由度的驼峰状函数。当贸易自由度处于中间水平时（也就是形成产业集聚是必要且可能时），企业的集聚租金最大，可以对企业征收高税率。当交易成本足够高时，如果要维持核心区，核心区的税率要低于边缘区的税率。也就是说，对于那些已经存在产业聚集的地区而言，聚集力可以扩大该地区独立制定税制的范围。

（5）从高贸易壁垒开始，则贸易的一体化有可能导致“高税率竞争”，即高税率地区比低税率地区更快地提高其税率。在贸易一体化的后期，可能出现“低税率竞争”，即高税率地区比低税率地区更快地降低其税率。

由上述结论可知，只有当交易成本足够高或聚集力很弱时，BTCM结论才能成立，税收竞争和竞争结果在块状经济世界中将呈现出完全不同于新古典经济学框架下的结论。任何强化聚集的力量都存在把产业锁定在核心区的趋势，也就是赋予了核心区在对流动要素征税方面更大的自由度，这与“大国优势”在本质上是一致的。

（三）文献回顾

如前所述，在存在中等贸易成本的前提下，将存在较强的本地市场效应，并产生中心—边缘均衡，即所有企业处于中心地区，并且中心区的资本收益比边缘地区要高，这构成了集聚租金产生的基础，集聚租金的大小则取决于本地市场效应的大小，由此，就产生了可用以课税的集聚租金。2000 年以后，在新经济地理框架下对税收竞争的研究进入高潮，一批理论研究文献竞相出现，其中比较有代表性的如 Ludema 和 Wooton（2000）、Kind 等（2000）及 Baldwin 和 Krugman（2004），他们运用经典的核心—边缘模型或其变化形式证实了区域间正向税收差距的存在，这种差距至少将减少（如果不是抵消的话）税收竞争的副效应，而所有模型中最核心的部分是“企业是否能够从集聚中赢得租金”。在集聚租金存在的前提下，政府能够通过更高的资本税率来取得这些租金中的一部分，而不用担心资本向其他地区转移。

Andersson 和 Forslid（2003）的研究表明，集聚在非对称区域之间产生了可对流动要素课征的集聚税，并将提高均衡时的税率；与标准税收模型相比，受益于集聚税的地方可以在一定程度上不对邻近地区的税率变动做出反应，同时不用担心资本的流出。Ludema 和 Wooton（2000）的研究强化了上述机制，他们在假定要素报酬全部在课征地花费的基础上，考察了同时变化要素流动成本和贸易成本对政府征税行为的影响，结果发现，降低任何一种成本都将会导致政府选择更高的税收，这与标准税收竞争模型的结果显然是截然相反的，这篇文章连同 Andersson 和 Forslid（1999）、Kind 等（2000）的研究一起，为集聚产生可以被政府课征的流动要素租金提供了佐证。Baldwin 和 Krugman（2004）在产业完全集聚的条件下发现，区域间的税收差距与贸易开放度的关系呈钟形，随着贸易自由度的上升，税收差距先增大后缩小。然而，由于模型设定的限制，几乎所有理论文献阐述稳定均衡时，产业的空间分布要么是对称分散，要么就是集中在一个地区，这样的极端假设与事实相去甚远（Ottaviano and Thisse，2003）。

Ludema 和 Wooton（2000）对建立部分集聚下稳定均衡的理论模型做出了贡献，但囿于模型的复杂，文章未能对部分集聚下的税收竞争情况进行探讨。实际上，对经典的中心—边缘模型稍作修改，通过削弱向心力而更多地考虑离心力，部分集聚的稳定均衡在许多情形下都能出现（Pfluger，2004）。比如说，将经典的 Cobb－Douglas 效用函数改成对数拟线性效用函数，核心—边缘模型中的需求—供给关联还将保持，但从需求中去掉收入效应将减弱收入联系，会使部分集聚状态成为稳定均衡。基于此，Borck 和 Pfluger（2006）填补了部分集聚下税收竞争研究空白。他们对模型进行了一系列的简化，比如模仿标准税收模型假设税收只对流动要素征收，只考察总税率水平，同时参考了 Baldwin 和 Krugman

（2004）采用的政府目标函数的简化形式考察了部分集聚下的税收竞争，虽然仍无法得出模型的解析解，但依赖数值模拟，他们发现集聚经济对政府间税收博弈产生的税盾效应的结论在部分集聚下同样适用，集聚租金并未全部被流动要素获得。此外，他们发现税收差异与贸易成本之间的钟形函数在部分集聚情形下依然成立。这样，在中心—边缘模型框架下提出的税收竞争结论的适用性就被大大地延展了，税收差异作为一种税收博弈的稳定状态，在部分集聚的状态下也能得到，这与许多研究观察到的一体化过程中欧洲的企业税收差异情况是相符的[①]（Baldwin and Krugman，2004）。企业为了更接近大市场同时享有更多的地方公共产品，会乐于接受中心地区一个更高的税率水平（Krogstrup，2003），这样，“高标准竞争”的结果将会取代“税率竞次”的结果，而集聚和地方税收之间的关系依赖于经济一体化的进程——也就是地区间的贸易成本（Baldwin and Krugman，2004）。

然而许多研究也指出，集聚租金往往在研究不对称区域间的税收竞争时才比较显著。在两个拥有相似的非流动要素禀赋的区域之间，如果对完美流动的要素课税，税收竞争将更加激烈，会出现标准税收竞争时的无效率竞争情况，即随着贸易自由度的提高或者集聚力的增强，纳什均衡的税率将逐渐降低（Baldwin and Krugman，2004；Ludema and Wooton，2000）。

在实证研究方面，对政府间策略性税率设定行为存在性进行考察的文献已有不少（Brueckner，2003），很多文章都证实了政府在税率设定时，会对其他政府的税率变化做出相应的反应，而实证结果对于税率策略性反应的方向则莫衷一是。比如，Brueckner 和 Saavedra（2001）考察了 Boston 大都会区地方政府不动产税率策略竞争情况，发现对于竞争区域的税率变化，一些地方选择了正向变动其不动产税率，而另一些没有做出反应；Rork（2003）发现地区间在设定其消费税率时存在竞争，而这种竞争在设定其他税率时也存在，但他发现的是对于邻国（或相邻地区）税率变化的负向反应；Luna（2004）估计了长期和短期的消费税率方程，她假设一国对于邻国税率变动具有正向策略性互动行为，且存在一年的时滞，这样的规律在地方政府之间也存在。然而值得注意的是，几乎没有实证研究关注到集聚效应对税率的影响。如果集聚租金确实存在，流动要素竞争对于税率向下的压力将会减轻，因此，描述一国税率决定因素的实证模型还需要考虑到

① Baldwin 和 Krugman（2004）通过计算欧洲各国税收收入占 GDP 的比重发现，在“中心”和“边缘”国家之间，税收差异是非常显著的。

集聚，而不仅仅是税收竞争这个要素。

Egger 等（2005）发现，拥有大量劳动力的国家（对应于模型中的中心区域）税率通常较高，而且随着资本流动性的增强，策略性政府设定通常会根据自身集聚经济规模而对税率做出相应调整。在此基础上，Charlot 和 Paty（2007）运用法国市级数据检验了“接近较大市场需求的政府倾向于设定较高税率”的假设。他们发现，地理上同高收入地区接近的市级政府，通常会对其辖区内的经济行为收取较高比例的税收，从而间接证明了由于市场接近效应所产生的可征税集聚租金的存在。Monseny 和 Sole - Olle（2009）考察了西班牙 2621 个市级政府的企业税收决策和税率设定情况，其中特别关注城市化经济、地方化经济及市场潜力对于地方企业税率的影响。研究发现，在城市化经济、本地化经济及市场潜力较高的地区，企业的税率设置得往往较高。Charlot 和 Paty（2010）考察了集聚经济下的法国地方政府税率设定行为。他们对地方政府税收依存的存在性和强度进行了评估，运用跨部门数据对税率设定方程进行了估计，同样发现竞争地区之间（或国家之间）税收选择模仿行为的存在及其正向关联，也就是存在财政决策的横向外部性。而且，他们运用法国市级政府的时间序列数据，证明了可课征集聚租金的存在，及其与市场可及性之间的依存关系。此文的贡献不仅在于对原本不多的新经济地理学实证文献的积累，更在于运用不同城市化水平市级政府税收行为的分异，来研究集聚对于税收的效应，并发现了富有意义的结论。文章表明，法国地方政府选择其企业税率时的竞争行为并不会在集聚程度更高的地方更激烈，也就是说，税收竞争强度并不随着人口或企业集聚程度的增进而增加。此外，他们对纵向财政竞争（包括税收和公共支出）也进行了实证分析，结果得出了与许多文献相反的结论（Goodspeed，1999；Hayashi and Boadway，2001；Brett and Pinske，2000）。

Baldwin 和 Krugman（2004）在存在集聚经济和贸易成本下降的前提下考察了税收协调问题。他们指出，集聚力存在时，企业在均衡状态下不会轻易改变其区位，也就是说，集聚经济使资本从完美流动变成了部分固定的要素，由此税收博弈的结果就不是传统税收模型所描述的“竞次”那么简单了。对于较不发达的边缘地区而言，发达的中心区域更像是具有部分定价权的专利拥有者，所以经济一体化并不必然导致税率下降，“有限税收”同样意味着简单的税收协调，也就是采取统一税率的行动将至少会对一国造成损害，两区域税率若提高到某一相同税率，将提高规模较大区域的福利水平，同时降低较小区域的福利水平；而如果在税率不协调的两个区域中，以某一区域初始税率作为共同税率，则两区域的福利水平都受到损害；设定最低均衡税率作为基准税率将达到弱帕累托改进的结果。Hindriks 等（2005）指出，税收分成计划将会对低税收地区产生退出与高税收地区进行资本和企业竞争的激励。然而，由于区域的多样性，地区间包含净转移的税收分成将有可能产生道德风险问题。当非对称地区只存在税收收入的竞争时，税收分成对于高税收地区是有益的，而税收协调对于低收入地区往往是有害的；当地区之间在公共投资上也存在竞争时，税收竞争将会向下扭曲公共投资，而由于道德风险的存在，税收分成也会降低公共投资水平。

此外，还有一些实证文献将关注点集中于新经济地理学框架下贸易成本对税收竞争的影响。比如，借鉴 Head 和 Mayer（2004）的方法，Exbrayat（2007）建立了一个新经济地理学计量模型，发现贸易一体化将对税收政策从以下两个方面产生影响：其一，贸易一体化将加强税收互动并加速在企业税收方面的向下竞争；其二，贸易一体化将通过改进其市场接近效应，使一国设定较高的公司税率成为可能。而当控制第一种效应时，第二种效应将变得不显著。由此，文章推定贸易自由化对于企业税率的总效应将是负向的，并由此解释了 1983 ~ 1999 年发生在 OECD 国家的贸易一体化与企业税率之间的反向变化。而且，一国在限制其他国家的财政政策独立性方面，并不具有同样的能力，一国设定较高税率的能力将随着市场规模及市场接近效应的上升而提高，并将随着政府对工资设定行为介入程度的加深而降低。

（四）评述

总的来看，新经济地理学框架下的税收竞争研究颠覆了传统税收竞争的基本理念和结果，在规模报酬递增的前提下建立了大量的理论模型并进行了一定的实证研究，同时得出了富有经济含义的研究结果，对实践具有较强的启示和参考价值。然而，必须看到的是，这些研究具有以下两个明显的缺陷：一方面，新经济地理学的税收竞争研究建立在极为特殊的一系列假设之上，如此情形下得出的结论，其普适性和有效性值得深入探究；另一方面，新经济地理学框架下的税收竞争模型与传统税收竞争模型之间，目前还并不存在一个合理的、光滑的转换，而这一点对于实证研究来说是不能令人满意的。有学者指出，假设像知识外溢等外部性是产业集聚形成的主要原因，则可以建立同时具有完全竞争和规模递增的模型，Burbidge 和 Cuff（2005）就在此研究框架下研究过资源和住宅税收领域的政府竞争，并发现规模报酬递增下的不对称均衡是无效率的，较大规模的区域将在均衡状态下受益。然而，这种在新经济地理学模型中囊括经典税收竞争特点的研究也仅仅是个特例。

四、新经济地理学框架下的政府投入竞争：集聚形成中政府的作用

（一）产业集聚形成中的政府投入竞争：效应及作用机制

正如 Sinn（1990）所指出的那样，NEG 模型虽然挑战了传统的税收竞争模型，但模型中对政府部门的处理仍然是基础而初步的。税收竞争并不能涵盖地方政府竞争的全部内容，区域竞争不仅包括税收的竞争，更包括具体领域政府支出的竞争，流动生产要素的区位决策还依仗于该国的社会和经济基础。以往的研究过于强调税收而忽略了公共支出的影响，其实除了税收及补贴之外，地方政府吸引产业投资的最重要工具则是公共投入，政府可以通过在公共交通、信息通信基础设施、研发设施及其他公共领域投资，增加要素的生产率。有确切证据显示，政府对于邻近地区的公共投资会做出正向反应，并选择投资于旨在提升本地生产率的基础设施（Borck et al.，2012）。而从欧洲的实践来看，政策制定者在区域竞争中最常用的手段就是公共支出，许多国家都通过投资于使本区域受益的特定基础设施而增加本地对投资的吸引力（Andersson and Forslid，2003）。基于以上事实，Gabe 和 Bell（2004）提出，对公共基础设施的高支出与高税率的组合将比采用低税率与低政府支出的策略带来更好的回报。

Ellison 和 Glaeser（1999）指出，地理集中现象只有 20% 左右可以被自然禀赋的比较优势解释，其他的影响因素通常包括知识溢出效应、劳动力市场池、新经济地理学的循环累积效应及产业所需的特定基础设施的供给情况。而实证研究表明，地方政府公共支出作为一种重要的要素已经内化于企业的区位决策之中。Benassy－Quere 等（2007）运用美国主要企业在欧洲 18 国的资本支出数据，发现本地公共资本对于吸引 FDI 具有正向作用，在政府提供基础设施的资金不来自对流动要素的课税的前提下，公共基础设施的投入将增加 FDI。Maurer 和 Walz

（2000）使用两区域模型，对非完全竞争市场上地方政府公共支出竞争与产业集群的关系进行了实证研究。他们指出，地方政府将通过提供基础设施来吸引企业的进驻，而企业进驻所带来的税源又将资助地方政府的基础设施支出，同时提高收入和就业水平。企业的区位选择取决于以下两方面的取舍与平衡：一方面，更多地方基础设施的提供将降低企业的生产成本；另一方面，区域中企业的集中和基础设施的增多也将提升本地的工资水平，从而增加企业的生产成本。也就是说，企业对其区位的选择取决于两种因素的相互作用，即在企业集聚发展导致的更多基础设施提供与集聚导致的工资等生产要素成本上升之间权衡。研究表明，本地劳动力供给弹性越大，集聚的平衡越有可能达到。如果劳动力供给是非弹性的，每个企业的空间多元化则是一个特殊的均衡。在大多数情况下，区域间的这种竞争将导致地方基础设施的次优供给。

在新经济地理学对集聚区形成机理的分析中，诸如贸易自由度、消费者对产品多样化的偏好等因素都充当了向心力或离心力的作用。然而，政府在集聚形成中的作用如何，在新经济地理学中却长期缺乏系统的解释，政府成为了长期被新经济地理学忽略的研究维度。Lanaspa 等（2008）将公共部门引入 Krugman（1991）的中心—边缘模型，并指出公共服务的供给对于企业选址来说与税收水平同样重要。Brakman 等（2002）最早通过加入政府支出和政府生产因素，在经济地理学模型中引入了政府部门，并通过改变公共产品生产的相对规模、方向和效率，模拟了政府对集聚的影响。结果表明，政府将改变产业集聚力和分散力之间的平衡，公共产品的引入更多的是充当了一种集聚力；税收和公共支出政策将充当互相对立的两种作用力：当其他要素不变时，高税率将充当一种离心力，也就是促进产业分散，即便集聚租金将会在相当程度上阻止分散的发生；反之，公共支出的增长将增加当地对于流动生产要素的吸引力，从而促进集聚的产生。然而他们也指出，高税率往往意味着较高的公共支出，这个两难的问题在相当一段时间内一直困扰着欧洲的政策制定者们。

Andersson 和 Forslid（2003）开创了新经济地理学研究政府公共支出的先河。他们假设要素税收被地方政府用来为地方公共产品筹资，并发现施加于非流动劳动力的税收将导致分散均衡，对流动要素征税将打破分散均衡；而这种公共产品的生产技术会成为一种新的集聚力，使拥有更多流动要素的地方具有生产更多公共产品的能力，并以此来吸引更多的流动要素。当施加在流动要素上的税收与非流动要素征税相比不是太高的时候，这种效应将会加强。在这里，公共部门的存在其实充当了一种向心力。Fenge 等（2007）运用经典的自由资本模型，阐述了政府间通过公共投入进行的财政竞争对基础设施供给与产业分布的影响。研究指出，当贸易成本较高时，区域竞争将导致公共支出的过高投入，而当经济一体化程度非常高时，则会引致公共投入不足。只要贸易成本较高，公共投入竞争都会发挥一种分散的力量，而对于单一地区来说，如果贸易成本低于一个特定水平，则又会引致产业集聚。他们的理论模型表明，政府在区域政策上应该对中心地区的基础设施投入予以补助，以达到基础设施总水平的有效供给，而且经济集聚不应该是区域竞争的产物，而应该是贸易成本较高造成的自然而然的结果。这样的主张显然与各国正在实施的区域政策是有出入的，比如在欧盟国家，区域政策通常是在加强区域一体化的同时补助边缘地区的基础设施建设。而文章明确指出，区域基础设施有效率的分布其实是低贸易成本下的集聚，由此将引发区域集中和效率之间的取舍。Ehrlich - Treuenstatt（2009）对贸易成本不同时，政府支出对产业集聚的影响进行了分析。他指出，只要贸易成本足够高，政府的支出竞争仍然会造成产业的分散分布；当贸易成本降至某一范围内时，公共支出竞争将引致产业集聚现象的产生。可以说，公共支出竞争是一种强化产业集聚的机制。Ott 和 Soretz（2010）分析了区域政策对于产业集聚的影响，特别是研究了广义上的公共基础设施（既包括铁路、机场、通信网络，也包括研究培训网络及教育等）对集聚的作用。研究指出，经济一体化的加深将减小区域差距，而拥挤效应所产生的外部性将促进集聚。经济一体化将使集聚的力量变小，而相对拥挤将使我们过高估计资本回报，资本在核心地区将由于拥挤效应而更快增长，最终达到次优的产业集中状态。鉴于此，为了纠正由此带来的扭曲，财政政策应努力将拥挤效应的外部性内化。

对于非本地产品歧视性的政府采购是一个非常普遍的现象，但很少有研究关注到政府采购对于产业集聚形成的影响。最早将政府采购与产业国际专业化问题联系在一起的研究来自 Baldwin（1970）。他的研究表明，在 Heckscher - Ohlin 模型中，公共支出对于本地市场的偏向对于产业的国际专业化是没有影响的，政府对本地市场的偏好将会对私人部门对本国产品的需求产生挤出效应，而政府部门进口的减少将被相应私人部门进口的增加所抵消。然而，不少研究指出，传统贸易理论所得出的上述结论难免有悖于常识，政府的本国采购需求已经违背了非扭曲的自由贸易原则。比如，Miyagiwa（1991）用局部均衡寡头模型说明，当产品不是同质时，本国产品和国外产品并不是完美替代的，因而政府对本地产品的采购需求将不会完全挤出私人部门对于本地产品的需求，本地市场政府采购将对本国产出产生影响；Weichenrieder（2001）运用三部门一般均衡模型表明，本国政府采购将明显地引致该产业在本国生产的增加。而 Martin 和 Rogers（1995）的研究更是表明，在具有贸易成本和垄断竞争的情况下，政府对于有利于贸易便利的基础设施的投入，将彻底影响产业在世界范围内的专业化分工。以上研究不但回答了政府在不同地方的采购行为，而且阐明了不同领域的采购行为对产业专业化的影响。

而在该研究领域，最富有开创性意义的尝试当属 Brulhart 和 Trionfetti（2004）。运用带有垄断竞争部门的一般均衡模型，他们探究了偏向于本地市场的政府采购对于国际产业专业化的影响，发现具有相对较大规模本地化政府采购的产业部门往往会实现专业化，并将其称为政府采购的“拉动效应”（the Pull Effect）。而且，具有本地市场倾向的政府采购会减弱该产业在全球的专业化程度，对产业集聚的形成产生反作用力，也就是离散效应（the Spread Effect）。他们在 Krugman 和 Venables（1996）新经济地理学模型的基础上，运用欧洲制造业1970～1985 年投入产出数据的实证研究，为拉动效应及离散效应的存在提供了有力的证据。也就是说，偏向于本地市场的公共支出，将作为一种离心力，降低专业化的强度。

关于政府支出对集聚形成的作用机理，相关研究指出，政府的公共支出将直接改变生产函数（Morrison and Schwartz，1996）；而 Martin 和 Rogers（1995）则将政府基础设施投入看作减少冰山贸易成本的一个重要因素。Anwar（2001）的研究表明，政府在基础设施上的投资将在中间投入品部门存在规模经济和垄断竞争时，改变相对价格，从而改变生产、专业化程度及贸易。他的研究指出，政府对于公共基础设施投资的增加将提高基础设施的可及性，降低中间投入品的成本，并带来最终产出成本的下降。

（二）相关评述

20 世纪 90 年代以来，一些研究发现，公共投入与公共产品供给的差异可以用来解释贸易模式。然而，这些研究建立在规模报酬不变和完全竞争的假设之上，得出的结论不可避免地具有局限性。在真实世界中，产品生产的规模报酬递增及市场的不完全竞争情况是经常发生、普遍存在的，如何在一种新的假设条件下探寻政府公共投入对产业布局特别是产业专业化的影响，新经济地理学做出了较为成功的尝试，在传统的经济地理学与公共经济学之间架起了一座桥梁。近年来，随着该领域的研究成果的日渐丰富，地方政府在公共支出方面的竞争对于产业集聚形成的作用，无论是在理论还是实践上都越来越受到重视。故此，Hindriks 等（2005）指出，政府的公共投资及该投资产生的乘数效应已经成为催生产业集聚的新生力量，政府引致的产业集群是切切实实存在的，这也在某种程度上超越了新经济地理学中关于集聚成因的经典论述。

与此同时，反对政府过多干涉产业集聚的声音也不绝于耳。Martin 等（2008）就指出，集群自然而生并由此受益，政府对于产业集群已经花费过多。只有当有证据说明这些公共政策能从产业集聚获得明显超常收益的时候，才能说明政府为培育集聚所花费的公共资金是明智的。政府集聚政策的出发点是好的，也就是说，集聚将使经济受益，但由此得出的结论却偏离了正确的轨道。企业在进行区位决策时会考虑到几乎所有有利因素，为了扩大集聚区规模而进行投资巨大的公共支出介入，其效果并未在现实中得以肯定。Egger 和 Falkinger（2006）就运用新贸易模型发现，公共基础设施投入反而会阻止外包的进程，区域竞争将导致本地基础设施的过度供给。集聚的公共政策对于给定规模的集聚区来说，究竟能否达到促进企业间合作、信息交流和知识外部性的目的，还有待时间去检验。

五、本章小结

综上所述，新经济地理学为传统经济学弥补了缺乏空间维度的缺憾，该领域已有的理论和实证文献为从微观维度解释产业集聚和地方政府之间的互动关系提供了很好的分析视角。在新经济地理学框架下讨论区际税收竞争时，由于存在集聚租金，区域间税收竞争及其结果与新古典的情况是不同的。当贸易自由度足够高时，即使两个区域初始条件完全相同且不存在外力作用，经济系统的内生力量终将使区域演化分异，并促使流动要素在某一区域集中；只有贸易成本足够高或聚集力很弱时，流动要素才不会集中在某一区域，此时新经济地理学的结论与新古典经济学框架下的结论是相同的。当存在聚集租金时，资本聚集区域可以对资本征收高税率而不会造成产业的流失，也就是说，在需求和供给的联系下，某一区域的产业集聚倾向于稳定，流动要素在产业集群存在的情况下产生锁定，可能不会随着税率的边际变化而流动。在中心—边缘模型中，只要中心区域与边缘区域的税率差距小于集聚租金，中心区对资本的课税将不会引致资本的外流。而且两区域间的税收差异与贸易自由度呈钟形关系。所以，更紧密的贸易合作会使税收的向上竞争比税收竞次更早出现，而这些基本结论与新古典框架下的标准税收竞争模型截然相反。与此同时，有证据显示，政府公共支出作为一种重要的要素，已经内化于企业的区位决策之中；理论模型中对政府部门的引入将改变产业集聚力和分散力之间的平衡，公共支出更多的是充当了一种强化集聚的机制。

然而，由于诞生的时间还比较短，相对于其理论框架的容量或开放性而言，新经济地理学的研究内容仍旧显得比较狭窄，模型所展示的非线性动态特征也使通过传统的计量方法对理论结论展开经验研究受到很大限制，进而对将理论运用于政策分析并制定可操作性的措施增加了难度。令人欣慰的是，随着研究的深入和新的分析工具特别是空间计量经济学的运用，新经济地理学理论用于经验检验的问题正在不断得到克服，新经济地理学的实证研究领域也逐渐展示出了诱人的前景。

第三章　服务业集聚发展之争：依据、特性与描述性证据

20世纪80年代以来，伴随着经济全球化的加快和信息技术的发展，世界经济的运行方式和产业空间结构发生了巨大变化。全球化分工、生产外包、服务外包等现象的出现，使专业服务机构逐渐形成集聚，并成为了国际大都市产业发展的主要趋势和空间组织形态。从国际经验看，服务业不仅集聚于大都市地区，而且高度集聚于大都市的商务中心区；各国版图由于服务业集聚区的存在，而形成了色彩斑斓、块状明显的“经济马赛克”（李志平，2008），服务业集聚发展已成为重塑城市内部空间的主导力量。

服务业的集聚不仅反映了服务业发展的内在要求，也是提升城市功能、提高区域竞争优势的重要手段。在我国，对服务业集聚发展规律的研究虽还处于起步阶段，但集聚发展的方向已为政府和学界屡屡提及，我国正面临着推进服务业集聚的良机。然而，国外的服务业区位选择理论几乎无一例外地关注城市内部服务业区位问题，指出大都市生产者服务业一方面具有强烈的向中心商务区聚集的特征，另一方面，随着产业分工深化和技术进步，也具有向郊区扩散的趋势，从宏观角度综合分析服务业集聚规律的研究非常缺乏。服务业集聚发展的依据是什么？较之制造业在地理集聚上究竟有哪些特征和特性？在现阶段的中国，服务业是否已经呈现出了集聚发展的态势？现阶段我国政府在促进服务业集聚发展中的作用如何？存在怎样的问题？本章将基于对国内外理论和实证文献的回顾，着重回答以上问题。

一、服务业集聚发展的经验证据

产业的地理集中（Concentration）描述的是经济活动集中于某一空间的趋势；地理集聚（Agglomeration）描述的是某一产业的企业选择在同一区域进行生产或服务的倾向；而产业集群（Cluster）则指的是另外一种不同的相互联系地理集中类型（Fujita and Thisse，2002；Martin and Sunley，2003；McCann and Sheppard，2003）。产业地理集中反映产业产值或就业集中在少数地区，可能是由于内部规模经济或资源优势导致少数几个大企业在少数区域的集中，也可能是由于外部规模经济吸引大量中小企业而导致的地理集聚，即产业集聚；而大量相互联系的中小企业的地理聚集则称为产业集群。产业地理集中的概念最广泛，而产业集群既涵盖产业联系，又包括企业地理接近（贺灿飞，2009）。

最初的研究认为，服务具有的无形性、非贸易性特征，使其很难从生产和消费的过程中分离，服务业的空间布局是通过整个经济活动的空间模式表现出来的（Bhagwati，1984）。然而过去30年间，服务业集群的迅速崛起却成为了发达国家经济发展的新亮点，正如Gaspar和Glaeser（1996）所指出的那样，复杂的、知识密集型的服务都聚集在最发达国家的最大城市里，服务经济已经是大城市经济的代名词（Kolko，2000）。

一方面，在制造业价值链重构、各环节空间分散的过程中，国际大都市成为了全球经济管理控制中心。20世纪70年代开始，随着制造业在西方国家城市中的地位逐步下降，具有现代经济特征的生产性服务业在大都市中的地位越来越突出，成为了城市经济增长的核心动力和源泉。随之而来的是制造业和传统服务部门等城市功能向郊区、边缘区和次级城市中心扩散，而另外一些包括服务、创新和管理功能的城市非物质功能，如总部、金融、信息、保险、咨询等则不断向中心城市、特大城市集中，城市的服务功能不断强化。这些国际化大都市作为全球化经济的空间节点，承担着世界性调控和集散功能，高层级的城市已经成为国内外企业总部集聚地（见表3-1）。纽约、伦敦、东京、巴黎等在20世纪70年代或以前就完成了由制造型经济向服务型经济的转变过程，高端服务业在这些区域制造业衰败过程中的快速发展，使国际化大都市成为现代服务业的集聚地，而现代服务业的发展又进一步扩大了这些城市的辐射半径，使其影响力越发增强。

表3-1 2009年世界500强企业分布城市排行

排名	城市	所属国家/地区	500强企业总数	500强企业收入总和（百万美元）
1	东京	日本	51	2237560
2	巴黎	法国	27	1399172
3	北京	中国	26	1361407
4	伦敦	英国	15	994772
5	纽约	美国	18	869150
6	首尔	韩国	11	519351
7	慕尼黑	德国	7	485386
8	欧文	美国	3	484592
9	海牙	荷兰	2	479734
10	休斯敦	美国	6	434484

资料来源：http：//finance. ifeng. com/roll/20090709/910383. shtml。

另一方面，现代服务业集聚发展是当前国际大都市的潮流和趋势，它主导着国际大都市经济的发展，决定着城市经济的繁荣及其国际竞争力的高低。70年代以来，美国、欧洲和日本的生产性服务业迅速增长的同时，在空间结构上出现了急剧的区位集中。表3-2显示了纽约的CBD曼哈顿、伦敦的CBD伦敦、东京CBD（包括三个中央商务行政区和新宿）的FIRE（金融、保险和不动产服务）和商务服务业的集聚情况。

表3-2 1997年纽约和东京CBD中FIRE与商务服务业的比重

	FIRE		商务服务业	
	占全市FIRE就业份额（%）	占全市或CBD总就业份额（%）	占全市总商务服务就业份额（%）	占全市总就业份额（%）
曼哈顿	92.9	22.8	82.7	11.2
东京	40.9	9.2	28.0	28.9
伦敦	20.7	78.3	20.2	19.6

资料来源：沙森（2005）。

在北美，由于独特的区位条件和历史的惯性，纽约的CBD曼哈顿高度集中了纽约市各类服务性的事务所。作为国际性的金融中心、通信和信息中心、贸易中心和跨国企业的办公中心，曼哈顿的地位是任何一个城市都无法取代的。然而从20世纪70年代开始，由于纽约城市环境的恶化和高税收等外部不经济现象，许多服务性企业和团体选择向纽约周边和一些中等城市发展；进入80年代，随着跨国公司的迅猛发展，纽约再次成为跨国公司的事务中心及为这类企业提供服务的各类行业的聚集中心。在西部的洛杉矶是美国的第二大商务中心。70年代后随着经济活动的全球化，洛杉矶作为企业本部和金融管理中心的地位不断提升，都心区不仅聚集了本国和世界各国的银行、保险公司及信息和技术服务业，而且是日本、加拿大和英国等跨国公司事务中心的区位选择点。此外，加拿大的服务业在都心区布局的比例也比较大，最大的商务中心多伦多的都心区吸引了许多跨国企业和各种等级、类型的服务性企业的集中。

在欧洲，伦敦作为最知名的国际商务中心，都心区集中了服务企业总数的60%以上。以英格兰银行和证券交易所为核心的金融类服务业呈双层结构在中心部分集中，其左右为交易中心和出版等专业性服务区。伦敦在城市规划和建设过程中，致力于建设能够集中现代服务业活动的特别分区，出现了城市中心、内城区、郊外新兴商务区的现代服务业多点集聚发展模式。伦敦金融城在1.4平方公里的范围内集聚了500家外国银行、180多个外国证券交易中心，每日外汇交易量达6300亿美元；在金融城周边的内伦敦地区，形成了英国的商业中心、行政中心，拥有商业建筑面积160多万平方米，仅零售销售额就达到年均50.5亿英镑。法国巴黎形成了“一主两辅”的服务业布局，市区是城市主中心，集聚了巴黎70%的金融机构、60%以上的生产性服务业、15%的商业中心；拉德芳斯是巴黎重要的企业集聚区和商务中心区，集聚了1600多家企业，包括法国最大的20个财团和20%的世界500强企业；马尔纳—拉瓦莱地区是研发服务及商业服务企业的集聚区，同时也是休闲产业的集聚区，迪士尼就位于该区域的欧洲谷内。此外，法兰克福的金融业、会展业等也得到快速发展，成为德国重要的金融中心、国际著名的会展中心，与之类似的还有荷兰鹿特丹的港口物流业集聚、瑞士的旅游业集聚等。可以预见，随着欧盟统一市场的完善，伦敦、巴黎、罗马和法兰克福等城市将会成为整个欧洲的服务业集聚中心。

在日本，服务业主要高度集中在东京、大阪和名古屋三大都市圈。以情报信息服务业为例，三大都市圈占全国的70%以上，且50%布局在都心区，只有很少的企业在郊区布局。计算机软件开发、设计业和金融服务业在大城市的集中就更明显。在三大都市圈中，东京服务业呈现“单极化”格局，是日本的金融和管理中心，以东京站为中心半径1公里的范围内集中布局了各类外资性银行的78%；全日本资产超过10亿日元的大公司有近一半在东京，45%以上的上市企业也集聚于此；网络服务的集中度高达80%，证券交易更是占了86%。

从上面的分析可以看出，国际大都市的服务业布局主要呈现如下特征：服务业高度集中在大城市及其周边地区；生产性服务业在城市内部主要聚集于都心区，特别是银行、保险、证券、信息和设计等行业。虽然70年代后服务业出现了"去中心化"的趋向，但国际化大都市依然是现代服务业最主要的集聚地，服务业集群的蓬勃发展也使他们成为全球管理和控制中心。

二、服务业集聚和分散之争：主要依据与评述

（一）服务业集聚发展的主要依据

对于服务业区位的研究兴起于战后20世纪50~60年代，属于地理学研究范畴，每类服务业均有一个集中研究的核心领域，即分配性服务业中的零售商业区位、生产性服务业中的办公活动区位、消费性服务业中的住宅区位和社会性服务业中的公共设施区位。经过近半个世纪的发展，目前这四个核心领域区位研究已经进入了成熟的阶段，内部分化越来越细，研究内容体系也越来越完善。特别是在20世纪70年代以后，随着西方开始进入"后工业社会"，各领域服务业均出现了新的分化和变化，服务产业增长和技术进步使新兴服务行业不断涌现，越来越多学者投身于探究新兴服务业空间布局规律和区位选择倾向，服务业区位研究的视野也在不断拓展。

然而，与之形成鲜明对比的是，国外综合研究服务区位的成果不但出现较晚，而且相对较少。英国利物浦大学的服务业地理学家和经济学家丹尼尔斯（Daniels，1985）最早在《关于服务业的一个地理评价》一书中从宏观尺度上研究了服务业的区位理论和特性，从传统的中心地理论与模型的介绍、相关理论在服务业区位分析中的应用，到服务业区位的影响因素、区位演变的趋势与动力等对服务业区位理论进行了全面、系统的梳理。继Daniels之后，丹麦的斯文·伊列拉斯（Illeris，1996）在其专著《服务经济：一个地理学分析》中从综合角度

对服务经济的地理学进行了研究，全书由介绍服务业的本质、特征与作用及服务活动的分类入手，在论述了服务业增长（包括家庭服务的发展、生产率与效率、生产性服务业的增长）的基础上分析了服务区位与区域发展，包括城市之间服务的分布、区位因素、服务在区域发展中的作用及城市内部服务业的发展与区位等问题，最后探讨了服务业的国际变化和国际服务贸易。而后，一些学者如 Bryson（2007）等也相继发表了一系列相关研究成果。综上，有关服务业区位选择与集聚发展的理论要点如下：

第一，服务业比制造业拥有更明显的空间集聚特征（Dipasquale and Wheaton，1996）。Scott（1988）指出，新柔性集聚区域主要显著地建立在三大产业部门，即重获新生的工艺和设计密集型产业、高技术产业和服务性产业，可见若排除高技术产业中属于制造业的部分，Scott 指出的集聚现象在发达国家主要出现在服务行业。Illeris 和 Philippe（1993）指出，与制造业相比，服务业的生产和消费在时间和空间上的不可分性，加上非物化、不可储存等特点，导致其比工业更依赖于本地市场的容量，造成服务业有更强的空间聚集效应，对区域经济增长的影响也较大。从就业角度研究 1977 ~ 1987 年美国服务业就业区位模型变化的文献显示，在美国南部和西部地区，服务业在就业方面显示出了强烈的中心集聚，大都市区许多服务行业持续增长，一些中小城市服务业已经进入成熟阶段。

第二，中心地理论指出，“区域有中心，中心有等级”。城市的基本功能是作为其腹地的服务中心和与外部联系的商业集散地，聚集的结果是结节中心即中心地的出现。服务是中心地的基本职能，且中心地的重要性不同。也就是说，企业的规模与城市的等级秩序相关，都心区集聚着一些大企业的总部和高级行政管理职能，而在周边区，分店、营业所和具体事务部门则分布较多。正如 Noyelle 和 Stanback（1984）指出的，服务业的数量和多样化程度可以看作城市在城市体系中等级的函数。中心地理论传统上被用来解释生活性服务业的区位选择及城市体系的市场结构，事实上它还可以解释城市体系层面和大都市内的生产性服务业区位选择；随着技术进步和社会的发展，这一理论表现出许多局限性。

第三，竞租理论指出，城市内部各经济活动的区位主要取决于城市中心的易达性和地租的支付能力，都市中各种经济活动的区位选择主要依据距离摩擦最小化原则。城市土地级差收益的客观存在，必然吸引各类空间经济要素的向心集聚，城市中心区段的地价就会相应上升，从而产生排异现象，将附加值低的产业依次向聚集体外排斥，以达到控制城市集聚规模、保持集聚结构处于高效运行状态的目的。日本的统计资料显示，用于第一、第二、第三产业的土地单位面积产值之比为1∶100∶1000，服务业产出最高，可以支付最高的地租（见图3－1）。付租能力强、重视面对面接触的现代服务业如金融保险、咨询、会计、法律等专业服务机构往往布局在条件最为优越的城市中心区，而占地面积大、付租能力低、对信息和市场不敏感的服务业一般布局在城市的近郊区（Scott，1988）。

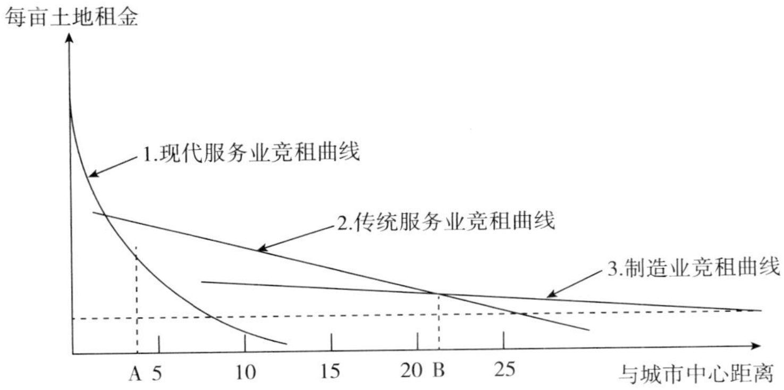

图3－1 不同产业在城市土地分配中的竞租模型

第四，集聚理论强调成本节约、服务厂商间的创新环境和信息交流及全球化网络对大都市服务业集聚形成的重要作用。都市中心区易于获得各种信息，也便于与同种或异种行业进行交流，这有利于企业的经营和决策，同时减少不确定因素。此外，大都市劳动者的素质较高，具有适应各类服务业发展的优秀人才，这对服务业布局也是一个不容忽视的因素。Cook等（2001）指出，服务企业在大都市的集聚有利于获得专业化的劳动力和服务企业间的支持性服务，而且服务企业在位置上的靠近还可以使企业便利地享受相互间的服务，同时有利于提高企业的声誉，加强企业与客户之间的信任。Keeble和Nachum（2002）对欧洲高技术集群的实证研究证明，具有活跃集体学习过程的集群在创造新产品方面会表现出超凡的优势。对伦敦、悉尼、多伦多等城市的事务所调查发现，服务企业的经营者追求集聚利益的目的为：①便于与外部组织接触；②有利于与政府和机关接触；③接近顾客和依赖人；④接近关联企业；⑤接近其他服务业；⑥决策者集中等（Casanova，2019）。

（二）服务业分散化发展的经验证据

20 世纪 90 年代起，许多的研究发现，都市内部生产者服务业呈现出由核心向边缘转移的趋势。Nelson（1986）对旧金山的研究发现，服务业具有一种持续的郊区化趋势；Sassen（1991）的研究表明，从 70 年代到 90 年代，纽约、伦敦、东京大都市区的生产性服务业在中央商务区高度集中的程度都有所下降；Kim（1987）发现，1958～1977 年美国生产性服务业在大都市区快速增长的同时也经历着扩散化分布，那些提供终端服务的生产性服务业在非大都市区和小的都市区增长很快（如金融、房地产、会计），他把这一模式归因于这些活动在城市体系中的“过滤机制”和人口分布的变化。1995 年，美国经济分析局划分的 172 个国家级重点经济区域中，只有 34 个区域的生产性服务业集中度等于或高于全国平均水平。

针对这种生产性服务业从中央商务区向“边缘城市”和郊区扩散的现象，学者们认为，交通和通信手段的发展降低了企业间及企业与外部市场的联系成本，使服务业的布局不再受到限制，而郊区拥有更为便宜的租金、特定的劳动力市场、良好的环境、完备的办公设施、空间扩张的可能性等条件，相对而言都心区的吸引力变得越来越弱。与此同时，随着城市规模的增长，交通拥挤程度也在激增，遥控管理的成本降低导致城市和产业结构均衡性的转变。Scott（1988）指出，生产性服务业从城市中心区域向边缘区域扩散的现象源于经济发展的需要和弹性服务生产方式的出现，企业间的水平一体化逐渐取代垂直一体化，网络技术的兴起使经济发展呈现更加分散的趋势，企业可以在更为广阔的区域内分享经济成长的成果。一部分学者甚至认为，先进的信息技术预示着城市中心作为信息交流主要集聚点的现象将会慢慢消失，并声称信息技术将给服务业的空间组织带来彻底的变革（Hohenberg and Lees，1985）。

（三）对服务业集聚化、分散化之争的解释

现有的研究对服务业集聚化和分散化之争的解释主要有如下几种：

第一，生产者服务业向较小都市区和非都市区的扩散部分，只是经济活动中较少资金密集型的活动向小公司的转移分散。

第二，郊区化与分散化并不是同义词。郊区化体现了在 CBD 之外形成专业中心的少量多中心模式，面对面的交流在解释城市形态方面仍然是有用的工具，

服务活动的郊区化加强了现存的许多极。

第三，基于城市持续增长和繁荣的现实，面对面的交流仍然是聚集的主要力量，信息技术和面对面的交流不能看作替代品（Friedmann and Wolff，1982）。生产性服务企业为了增强其控制能力，需要与市场和其他企业通过频繁的面对面交流来交换信息，尽管交通和通信技术促进了一些常规活动的分散，但它们同时也增加了生产活动的复杂性和时间依赖性。经济活动的郊区化并不意味着都心区作用的下降，服务业分布于城市中心的格局并没有改变，反而加强了。

第四，服务业集聚的演化路径具有多样性，最优的选址决策对各种企业是不同的，对于集聚和扩散，不可能有哪一种模式处在完全主导的地位。把服务业作为一个整体来研究其集中或分散的空间分布特征远远不够，应将视角深入到服务业内部各行业当中。不同类型服务业对于面对面联系的依赖是有区别的，需要面对面联系的服务业会从都心区得益，而需要一定场所或外部市场的服务企业更倾向于选择郊区。计算机服务业、工程和建筑服务业相对于法律、管理咨询服务业对面对面联系的依赖性要小，因而计算机服务业、研发实验室、设备租用服务业更倾向于郊区化，而 FIRE、广告业、会计审计业则更多地集中于中心城区（Stanback，1991）。

（四）对服务业集聚、分散之争的评述

服务业在产业结构演进过程中的地位不断加强，不仅体现在其在区域经济中总量的提升和内部结构的优化，更体现在服务业集聚区在中心城市功能转型和空间重构中的作用越发突出和重要。服务行为的集聚化发展在现实中大量存在着，在高科技服务业方面，著名的集聚区如美国加利福尼亚的硅谷、波士顿的 128 公路、英国的剑桥、法国的 Sophia Antipolis 和印度的班加罗尔等；金融服务业集聚区如纽约的华尔街和英国的金融城；商务服务业集聚区如英格兰东南部等。虽然服务业的地理集中与集聚有着强大的现实基础，但对服务业的集聚发展特性和规律的综合研究还非常有限，服务产业是否会出现与制造业同样的集聚和地方专业化的趋势，至今仍没有定论，更有不少研究者持否定态度。然而，正如克鲁格曼（2000）在其开启新经济地理学先河的著作《地理与贸易》中说的，“在 20 世纪后半叶，美国有许多劳动力从事服务业，而不生产商品。然而，有些服务，特别是金融部门的服务，是可以贸易的。哈特福德是保险城；芝加哥是期货交易中心；洛杉矶是娱乐之都；如此等等。在今天的世界，最突出的地方化的例子事实

上是基于服务业而不是制造业的。东京和伦敦云集的基本不是制造商，就连硅谷和128号公路事实上也更接近于为制造业提供服务的中心，而并不是实物的生产地。据说，技术正朝着促进服务更加地方化的方向发展”。

服务业集聚的形成和制造业不完全相同，它对外部环境、制度背景、相关产业发展以至于政府管理水平的要求更高。综合国外的研究成果可以发现，服务业在大都市市中心的聚集和向郊区扩散是同时存在的，通信技术的进步、环境的制约等还未能从根本上改变高度依赖信息联系和面对面交流的服务业在城市中心的聚集。即使信息技术的发展使服务的电子递送变得可能，从而降低了面对面互动的重要性和服务产出的递送成本，未来服务产业的区位选择和未来都市的发展从某种程度来看，还是取决于城市对服务的吸引力（Kolko，2000）。就不同类型的服务业而言，其空间分布是有明显差异的，生产性服务业区域集聚程度一般较高，消费性和分配型服务业区域集聚程度比较低，绝大多数社会型服务业因具有公共产品的性质，在空间上不适合集聚发展①。不复杂的、能够实现标准化的服务交易活动会在空间布局上趋于分散，而复杂的、不能实现标准化的服务交易会选择集聚的布局模式。

如何认识服务业的空间布局规律，并将其运用到对服务业的规划和政策制定中是服务业研究的一个重要方向。从服务业区位选择和集聚发展的理论体系来看，一方面，服务业的多样化导致了区位理论模型的分支与流派的多样性，加上服务业内部各个领域差异十分显著，理论体系相对分散，相互之间的联系很弱，给学科整合带来巨大的困难。然而，作为一个完整的理论体系，只有经过学科的整合才能将其推上一个新的发展阶段（方远平等，2008），因此，有必要从综合角度对生产性服务业、消费性服务业、分配型服务业和社会型服务业的区位理论及各个分支领域的研究进行全面综合。另一方面，目前国外对于服务业区位选择的文献几乎全部都是基于城市内部空间结构做出的，且均是在地理学研究框架内对现状的描述和数学模型建构，对于在宏观层面研究服务业区位选择的成因、服务业地理集中与集聚的特征和规律，特别是服务业集聚形成机理及其效应缺乏系

① Browning 和 Singelmann（1975）将服务业按功能分为四类：生产性服务业（Producer Services），包括银行、信托及其他金融服务业、保险、房地产、工程及建筑服务业、会计和出版业、法律服务业、其他各种商业服务业；分配型服务业（Distributive Services），包括交通、仓储、通信、批发、零售（不含餐饮类零售）等行业；社会型服务业（Social Services），包括医院、教育、福利和宗教组织、非营利机构、邮政服务业、政府、其他社会化服务业；消费性服务业（Personal Services），包括家庭服务业、旅馆住宿业、餐饮业、修理服务、洗衣干洗业、美容美发业等。

统的梳理和研究。反观国内，长期以来，地理、空间等因素没能进入西方主流经济学特别是我国服务业的研究视野，国内外学者对服务业集聚发展的研究，也多是从经济地理学角度探究其现状和变化，对服务业集聚背后的机制关注甚少。目前在经济学中，有关集聚的研究特别是实证研究，大多是基于制造业集聚的传统聚集经济理论和模型，并不适合服务业（Moullaert and Gallouj，1993）。虽然最近几年出现了一批以 Keeble 和 Nacham 为代表的专门研究服务业集群及其案例的学者，但集群和集聚无论是在概念内涵上还是研究方法上差异均较大①，有关服务业地理集聚的研究比较零散，并没有像制造业集聚研究那样形成统一的范式。现有的文献中也多是基于制造业集聚研究制造业和服务业的互动关系，而不是对服务业集聚进行专门的、系统的研究。

三、服务业地理集聚的主要特性：基于微观基础

虽然服务业涵盖了多样性很强的一系列行业，但作为一个整体，除了其产出是无形的之外，这些服务行业确实拥有将其同制造业区别开来的一些共同性质，而这些性质恰恰影响了行业的地理集聚和区位模式选择（O'Donoghue and Gleave，2004）：其一，服务业并不像制造业那样依赖于自然资源投入；其二，服务业比制造业消耗更少的土地资源，这就使服务企业在地理空间上可以比制造业更加靠近；其三，服务业和制造业的运输成本是完全不同的，而对第三点特性的详细描述可以参照 Kolko（2007）。

Kolko（2007）建立了一个简单的理论模型来描述制造业和服务业在运输成本方面的差别。在这个理论模型中，制造业产出的运输成本将随着距离的增加而呈现线性增长，而且无论距离长短，制造业运输总会产生固定成本，比如装货和卸货的成本等，而且固定成本的占比相对于可变成本来说，将随着距离的增加而消减。这样的运输成本结构决定了制造企业位于同一个邮政编码区域所节省的运费在整个运输成本之中所占比例不大，而当进行贸易的制造企业之间相距一定距离如 250 英里时，固定成本的重要性将逐渐缩减，由此制造企业可以有效降低其

① 王缉慈（2010）指出，国内学术界对产业集聚和产业集群的概念长期混淆不清。

运输成本；但超过某一限度时，比如500～1000英里，运输成本则急剧增加。由此，制造企业会发现，与其贸易伙伴之间在一个很小的地理范围内的集聚带来的成本降低效益很小，而一旦超过了某一半径范围，制造企业则更愿意与其贸易伙伴接近，制造业的集聚也会在较大的地理水平上出现。而作为服务业来说，上述的运输成本结构及变化规律是不成立的。一方面，对于私人服务业比如理发或面对面的法律服务来说，运输的不是货物而是“人”。服务的运输成本相当于通勤者时间的机会成本，而这种运输成本与距离的关系并不是简单线性的。当面对面交流必需且可能时，服务的运输成本在短距离内随着距离的增加而上升；一旦超过面对面服务的距离之后，服务的运输成本相对于距离来说差别就小多了，此时服务的成本在各地之间基本变得“平坦”（Flat）。另一方面，对于数据处理等可以用电子方式递送的服务来说，运输成本几乎为零，且与运输距离没有联系。总的来看，服务业在短距离运输上不存在固定成本，意味着位于接近客户的办公地点所节省的运输成本比制造业更加可观，虽然同制造业相比，与服务对象相距500英里与2000英里的运输成本差距并没有那么明显。这样，诸如理发、洗衣等低附加值服务业通常会分布在与其服务对象非常相近的地点，其产业内的集聚水平通常较低。在一定的半径范围内，服务企业将从与其服务对象接近的选址行为中获益，服务业将在较小的地理范围内显示出集聚的特征；而超过这一半径范围后，企业对于接近其服务对象将变得相当不敏感，也就是说在更大地理水平上的集聚是较不易被发现的。这样的集聚特性与制造业可以说正好相反。Kolko（2007）的研究还向我们揭示了一个事实，即信息技术对于制造业和服务业区位选择的影响是截然不同的，信息技术将主要影响无形商品的运输成本，也就是说主要对服务企业的区位选择和集聚发展造成影响。然而需要注意的是，信息技术并没有完全消弭或者替代面对面交流，信息技术的应用主要体现在远距离服务成本的降低上。

经典的城市经济学理论认为，具有较高运输成本的产业才会选址在与其客户邻近的地区；而正如Kolko（2007）所指出的那样，对于面对面的互动服务来说，其运输成本还是较高的，而较高的运输成本也就使服务业无法形成集聚和区域集群的发展态势。然而，近年来越来越多的文献表明，服务部门正在走向地理集中或集聚①。

① 比如Jennequin（2008）等的研究，详见第四章的综述。

在地理集聚的影响因素方面，相关研究几乎无一例外集中在对制造业的研究上①，试图解释制造业地理集中的形成机制，可以概括为资源投入（包括劳动力、自然资源）、市场需求与潜力、企业内部规模经济、企业外部规模经济、产业联系、区域经济一体化六大类影响因素（贺灿飞，2009）。但 Kolko（2000）指出，许多用来解释说明制造业集聚的方法，比如研发投入、专利及自然资源投入等几乎对解释服务业集聚成因都是不适用的。而对于服务业集聚的少量研究基本上都是在传统贸易理论和新贸易理论框架下进行的，比如一些文献就从国家与区域的空间尺度检验了一系列决定因子对服务业区位的影响，包括人口规模、人均收入和人口增长等，并用于解释服务业区位模型的变化。研究结果显示，人口规模和人均收入是其中两个最重要的决定因子，对这两个变量的时空变化对服务业区位影响的观测表明，尽管先进技术快速发展，集聚经济仍将是服务业区位的一个重要的决定因素。值得注意的是，在新经济地理学框架下对服务业集聚形成机理的理论解释非常少见，实证研究就更加难觅。

四、我国服务业集聚发展的现状：基于文献的描述性分析②

服务业集聚区的概念在2004年由上海最先引入并明确作为发展目标。目前，我国正处于经济增长方式转变与产业结构升级的关键时期，一些区域中心城市如北京、上海、天津、南京、苏州等不但已经具备了服务业集聚发展的基础和条件，更将集聚化发展道路看作服务业特别是知识密集型服务业发展的趋势所在，纷纷把发展区域经济的抓手从培育工业开发区转向培育现代服务业集聚区，以期抢占服务业发展的制高点。上海市“十一五”规划的主要任务即是以现代服务业集聚区为突破口，大力发展现代服务业，“十一五”期间规划建设20个左右的大型生产性服务业集聚区，总建筑规模将达到800万平方米，重点集聚以金融、

① 参见 Fujita 和 Thisse（2002）对理论研究的综述，以及 Rosenthal 和 Strange（2004）对相关实证研究的综述。

② 参考了胡霞和魏作磊（2009）、陈泽鹏和李文秀（2008）、马风华和刘俊（2006）、陈秀山和邵晖（2007）、顾燕（2008）、李慧中和王海文（2007）、于涛方等（2008）、邵晖（2008）、芮伟（2008）、陈前虎等（2008）、刘欣伟（2009）、李文秀和谭力文（2008）、曹顺良等（2008）的实证分析结果。

物流和各类专业服务为主的生产性服务企业，特别是跨国公司的总部或地区总部；南京市政府在2006年提出着力打造各具特色的“十大”服务业集聚区，包括三个商贸商务服务业集聚区、三个综合服务业集聚区、一个商贸旅游服务业集聚区、一个商贸物流服务业集聚区和一个科技文化服务业集聚区；而对于已经成功实现经济结构转型和“两个70”① 跨越的北京来说，创意产业园区、总部经济等更是屡屡出现在城市发展的相关文件之中。

本部分将从城市等级体系和都市区内部两个空间层次，基于各服务行业和各类服务业集聚区两个维度对我国服务业的集聚模式及特征进行分析，总结出我国服务业集聚发展的基本规律和存在问题。

（一）基于城市等级体系的服务业集聚发展现状

1. 服务业呈现明显集聚态势，比工业集聚更加突出

一些研究表明，在发展初期，我国的服务业比工业更加分散；随着服务业的不断发展，2003年我国服务业的集聚度已经超过工业，在中国的城市中，服务业已经成为集聚程度最高的产业。全国各城市地理集中指数的整体变动趋势显示，服务业的地理集中程度仍在缓慢提升，且速度快于工业。

2. 服务业集聚发展推动了城市和区域经济增长，集聚效应开始显现

目前，我国的服务业集聚区已日益成为区域经济增长的新引擎，不仅推动了单个城市的发展，对促进城市群的兴起和区域经济的成长也有较为显著的作用。服务业集聚区大大加强了区域内原有城市间的经济联系，强化了城市间人才、资金和技术的流动，促进了城市间经济的合作与竞争。可以说，在服务经济时代，城市间的紧密合作与区域进一步协调发展就是围绕着服务业集聚区而展开的。

运用DEA方法考察上海市生产性服务业的整体效率可以看出，以浦东、徐汇、黄浦等区为主的生产性服务业集聚区的产业绩效较高，宝山、闵行等区在主导产业（钢铁、电子设备制造业）的带动下，形成与之配套的专业技术服务业集聚区同样具有较高的绩效，而其他区县生产性服务业空间分布比较分散，绩效也相对较低。同时，实证研究表明，生产性服务业在中心城区的集聚对区域持续技术创新能力的提高具有显著的作用，服务业在中心城区的集聚有利于资源的有效利用，这也从侧面验证了集聚理论关于服务业集聚区形成的论点在我国的适

---

① 根据2007年的统计数据，北京每100元地区生产总值中，有72元来自第三产业；每100名从业者中，有71人从事第三产业。北京是全国率先跨越这两个70%的城市。

用性。

3. 服务业的集聚发展趋势较强，区域服务业发展差距将被不断拉大

我国三大地区各服务行业集聚度变化的差异显示，经济越发达，产业集聚度越高；服务业区域内部和区域间的集中度都在逐步加强，且区域间集中度提高的幅度大于区域内部。此种趋势说明，服务业集聚发展的力量越强大，三大地区间的服务业发展差距就会越大。同制造业相似，随着集聚程度的提高，区域服务业发展的不平衡也会进一步加剧。

4. 服务业集聚与制造业集聚的区位相似度较高

实证研究表明，我国服务业有向制造业集聚程度高的地区集中的趋向。为制造业转型提供相关服务的租赁和商业服务业、科学研究、技术服务和地质勘查业及信息传输、计算机服务和软件业的赫芬达尔指数较高，这在一定程度上说明了在中国经济从“工业经济”向“服务经济”转型的过程中，为制造业提供服务的行业集聚程度也在增加，也就是说，在我国服务业集聚发展初期，制造业块状经济不仅是我国经济的特色，更是服务业集聚区产生和发展的主因之一。

5. 服务业集聚程度与地区等级相关，“中心地理论”对我国服务业集聚有一定解释力

我国服务业从业人员在各等级城市中所占的比例与城市的规模等级成正比，城市等级越高，服务业从业人员所占的比例也就越高。从全国范围来看，经济发达、辐射力强的北京、上海、广东、江苏为主要的服务业集聚地区；从长三角各城市来看，服务业结构层次表现出以上海为龙头或增长极、省会城市和中心经济城市紧随其后的态势，在空间上则呈现出不同层次都市圈构成的雁阵、点线布局。上海、杭州、南京、宁波及苏州的服务业单位数居16个城市前五位，其中上海的服务业单位数远远超过其他城市。服务业单位基本集中在特大城市、省会中心城市、经济中心城市和计划单列市，其中分配型服务业最为突出，其次是生产性服务业、消费性服务业和社会型服务业。

（二）基于都市区内部的服务业集聚发展现状

1. 大都市区内部服务业发展圈层结构明显，城市功能转换步伐加快

相关研究表明，我国的城市中心区和郊区的分工差异日益明显。城市功能格局呈现“同心圆结构”特征——中心城区的产业功能随着工业的外迁而发生了很大的变化，由制造生产基地转化为发展商贸、金融、房地产、社会服务等现代

服务业和以“短小轻薄”为特征的都市型工业的集聚区。邵晖（2008）发现，北京的生产性服务业在城八区内具有非常明显的集中分布的特征。由表3－3可知，金融服务业约有50%的企业集中在城八区6%的面积上，信息咨询服务业约有50%的企业集中在7.6%的面积上，计算机服务业近50%的企业集中在7.1%的面积上，这充分说明了生产性服务业在中心城市的空间集聚是确实存在的。北京市都市区生产性服务业的企业密度分布在偏离城市中心的位置形成密度高峰，随后随着距离的增加而衰减。根据各组在空间上的位置关系，大致形成了四个圈层：“高级服务型”处于北京的最核心区，“科技创新型”处于北京的“次核心区”，“工业—流通型”处于北京的外围区，而“农业—工业型”处于北京的边缘区。从中心城区到郊区的范围内，正在形成单位土地面积工业生产产出效率逐渐降低、劳动密集程度逐渐减小、资本密集程度逐渐增大的圈层结构，这符合“竞租理论”决定的城市内部服务业集聚分布的市场规律。此外，陈泽鹏（2007）的研究表明，虽然城市的格局正在不断拉开，城市郊区或新城教育、医疗等配套设施的不足也是导致城市空间结构越发极化的一个重要原因。

表3－3　北京三大类生产性服务业在城八区的分布

	面积比例（%）	企业数量比例（%）
金融服务业	2.8	29.9
	6.0	49.6
	21.3	89.8
信息咨询服务业	3.9	30.5
	7.6	49.9
计算机服务业	28.4	90.5
	3.2	29.5

资料来源：邵晖（2008）。

2. 部分城市服务业显示出集聚化和郊区化并存的态势，但“一元集聚”仍是主导

服务业的空间演化呈现出大区域集中、小区域分散、集中与扩散并存的局面，从不同圈层的格局来看，制造业、居住与部分服务业向郊区的转移及高级服务业在中心城区内的集中是现阶段都市内部服务业布局的一个显著特点。根据张水清等（2001）的研究，北京FIRE、批发和零售贸易、餐饮业等区位商集中度

下降，过度集中于城八区的城市功能开始呈现分散化，反映了新城建设、郊区化及中心城区和外围城区之间在服务业方面的差距逐步缩小，但从绝对数来看，中心城区仍然保持了绝对的优势。杭州生产性服务企业高度集中于面积不到杭州全市面积1%的三大区块中，与此同时，杭州生产性服务业又呈现出总体集聚态势下的局部分化——科学研究业、电子计算机业、邮电通信及信息咨询中介服务业等科研开发和信息类的行业已经形成了在城西区块集聚的态势。所以，与国际大都市相比，我国大都市服务业向郊区分布的态势并不明显，总体上看还是处于空间聚集的阶段，即呈现“一元集聚”的局面。区域中心城市中心城区承受着巨大的人口、交通、资源和环境压力，不利于中心城区服务业的良性发展。

3. 与西方发达国家相比，我国城市服务业集聚发展过程中政府推动的作用更为重要

我国区域中心城市服务业分布现状体现了政府通过规划和政策的引导对城市服务业空间格局施加的重要影响。20世纪90年代，上海倡导“市区体现繁荣与繁华、郊区体现经济实力，中心城区以发展现代服务业为主、工业进一步向郊区扩散”的战略，经过多年的发展，中心城区和郊区的分工差异日益明显；而在浦东地区开发时，市政府就明确了浦东陆家嘴地区的功能定位，通过全市现有资源的调配、支援，加上不断给予政策倾斜，优先发展陆家嘴地区金融行业，目前该区域已经成为金融业集聚区。再比如，北京市政府对海淀区高科技园区的建设促进了高科技企业的集聚，更促进了附近大量技术型生产性服务业集聚区的涌现；市政府在朝阳区进行的CBD的规划和建设，促进了跨国公司总部和信息咨询类服务企业的集中，2006年底入驻CBD的近4000家企业中，生产性服务企业占60%。这充分说明了在我国服务业集聚区发展的过程中，政府行为与市场力量都发挥了相当重要的作用。

（三）基于各行业类别的城市服务业集聚发展现状

1. 大多数服务行业的集聚程度不断提高

总体上看，服务业各行业的集聚程度在不断上升，而少数行业（科学研究和综合服务业、交通运输仓储及邮电通信业）的集聚程度虽然出现了下降，但下降的幅度远低于增长的幅度。值得一提的是，从2003年起为制造业提供服务的租赁和商务服务业的集聚程度明显提高。2000～2005年区域集聚程度较高的行业主要集中在知识密集程度较高的科学研究、技术服务、地质勘查、租赁和商业服

务、信息传输、计算机服务和软件等行业及传统的房地产、社会服务行业。

2. 服务行业的集聚度与行业的社会性质相关

同国际经验相似，我国的服务业集聚也呈现出与行业公共性相关的性质，拥有独立市场主体和企业性质的服务部门大多具有集聚性，且一般趋向于选择特大城市或大城市。横向比较来看，商业化程度越高的服务业集聚的程度越高，如居民服务、商务服务业等；而为了保障社会公平的服务业的分散程度较高，如公共管理和社会组织、教育业、卫生社会保障和社会福利业。

3. 各服务行业集聚程度和集聚特征差异较大

一方面，现代服务业区域集聚程度相对较高，而一些传统服务业因为需要进行接触式服务，区域集聚程度相对较低。比如在广州市服务业各行业中，金融、信息服务等现代服务业的区域集中度较高，其赫芬达尔指数分别为服务业赫芬达尔指数的 3 倍和 4 倍，其中金融业高度集中在越秀区和天河区，两区的金融业增加值占全市的比重高达 97%；而批发零售、住宿餐饮等传统服务业的区域集中度较低。

另一方面，各种服务行业的集聚呈现不同的特征。通常来看，金融服务业占据城市 CBD 地区；信息咨询服务业在中心城区聚集的同时也在近郊呈明显聚集态势；计算机服务业更倾向于在高等教育聚集地区集聚；零售业、餐饮业等随着工业和居住地的转移而向郊区扩散，分布日趋均衡；房地产业日益向郊区渗透；地质勘查、水利管理业越来越向市郊地区集聚；社会服务业在各地区分布比较均衡。

4. 分配型服务业、生产性服务业集聚程度更高

实证研究表明，各类服务行业集聚程度从高到低依次为：分配型服务业、生产性服务业、消费性服务业和社会型服务业。分配型服务业以多于其他服务业部门较大数量集中于城市极核的情况，不仅说明了该服务业部门在结构演进阶段的先期性，更表明分配型服务业即使在区域经济向一体化演进过程中有减弱的趋向，但它对于区域整体产业分工、生产力布局的实现依然具有重要意义。对于生产性服务业特别是知识和技术密集型服务业，正如集聚理论所显示的那样，集聚发展不仅是为了与其产业高端的形象和声誉相匹配，更是获取信息、获得专业服务、形成创新环境、接近全球化网络和尖端人才的必然选择。而对于消费性服务业和社会型服务业来讲，既要考虑各种设施的利用效率，也应该考虑所有公民均等享受服务设施的权利。所以，依托于消费主体的空间存在，消费性服务业特别

是社会型服务业完全集聚发展是不现实也是不合理的。

（四）我国服务业集聚区的主要形态及布局规律

就我国目前的发展情况来看，以下七种服务业集聚区最具代表性：

（1）商务商业集聚区（CBD或微型CBD）。主要表现为大量相互关联的商务服务业与其支撑机构在某一地理区域内高密度分布。通常布局于都市中心区，以金融、商贸、商务为主体，高级酒店、高级零售和高级公寓相配套，依靠轨道站点等交通转换枢纽的人流集散优势开发商务商业设施，引进国际国内著名品牌及总部型企业。

（2）旅游休闲集聚区。主要是以城市旅游资源为依托，以从事旅游开发、休闲娱乐业的企业为主体，通过完善适宜人居的旅游配套设施和打造有震撼力的旅游文化吸引物，提供观光、休闲、商务、会议、培训、疗养等综合功能的区域。主要分布在集旅游、休闲等功能于一体的区域。

（3）创意产业集聚区。主要以从事研发设计创意、建筑设计创意、文化传媒创意、咨询策划创意和时尚消费创意的企业为主体，以市内保护性开发的古旧建筑群或存量土地为载体，以政府规划园区的形态出现在主城区工业企业的存量土地上，或是自发产生于经过改造的厂房及部分历史性建筑区域内；还有一些布局在成本较低的城市郊区（比如北京宋庄）。

（4）文化媒体集聚区。主要以从事新闻、出版、广电、文艺、网络传媒业的企业为主体，以历史文化街区和特色街区为载体，主要布局在城市中心区内。

（5）科技服务集聚区。主要以科技研发设计类企业为主体，以为科技型企业创业、中小企业发展提供各类专业技术服务，以集技术检测、技术推广、工程和技术研究与试验、成果转化于一体的公共技术平台和孵化器为载体，形成集总部经济、设计研发、创新孵化、综合服务等功能支撑的现代服务业集聚区。由于带有政府规划和主导的因素，科技服务集聚区布局比较随机，可以位于接近大学、研究所等智力资源丰富的地区，也可以位于都市中心，也有部分布局在市郊的开发区内。

（6）商贸物流集聚区。以专业化分工为特征，以物流或商贸流通为主体，以物流园区或专业市场为主要形态，吸引全国和地区大型生产厂商及贸易商，实现产品供应商、贸易商、用户的直接联动，形成信息流、商流、物流、资金流的场内运行和功能空间的高度集聚，以及加工、配送、分拣、包装、仓储、运输、货代等的高度集中。主要布局在城市中具有先天区位优势的地区或工业开发区内。

(7) 软件园。指的是以软件开发、生产、售后服务为核心，众多软件企业和相关服务机构聚集的区域。多位于市郊规划的工业开发区及高新开发区内。

五、我国城市服务业集聚发展：主要问题及政府的角色

(一) 定位雷同，唯品牌、唯高端的现象比较普遍，缺乏必要的需求基础

服务业集聚区对我国来说还是新的概念，目前在地方打造过程中，往往会出现唯高端、唯品牌的定位趋向，产生定位雷同，造成重复建设、资源浪费，如在沿海发达地区出现的一县一会展甚至多会展的分散布局发展态势，还有2008年轰轰烈烈的“金融中心之争”。以物流业集聚区为例，至2010年，长三角地区已建成的或正在规划建设的综合服务物流服务园区已达到60多个，而德国整个国家拥有的综合物流集群数量也只有30个左右。而且在这60多个物流园区中，绝大多数追求大而全，导致多数园区服务功能大同小异，重复建设造成了园区资源无法得到充分利用，并出现园区间的无序竞争等状况。其实，需求是服务业集聚区形成和发展的原动力，服务业集聚区也不是说建成就能建成的，必须具有一定的需求基础。从未来的发展趋势看，还需进一步协调服务业集聚区之间的关系，做到错位发展。

(二) 过度重视硬件建设，忽视集群内企业间的联系

目前，政府利用特殊政策手段兴建服务业园区的模式被各地广泛采用，这主要源于其在协调各行为主体关系、引领产业发展方向等方面具有比较优势。但与此同时，这种政府主导的模式也存在着一些弊端，处在“筑巢引凤”阶段的园区往往出现这样的情况：企业呈孤立状态，交易费用高；企业间缺乏联系，知识流动和积累速度慢，创新气氛不足；等等。

国外服务业集群理论告诉我们，成功的集群往往是自发形成的，知识的获取

与创新环境的形成对于服务业集群的形成和发展极为重要。如前所述，我国目前服务业集聚的形成过程中，政府意志所起的作用不容忽视；而以大量挂牌“园区”的方式推进服务业集聚区的发展，基本上是城市管理惯性思维的延续，与多年前房地产热潮中各个城市的“开发区热”异曲同工。企业是区域创新网络的主体，如果企业之间的联系较弱，则集群内部就无法形成有效的知识溢出和分工协作的外部性，集群就会缺乏强化衍生机制，无法发展区域创新网络。所以，城市服务业的集聚发展不能通过政府行政指令被动完成，过强的计划性必然导致我国服务集聚区内的企业间联系较弱，集群“形聚神散”。

（三）以城市中心区的现代服务业集群作为建设重心，导致土地环境等要素制约日益加剧

目前，城市中心区是我国服务业发展水平相对较高的地区，因而不少官员和学者认为，服务的特性决定了服务业集聚区应该布局在城市中心区。基于上述认识，城市中心已成为我国打造服务业集聚区的首选之地，而发展的重点自然是以城市中心区域为核心的服务业集群。这种发展模式使许多城市在服务业集聚发展的初期就面临着要素资源的制约。比如，城市中心土地资源普遍紧缺，而现代服务业功能集聚区用地大都属于商业用地，取得项目用地比较困难，且用地价格也相对较高。此外，随着城市的发展，中心区租金越来越高，办公用房的租金、售价已不再是服务业企业档次的象征，而越来越成为集群中企业的负担。其实，伦敦金融中心也曾经一度出现了以公司总部和专业服务业为主的商务活动集中区不断侵蚀市民住宅区、破坏中心区历史风貌的问题。伦敦市政府以抑制市场的策略阻止商务区的渗透，同时又推动形成了以泰晤士河码头区城市更新为代表的新城市化中心，使之逐渐成为伦敦第二个中央商务区。伦敦服务业集群发展的中心城区、内城区、郊外新兴商务区多点、多中心的发展模式值得我们借鉴。

（四）体制改革不彻底对城市服务业的集聚发展形成阻碍

条块分割体制和政府的强势推动仍然左右着我国城市服务业集聚发展的命脉。如果说市场经济体制使西方发达国家的城市空间演化更多地体现为自然演变规律，那么，转轨时期不可避免的制度缺陷使我们在研究中国城市服务业的空间演化轨迹的时候必须对西方标准的理论模型做出修正。最近的一些研究表明，体制改革不彻底导致的区域间要素流动阻滞限制了服务业集群的形成速度。比如，

虽然南京和杭州的金融服务业竞争力远不如上海，但实证分析表明，南京和杭州金融服务业的集聚度是在不断提升的。出现此种发展趋势的根源在于，改革开放以后，中央为了促进地方经济快速发展，向地方政府下放了很多自主权力。各省为了维护本省的局部经济优势，设置了许多不合理的政策规定，间接阻止了要素的自由流动。例如，按照人民银行的管理体制，上海大区行的辖区包括上海、浙江、福建三地，江苏大区行分管江苏和安徽。然而，上海、江苏、安徽和浙江原本属于“一市三省”的长三角大都市圈，拥有相同的经济增长模式，却被人为地分成两个不同的金融体系，对资金的自由流动不利。

（五）促进服务业集聚发展的政策体系还未形成

以往从中央到地方的文件、政策中，集群大多特指“制造业集群”，这与我国的经济增长方式和产业结构是相符合的，但也反映了对服务业集聚发展的认识不够。2007 年 11 月，国家发展和改革委员会下发了《关于促进产业集群发展的若干意见》（以下简称《意见》），这是中央政府部门首次就产业集群发展制定的指导性意见。《意见》表明，生产性服务和公共服务配套对制造业集群的作用已经逐渐得到了政府部门的重视，但服务业集群仍然处于被动、从属地位，对于服务业集群在重塑城市空间、促进城市功能转型中的“拉动”作用认识不足，容易造成服务体系的同质化、重复建设及低效率。目前，对服务业集聚发展的支持政策散落在对各行业的具体政策中，既没有以服务业集群这个整体为对象的政策，也没有专门针对某一服务行业“园区”或“基地”发展的具体措施。总的来说，目前在中央政策层面，服务业的集聚发展缺乏有力支撑。

从地方层面上看，在产业集群 20 多年的发展历程中，中央政府对各地集群的发展保持了默认和不干预的态度，与集群有关的政策措施制订主体是地方政府（镇、县和市）。然而，各地现有的针对服务集群的政策仅仅停留在提供税收和土地优惠、建设基础设施、吸引投资等与传统产业政策毫无差异的表层上，并未深入到与服务集群的动力机制、演化规律相匹配的层次，而且缺乏系统的规划及科学的设计、实施和评价流程。各地相互模仿和跟风，制订不出符合地方特色、具有生命力的政策措施。帮助各级政府制订切实有效的集群政策，促成集群良性竞争互动的环境，需要中央层面的服务业集群规划、布局及政策。

第四章　服务业地理集中和集聚：格局演化与联系模式

经典的城市经济学理论认为，具有较高运输成本的产业才会选址在与其客户邻近的地区；对于面对面的互动服务来说，较高的运输成本使服务业无法形成地理集聚发展态势。然而，近年来越来越多的文献表明，服务部门正在走向地理集中或集聚，“在今天的世界，最突出的地方化的例子事实上是基于服务业而不是制造业的……技术正朝着促进服务更加地方化的方向发展”（Krugman，2000）。区别于之前实证研究将关注点仅置于制造业部门，本章将在分析国外服务业地理集中和集聚模式的基础上，重点分析我国服务业地理集中和集聚的态势和格局演化，明确产业尺度和空间尺度对衡量服务业地理集中和集聚程度的影响，特别是区分不同服务行业的空间联系模式。

一、产业地理集中与集聚的衡量方法：一个简要综述

如前所述，产业的地理集中（Concentration）描述的是经济活动集中于某一空间的趋势；而产业的地理集聚（Agglomeration）则描述的是某一产业的企业选择在同一区域进行生产或服务的倾向。许多研究都致力于用各种统计工具对经济活动和产业的集聚与分散加以量化，这被称为传统的产业地理集中与集聚的衡量方法。Combes 和 Overman（2004）曾经对测量产业地理集中或集聚的指标提出以下五种基本条件：不同产业之间可以比较，既可以比较哪些产业更为集中，哪些

产业比较分散，也可以说明不同产业分类的地理集中程度，如两位数、三位数及四位数产业的集中程度；不同空间尺度可以比较，可以比较产业在哪些区域比较集中或分散，或者比较在国家和区域层次的集中程度；在产业随机分布的"零假设"前提下，指数估计值是确定的或唯一的；能够检验指数估计结果的显著性，能够明确指数的估计值达到多少产业是集中的或是分散的；在空间尺度或空间规模改变的情况下，能够保证指数估计无偏性（Unbiased），也就是在产业分类改变的情况下，能够保证指数估计的无偏性。对于产业集聚和集中辨识方法之间的区别，Ellison 和 Glaeser（1999）指出，产业集聚的指标是描述产业集中程度更为全面完整的方法，产业集聚不仅可以评估某一产业内部的集聚强度，也可以对不同产业在不同时间、不同空间的集聚强度进行跨产业比较。

（一）产业地理集中的衡量方法

常用的衡量总体产业地理集中的指标包括差异系数（Dissimilarity Index）、赫芬达尔指数（Herfindahl Index）、赫希曼—赫芬达尔指数、胡弗系数、信息熵系数、锡尔系数及基尼系数等。

1. 差异系数

差异系数（D）也经常被用来衡量产业空间分布的集中与分散，表示如下：

$$D = \sum_{i} |s_i - \bar{s}|$$

即每个区域内产业就业或产值比重与平均比重之差的绝对值之和。如果产业的就业或产值在各区域均匀分布，每个区域的比重相等，差异系数为零。

2. 赫芬达尔指数

赫芬达尔指数（H）是各区域某产业产值或就业比重的平方之和，即

$$H = \sum_{i} s_i^2$$

如果所有经济活动都集中在一个区域，那么 $H = 1$ 最大，如果经济活动平均分布在各个区域，$H = 1/n$。这个系数实际上仅衡量了产业的地理分布，并没有与其他经济活动相比较，所以衡量的是产业的绝对集中程度。

3. 赫希曼—赫芬达尔指数

为了衡量产业的相对集中程度，赫希曼提出了赫希曼—赫芬达尔指数（HH_i）：

$$HH_i = \sum_{j=1}^{m} (s_{ij} - x_j)^2$$

其中，s_{ij}表示产业 i 在区域j中的就业或产值比重；x_j表示区域 j 中的总就业或产值占全国的比重。如果某产业的就业或产值的空间分布与总体经济活动是一致的，那么HH_i值为零。

4. 胡弗系数

胡弗系数（s_i）是赫芬达尔指数和赫希曼—赫芬达尔指数的变换，计算如下：

$$s_i^R = \sqrt{\frac{1}{c}\sum_j (s_{ij} - s_j)^2}, S_i^A = \sqrt{\frac{1}{c}\sum_j (s_{ij})^2}$$

其中，s_{ij}表示区域 j 中产业 i 的比重；s_j表示区域 j 占全国的比重；c 表示样本中的区域数。胡弗系数与赫芬达尔指数本质上是一样的，都可以衡量绝对和相对集中程度。

5. 信息熵

信息熵用来测量一个系统的复杂程度。一个产业的空间分布越分散，表明这个系统越复杂；反之，产业在空间上越集中，则该系统越简单。产业空间分布的信息熵（E_i）计算如下：

$$E_i = -\sum_j (x_{ij}/x_i)\ln(x_{ij}/x_i)$$

其中，x_{ij}表示产业 i 在区域 j 中的就业人数或产值，x_i表示产业 i 的总就业人数或总产值。如果某个产业全部集中在一个区域，E 值为零。

6. 锡尔系数

锡尔系数（T_i）经常用来测量收入的区域差异，也可以衡量产业地理集中程度，计算如下：

$$T_i = \sum_{r=1}^{J} \frac{x_{ij}}{x_i}\left(\log\frac{x_{ij}}{x_i} - \log\frac{1}{J}\right)$$

其中，x_{ij}为产业 i 在区域 j 中的就业或产值；x_i为产业 i 的总就业或总产值；J 为总区域数。与赫芬达尔指数一样，信息熵和锡尔系数衡量的实际上是产业地理分布，是绝对的集中或分散程度。

7. 基尼系数

上述各类系数多数测量产业的空间分布，没有与其他经济活动相对比。Krugman（1991）提出了空间基尼系数的衡量方法。基尼系数(G_i)将某产业分布与其他产业对比，是使用最广泛的系数之一，而后许多研究都将空间基尼系数用于实证研究，比如 Amiti（1999）利用空间基尼系数评估了欧洲各国地区生产专业化趋势。

Gini 系数计算公式如下：

$$G_i = \frac{1}{2n^2\mu}\sum_j\sum_k |s_{ij} - s_{ik}|$$

其中，s_{ij}和s_{ik}是产业 i 在区域j和 k 的比重；μ 是产业在各个区域比重的平均值；n 是区域个数。基尼系数等于 Lorenz 曲线与45°线之间面积的 2 倍，Lorenz 曲线是基于s_{ij}递增排序，并将累计s_{ij}置于纵轴，而累计的区域数置于横轴绘制而成的。如果产业在各区域平均分布，基尼系数为 0，如果产业集中在一个区域，基尼系数为 1。

Krugman（1991）还提出区位基尼系数，是基于产业区位商 LQ_i 排序计算得来：

$$LQ_i = \frac{s_i}{x_i} \qquad G = 1 - \sum_i^m x_i\left(s_i + 2\sum_{j=i+1}^m s_j\right)$$

其中，s_i和s_j表示某产业就业在区域 i 和 j 的比重，x_i表示区域 i 内总就业的比重。

（二）产业地理集聚的衡量方法

衡量产业地理集中的上述指标都只是测量了产业的总体地理集中程度，并没有考虑产业组织对产业地理集中的影响，也就是没有控制企业规模分布。由于产业地理集中可能是由于少数几个大企业集中在少数区域或者大量的中小企业集聚在某些区域造成的，因此许多研究都致力于新的产业集聚衡量方法的研究，其中 Ellison 和 Glaeser（1997）发明的 EG 指数是最杰出也是应用最广的方法。

Ellison 和 Glaeser（1997）指出，从企业地理邻近的溢出效应出发，导出衡量产业地理集聚的系数。假设 N 表示某个产业内的企业数，z_1，z_2，…，z_N表示每一个企业的就业占该产业就业的比重。M 为区域个数，x_1，x_2，…，x_M表示每个区域就业占全国就业比重，区域 i 中的产业就业比重为 $s_i = \sum_{j=1}^N z_j u_{ji}$，其中企业 j 位于区域i，则$u_{ji}=1$，否则为 0。$u_{ji}$是非独立的 Bernouilli 变量，有 $P(u_{ji}=1) = x_i$。任何两个企业区位选择的相关性可用 γ 表示，那么有 $Corr(u_{ji}, u_{ki}) = \gamma$，$j \neq k$，γ 也可以表示产业内信息溢出效应的强度。在这种情况下，两个企业位于同一区域 i 的概率为 $p(i, i) = E(u_{ji}u_{ki}) = Cov(u_{ji}, u_{ki}) + E(u_{ji})E(u_{ki}) = \gamma x_i(1-x_i) + x_i^2$。两个企业位于任何相同区域的概率则为 $p = \sum_i P(i,i) = \gamma(1 - \sum_i x_i^2) +$

$\sum_i x_i^2$。为了估计 γ，Ellison 和 Glaeser(1997)首先引入了总体地理集中指数，即由某个产业的区域比重与所有产业的区域比重推导出来的，$G_{EG} = \frac{\sum_i (s_i - x_i)^2}{1 - \sum_i x_i^2}$，在此基础上得到 γ 的估计公式：

$$\hat{\gamma}_{EG} = \frac{G_{EG} - H}{1 - H} = \frac{\frac{\sum_i (s_i - x_i)^2}{1 - \sum_i x_i^2} - H}{1 - H}$$

其中，$H = \sum_j z_j^2$。

为了测量一组产业内子产业的共聚程度，以G_j、H_j和w_j表示第 j 产业的地理集中度、企业的赫芬达尔指数及就业比重，γ_j为第 j 产业的 EG 估计值，G 是该组产业整体的总体地理集中度，$H = \sum_j w_j^2 H_j$为该组产业的赫芬达尔指数，该组产业内产业的共聚程度表示如下：

$$\gamma^c = \frac{[G/(1 - \sum_i x_i^2)] - H - \sum_{j=1}^r \gamma_j w_j^2 (1 - H_j)}{1 - \sum_{j=1}^r w_j^2}$$

Maurel 和 Sédillot（1999）在 EG 指数的基础上导出了集中指数（Concentration Index），并将其用于衡量法国的产业集群，研究表明，MS 指数和 EG 指数都是无偏估计，但 MS 指数的含义更明了：如果企业随机选择区位且是相互独立的，MS 指数平均值应该为 0，在这种情况下，外部性和资源禀赋都没有影响企业的区位选择，产业地理集中仅仅是由于产业集中造成的；如果产业的 γ_{MS}值较大，也就意味着额外的集中，也就是说比随机过程导致的集中更显著。但 Holmes 和 Stevens（2002）的研究指出，虽然 EG 指数采用赫芬达尔指数来控制产业集中的影响，但 EG 指数仍然受产业内企业规模影响，很多产业中，如果不考虑小企业，那么 EG 指数会增加。而后 Feser 和 Sweeney（2002）、Marcon 和 Puech（2010）及 Duranton 和 Overman（2005）利用不同维度的 K - density 函数进行产业集聚的辨识。然而，这种方法对数据要求非常高，甚至需要每个单独生产者的详细地址，而这些信息出于隐私保护一般都是不公开的，因此这种方法至今在文献中的应用还不多（Head and Mayer，2004；Marcon and Puech，2010）。

有别于传统的地理集中与集聚衡量方法，空间衡量方法虽然非主流，却也在近年间取得了较大的发展。空间衡量方法重视区域之间的特点和互动，避免了在集聚经济中加入人为的边界因素，从而解决了传统方法在量化产业集聚中可能产生偏差的问题。产业地理集中与集聚的空间衡量方法是建立在 Ripley（2001）的研究基础之上的。Ripley（2001）在文章中采用了 K－距离函数的研究方法，而后被许多研究所采用，其中最知名的文章来自 Marcon 和 Puech（2010）。在此基础上，有一些研究，如 Paci 和 Usai（2009）关注到了跨边界的外部效应对于地区经济发展的影响，还有一些研究致力于建构空间模型，如中心—边缘模型、接触模型等，用以解释和区分产业集聚过程中起作用的特征和因素。Guillain 和 Gallo（2006）指出，衡量经济活动的空间集聚需要在对活动的地理集中及其区位模式进行评估的基础上，估计集聚在统计上的显著性，最后清楚地考察数据的空间维度。

虽然传统的衡量方法与空间衡量方法各有千秋，但正如 Combes 和 Overman（2004）所指出的那样，目前还没有一个公认的方法满足衡量集聚程度的所有要求。

二、国外服务业地理集中与集聚的演化规律

（一）国外服务业发展的空间格局及其演化

囿于生产和消费的同步性带来的数据缺乏，服务业空间格局及演变问题在已有文献中并未深入讨论。如果将现有刻画服务业活动空间特征的研究分为经济和地理两个维度，经济维度是在特定的区域运用特定的方法来定义服务业的产出结构特别是专业化（Specialisation）；地理或空间维度则是对特定区域或经济体服务业分布是否均质的观察，特别是对服务业集中和分散现象的实证描述。目前相关文献主要集中于后者，典型的如 Braunerhjelm 和 Borgman（2004）对于瑞典的研究、Brülhart 和 Traeger（2005）对于欧盟的研究、Fingleton 等（2004）关于英国的研究。前者有代表性的如 Antonietti 和 Cainelli（2011）对于知识密集型服务业的研究、Shearmur 和 Doloreux（2008）关于高端生产性服务业的研究等。以上研究并未使用同样的衡量方法，因而很难对研究结果进行直接比较；由于服务业空间演化蕴含着较强的地域属性，关于服务业空间演化规律的讨论也远未达成一致。

Midelfart－Knarvik 等（2000）运用区位基尼系数计算了欧洲 36 个制造行业和 5 个服务行业的地理集中情况，结果显示在 1982～1995 年，服务业总体上看比制造业更加趋于分散；作者由此得出，随着产业结构由制造业向服务业转型，具有初始规模较小服务业部门的贫穷地区，其追赶效应将加速这种空间扩散。Krenz（2010）运用 Balassa 指数对 14 个欧洲国家服务业空间变化进行了研究，并对其线性趋势进行了检验（见表 4－1）。结果表明，服务行业的地理集中在 1970～2005 年呈现出了一种下降态势，降幅为 22% 左右，其中大部分服务行业的集聚水平均呈现显著下降；只有零售贸易、其他水上运输、金融中介在集聚水平上显示出了显著的增加，但总体集聚水平依然不高。Braunerhjelm 和 Borgman（2004）运用 EG 指数和区位基尼系数对瑞典 1975～1993 年 4 位数产业（143 个行业）的研究同样发现，制造业在雇用更少劳动力的情况下变得越发集中，服务业则在就业增长的同时倾向于地理分散。

表 4－1　1970～2005 年欧洲服务业地理集中的演变

产业	1970 年	1980 年	1990 年	1995 年	2000 年	2005 年	变化幅度[a]	趋势检验 β
服务业	0.186	0.1804	0.1653	0.1575	0.1513	0.1458	－0.2161	－0.0012**
摩托车销售维护维修	0.0723	0.0897	0.095	0.0764	0.078	0.0844	－0.0658	0.0001
批发贸易和委托贸易	0.1123	0.0922	0.0832	0.0902	0.0862	0.0845	－0.2476	－0.0006**
零售贸易	0.0445	0.0778	0.0635	0.0783	0.0821	0.0784	0.7618	0.0007**
酒店与餐饮	0.1347	0.155	0.1441	0.1407	0.1437	0.1495	0.1099	－0.00004
其他国内交通	0.0838	0.0971	0.0895	0.0749	0.0785	0.0755	－0.099	－0.0003**
其他水上运输	0.3521	0.3351	0.3275	0.3873	0.3817	0.3849	0.0932	0.002**
其他航空运输	0.2042	0.2166	0.1806	0.1984	0.1901	0.1784	－0.1263	－0.0004**
其他支持性和辅助性交通活动，旅行社	0.1663	0.1367	0.1368	0.1084	0.0949	0.0813	－0.5111	－0.0022**
邮政和通信	0.0857	0.0789	0.0805	0.0768	0.0806	0.0923	0.077	0.00001
金融中介[b]				0.0545	0.0635	0.0795	0.4587	0.0022**
保险和养老基金[c]				0.1852	0.1813	0.1733	－0.0643	－0.0018**
与金融中介相关活动				0.1686	0.1527	0.1344	－0.2028	－0.0023**
不动产活动	0.2371	0.2614	0.2257	0.1879	0.1782	0.1831	－0.2278	－0.0027**
机器和设备租赁	0.4578	0.42	0.333	0.2749	0.2446	0.1891	－0.5869	－0.0082**
计算机及相关	0.3068	0.2746	0.2709	0.2524	0.2241	0.2008	－0.3455	－0.0025**
研发	0.4126	0.4106	0.3746	0.3559	0.3556	0.346	－0.1614	－0.0023**

续表

产业	1970 年	1980 年	1990 年	1995 年	2000 年	2005 年	变化幅度	趋势检验 β
其他商务活动	0.1898	0.1772	0.1434	0.1285	0.108	0.0925	-0.5126	-0.003**
公共管理及防务	0.1176	0.1003	0.1134	0.1101	0.1224	0.1143	-0.0281	0.0002
强制性社会安全教育	0.1047	0.0968	0.0961	0.0901	0.0802	0.0822	-0.2149	0.0006**
健康及社会工程	0.1508	0.1472	0.142	0.1294	0.1226	0.1287	-0.1466	-0.0009**
其他社区、社会个人服务	0.1147	0.0807	0.0761	0.074	0.0719	0.0078	-0.32	-0.0007**
私人家庭养老保险				0.5017	0.493	0.4875	-0.0283	-0.0014**
运输和仓储	0.0566	0.0758	0.0775	0.0614	0.0552	0.0502	-0.1131	-0.0005**
金融中介	0.1135	0.0645	0.08	0.0676	0.076	0.0869	-0.2344	-0.0008**
机器设备租赁及其他商务活动	0.1922	0.1865	0.1385	0.1171	0.0995	0.0835	-0.5656	-0.0036**

注：a 表示变化的时间区间是 1970～2005 年或 1995～2005 年。b 表示不包括保险和养老金。c 表示不包括强制性社会保险。

资料来源：Krenz（2010）。

然而，Jennequin（2008）的研究却指出，虽然自 1986 年以来欧洲服务部门集中程度一直不太高，但在地理上呈现出轻微集中的趋向，其中 FIRE① 是集聚程度最高的部门；水上交通由于自然禀赋的原因成为 1991～1999 年集聚度增长最快的行业，交通、仓储和通信等部门整体上看则最为分散。De Dominicis 等（2006）运用 EG 指数和莫兰指数对 1991～2001 年意大利 NUTS－3 和 NUTS－2 地区两位数产业（包括 24 个制造行业和 17 个服务行业）的研究发现，1991 年制造业比服务业更为集中，但到了 2001 年，制造业扩散的趋势非常明显，而服务业则变得越发集聚。Ruiz－Valenzuela 等（2007）运用灵敏度分析方法研究了 1991～2001 年西班牙加泰罗尼亚地区服务业和制造业的地理分布情况，发现知识密集型服务业比其他服务业更为集中，但具有中等技术含量的制造业却显现出最低的地理集中度。Desmet 和 Fafchamps（2005）对美国各郡产业发展数据的 β 和 σ 收敛性检验也表明，13 个产业部门中，大部分的服务行业都在 1970～2000 年更为集中，而制造业和农业则显现出分散的趋势。Perez－Ximenez 等（2007）

① 指的是金融、保险和不动产服务。

运用泰尔指数对美国各州3位数服务行业的分析结果表明，除了个别服务行业如批发服务趋于分散外，整体服务业集中度在1969～2000年基本保持稳定，但不同服务子行业的地理集中并不具有统一的趋向和模式，如水上交通、商品抵押经纪、博物馆、动画制作、酒店、教育、法律和保险服务均具有很高的集中度①。

（二）生产性服务业空间演化规律：共聚及高等级城市的作用

在生产性服务业的空间分布中，高等级城市起着重要的决定作用。接近高等级城市，意味着更加靠近投入产品和消费市场（Rosenthal and Strange，2004），接近熟练的劳动力（Simon and Nardinelli，2002），有利于吸收来自企业、供给方和需求方的正向知识溢出等。Partridge 等（2008）对美国的实证研究表明，高等级城市对周边地区增长会产生正向净影响；而且，相关研究结果也表明，距离因素对生产性服务业各行业的作用机制和作用效果是不尽相同的。此外，大都市的快速增长和激烈竞争也会将腹地产品、服务和人力资本抽离，从而导致增长的负向溢出即光影效应（Dobkins and Ioannides，2001）；光影效应大小部分取决于区域所处的发展阶段。在工业化开始初期，区域中心逐渐形成，光影效应会比较微弱；在腹地人口扩张并供给区域中心农产品的发展时期，中心地和腹地齐头并进（Fujita et al.，2001）；在工业化和城市化进程中，随着区位不平衡发展模式不断巩固，光影效应不断加强（Tervo，2010）。接近大都市的净效应取决于增长溢出效应和集聚光影效应两者谁占主导地位。

生产性服务业的另一个重要的空间分布规律则是与其他产业之间的互动与共聚（Co－Agglomeration）。同 Perez－Ximenez 等（2007）的结论类似，Kolko（2000）的研究指出，虽然服务业比制造业的城市化水平更高，服务业却比制造业在单一地点或几个地点集聚的可能性更低。表4－2显示了EG指数计算的制造业集中度比生产性服务业和消费性服务业更高；而在部门层面，生产性服务业比制造业更倾向于在地理上接近同一领域的其他产业，也就是说，生产性服务业的共聚程度比其他两个产业都要高。

① 其中教育、法律和保险服务具有较高的地形学集中度。

表 4－2　1995 年产业的地理集中与共聚

	制造业	生产性服务业	消费性服务业
行业层面的地理集中	0.0129	0.0064	0.0023
产业部门层面的地理集中	0.0005	0.0010	0.0001
行业和部门间的共聚	0.025	0.119	0.023

资料来源：Kolko（2000）。

Kolko（2007）的研究指出，服务业选择与其他产业共聚，源于其将使不同产业之间和同一产业的不同企业之间劳动力池、知识外溢和投入共享成为可能，从而更好地发挥了集聚力的作用；比如，当法律服务业与管理咨询服务业共聚时，法律从业者就能得到更好的从业机会。此外，贸易关系、运输成本对服务业的影响也为解释生产性服务业共聚现象提供了有用的信息。通过在 EG 指数的基础上构建 EG 共聚指数，Kolko（2007）发现服务业的共聚原因同制造业有着相似之处，比如知识外溢只在很小的地理范围内起作用，在省和国家等较大的地理范围内作用不显著；人口特征则在更大空间尺度上对产业共聚产生正向影响。与制造业不同的是，由于服务业比制造业更加依赖于城市化经济，更大的劳动力市场一方面使从业者免受锁定在特定企业的冲击，另一方面也使某一行业的劳动力水池效应获益减少，劳动力水池效应对服务业共聚的影响无论在哪个空间尺度都是不显著的（Kolko，2000）。对于投入—产出关系而言，其对于服务业共聚的影响机制与制造业是完全不同的。消费者的相似性对于服务业在邮政编码地区水平上和国家层面都有显著的正向影响，而对制造业却没有；直接交易联系的强度同样对服务业在这两个空间尺度上的共聚具有显著的负向影响，这与直接贸易对于制造业共聚在国家层面的显著正向影响机制是完全相反的，这主要是源于制造业和服务业完全不同的运输成本结构。对于服务业来说，在较短距离内服务企业之间的直接贸易会因为运输成本较低而受益，但在较长距离服务企业之间的服务运输成本几乎是不变的。此外，直接贸易与信息技术强度互动这样一个影响因素，在邮政编码区域水平上对服务业共聚产生正向影响，却在国家层面产生负向影响，也就是说，依托信息技术的服务企业在小范围内倾向于共聚，但在较大的地理范围内却彼此排斥，这与制造业的作用机制是完全不同的，这也表明，不能将信息技术看作面对面交流的替代。

（三）生活性服务业空间演化规律：需求引致分散？

生活性服务业的地理分布较大程度上取决于消费需求的分布，与制造业和生产性服务业相比，生活性服务业在行业层面的地理集中度是最低的（Kclko，2000）。正如克鲁格曼在其开启新经济地理学先河的著作《地理与贸易》中提到的，“在20世纪后半叶，美国有许多劳动力从事服务业，而不生产商品。这些服务中许多是不可贸易品，与生产商品的人口的地理分布相同——快餐批发商店、日托儿所、离婚律师等行业的区位基尼系数肯定非常接近于零。”Jennequin（2008）的研究也表明，出于靠近需求的原因，邮政、地面交通和教育等产业则在地理上表现得最为分散。

然而，一些文章指出，随着城市化的推进特别是人口在高等级城市的集聚，生活性服务业的分布也将逐渐趋于集中。Brülhart 和 Traeger（2005）认为，传统的产业集中度衡量方法得出的结论对于区域单元的选择是非常敏感的，数据的统计分析结果会随着空间尺度的从大到小而变化[①]。故此，他们将地理集中分为地形学上的集中（Topographic Concentration）和相对集中（Relative Concentration）[②]两个维度，并据此对1975～2000年西欧17国就业区位模式及其演变进行了分析。研究表明，除了交通运输服务业之外，其他各服务行业的相对集中度在此期间没有显著变化，而制造业呈现出显著的集中态势，服务业的相对集中度比制造业和农业更低。而对于地形学集中度而言，服务业的集中度远高于制造业和农业；整个产业的地形学集中度完全由服务业集中度的变化决定，非市场化服务（公共服务部门）为整个产业集中度的变化和不平衡发展的经济活动格局贡献了最多的份额；制造业对于整个就业地形集中度的贡献由1975年的26%缩小到2000年的13%（见表4－3）。造成这种结果的原因是，服务业倾向于集中于高密度的城市区域，而农业集中在低密度的农村，制造业则介于两者之间[③]；制造业在地形集中度下降的同时相对集中度持续上升，意味着制造业在此期间由高密

① 关于服务业空间格局的相关研究虽然使用了不同的指数，但在衡量产业地理集中与专业化时，多种方法计算结果应是高度相关的（如贺灿飞，2009）。然而，现有产业集中度衡量方法的隐含假设是，被观察的基本地理单元必须是对等的，不考虑这些区域的经济规模或土地面积（Combes and Overman，2004），故也被称为“绝对”集中度指数（Aiginger and Pfaffermayr，2004）。

② 相对集中度加入了反映总体经济活动规模的权重；地形学上的集中度加入了反映地理单元土地面积的权重。

③ Bond（2013）的研究表明，美国有超过68%的郡，其20%以上的制造业收入来自农村；27个州的181个郡（占制造业就业的20%），其80%的制造业都位于农村。

度地区转入了低密度地区。正是对于相对集中度和地形学集中度选择的不同，造成了许多研究对于欧洲产业地理集中度衡量结果的差异①。

表 4－3　1975～2000 年各产业地形学集中度（就业数据，236 个地区）

行业	Avg GE（1）[a]	△GE（1）$^{b}_{1975-2000}$
其他市场化服务	1.039	－0.016
交通运输与通信服务业	1.028	－0.148**
银行与保险	1.008	－0.024
分销	0.938	－0.052
非市场化服务	0.890	－0.140*
制造业、能源	0.868	－0.161***
建筑业	0.738	0.008
农业	0.490	0.104**
总就业	0.810	－0.002

注：a 代表 1975～2000 年用面积加权的 GE（1）指标的平均值。b ＊＊/＊代表 95%/90% 置信区间拒绝零假设即△GE（1）＝0。

资料来源：Brülhart 和 Traeger（2005）。

三、我国服务业地理集中与省区专业化：格局及其演化

（一）衡量方法

如前所述，文献中用多种指标测量产业地理集中和专业化，如赫芬达尔指数（H）、赫希曼—赫芬达尔指数（HH_i）、胡弗区位化系数（Hoover）、熵指数、锡尔系数、基尼系数等，而相关研究指出（贺灿飞，2009），这些系数在衡量产业地理集中与专业化时，计算结果是高度相关的。而基于计算方便和数据要求的考

① 比如，Overman 等（2003）采用了相对集中度的方法对调研数据进行分析，得出欧洲制造业集中度持续上升；而 Aiginger 和 Pfaffermayr（2004）基于地形集中度的方法，却得到了相反的结论。

虑，本部分采用 Krugman（1991）和 Amiti（1999）提出的空间基尼系数，测量中国服务业及典型服务行业的地理集中程度和省区专业化程度。空间基尼系数计算公式如下：

$$AG_i = \frac{1}{2N^2\mu}\sum_j\sum_k\left|\frac{x_{ij}}{X_i}-\frac{x_{ik}}{X_i}\right| \tag{4-1}$$

其中，x_{ij}和x_{ik}为产业 i 在j和 k 省区就业数；X_i为产业 i 的全国就业总量；μ为产业 i 就业数在各省区比重的均值；N 为省区就业数量。Gini 系数的取值范围为 0 ~ 1，数值越高，表明某产业地理集中度或某省专业化程度越高。为计算方便，根据 Lorenz 曲线，将各省产业 i 的量从低到高（升序）排序后，可以使用以下近似公式进行计算：

$$AG_i = \frac{2}{N}\sum_{j=1}^{N}\left(j \times \frac{x_{ij}}{X_i}\right) - \frac{N+1}{N} \tag{4-2}$$

（二）数据说明

本部分的数据主要来自 1998 ~ 2008 年《中国统计年鉴》和《中国城市统计年鉴》。需要注意的是，2002 年国家统计局对我国国民经济行业分类做出了较大调整，服务业统计口径由此发生了较大变化，由原有的 10 部门变为 14 部门。其中，有些行业为新增的统计项目，如信息传输计算机服务和软件业、租赁和商务服务业在 2003 年前没有统计；有些行业的名称发生变化，如金融业在 2003 年之前为金融保险业，交通运输、仓储及邮政业在 2003 年之前为交通仓储邮电业；有些行业之前为合并统计，后来单独统计，如住宿餐饮业在 2003 年之前合并到批发零售贸易业中统计，而教育在 2003 年之前合并统计到教育文化广播管理业；有些产业的统计范围得到了扩充，如卫生、社会保障和社会福利业在 2003 年之前为卫生与体育福利业；有些产业的统计口径在 2003 年之后出现了交叉，如科学研究技术服务和地质勘察业在 2003 年之前统计为科研综合技术服务业，水利环境和公共设施管理业 2003 年之前为地质勘察水利管理业，文化、体育和娱乐业在 2003 年之前统计为教育文化广播管理业；有些产业统计范围进行了较大精练，如居民服务和其他服务业在 2003 年之前统计为社会服务业。为保持统计数据的可比性和一致性，在计算产业地理集中和省区专业化的变化趋势时，对以上产业尽可能做到一一对应，但由于某些行业统计口径变化较大（比如居民服务和其他服务业）而引起的数据偏差依然不可避免。而由于西藏自治区的数据不可得，这里只利用了 30 个省（市、自治区）的数据进行基尼系数的计算。此外，本部分涉及的资本劳动数据来自2008年的《中国经济普查年鉴》。

(三)我国服务业地理集中的格局及演变:省级数据的分析

1. 我国服务业地理集中的总体趋势

用空间基尼系数表示的1998~2008年我国服务业及各服务行业(大类)的地理集中及变动趋势如表4-4所示。从省际层面上看,我国服务业近10年间在就业上经历了从相对集中到趋于扩散的过程,基尼系数从1998年的0.45降到了2008年的0.36(见图4-1),这与Krenz(2010)对于欧洲服务业集中趋势的分析是一致的。值得注意的是,在2006年基尼系数达到最低谷0.33后,服务业集中度逐渐趋于提高。从服务业地理集中的变化趋势可以看出,1998年时,我国服务业的就业较为集中,从业人数占前五的省份——广东、山东、河南、江苏和辽宁占据了全国从业人口将近44%的份额;而随着近些年来各地对服务业的重视和服务业的迅猛发展,我国服务业就业的基尼系数不断下降,2004年就业人数排前五位的省市——北京、广东、河南、江苏和山东所占全国服务业就业人口的比重已经降至35.5%,而到了2008年,这个数据更是达到了34%,显示出我国服务业空间极化效应不断减弱。

表4-4 1998~2008年按行业(大类)分我国服务业集聚及其演变

行业 \ 年份	1998	1999	2000	2001	2002	2003	2004	2005	2006	2007	2008
第三产业	0.45	0.39	0.38	0.35	0.35	0.34	0.35	0.36	0.33	0.36	0.36
1. 交通运输仓储和邮政	0.48	0.40	0.36	0.35	0.34	0.35	0.35	0.37	0.36	0.38	0.39
2. 信息传输计算机服务						0.42	0.48	0.42	0.40	0.45	0.47
3. 批发和零售业	0.54	0.46	0.42	0.43	0.42	0.41	0.43	0.47	0.35	0.39	0.40
4. 住宿餐饮业						0.48	0.47	0.50	0.42	0.44	0.46
5. 金融业	0.42	0.40	0.37	0.39	0.37	0.36	0.36	0.36	0.36	0.38	0.39
6. 房地产业	0.49	0.48	0.46	0.46	0.46	0.47	0.50	0.50	0.46	0.48	0.49
7. 租赁和商务服务业						0.50	0.56	0.59	0.51	0.53	0.53
8. 科学研究、技术服务	0.43	0.42	0.41	0.41	0.39	0.37	0.38	0.37	0.37	0.40	0.41
9. 水利、环境公共设施	0.40	0.39	0.37	0.40	0.38	0.33	0.32	0.32	0.32	0.34	0.33
10. 居民服务和其他	0.71	0.46	0.45	0.47	0.45	0.55	0.70	0.72	0.53	0.55	0.53
11. 教育						0.35	0.35	0.35	0.35	0.37	0.36

续表

年份 行业	1998	1999	2000	2001	2002	2003	2004	2005	2006	2007	2008
12. 卫生、社会保障	0.41	0.39	0.36	0.38	0.36	0.35	0.35	0.35	0.35	0.37	0.37
13. 文化、体育和娱乐业	0.39	0.38	0.36	0.38	0.35	0.31	0.34	0.38	0.33	0.35	0.36
14. 公共管理社会组织	0.40	0.39	0.37	0.39	0.36	0.36	0.35	0.36	0.36	0.37	0.37

资料来源：基于省级数据计算。

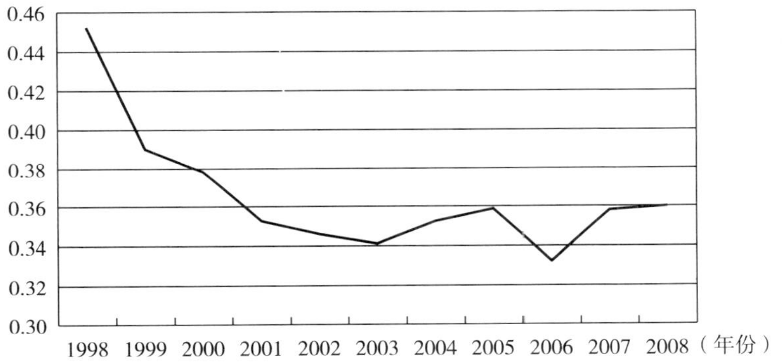

图 4-1 1998~2008 年我国服务业地理集中时间变动趋势（按从业人口计算）

与制造业相比，我国服务业近十年地理集中的总体变动趋势与制造业截然相反。对比图 4-1 和图 4-2 可以看出，在 1998 年时，用就业数计算的制造业与服务业的基尼系数差距并不大，但此后制造业在空间上越来越趋于集中，至2003 年空间基尼系数几乎达到了 0.55，而服务业的地理集中度却在不断下降，2003 年只有 0.34。

2. 我国服务业地理集中的行业特征

2008 年，我国服务业地理集中度最高的行业为租赁和商务服务业、居民服务和其他，基尼系数达到了 0.53，房地产、信息传输、住宿餐饮和科研服务的基尼系数也达到了 0.4 以上，而水利环境、文化体育、教育等服务行业集中度较低（见图 4-3）。由此可知，适应人口集中和制造业集中的趋向，生产性服务业如租赁、信息传输、科研技术等，以及消费性服务业如居民服务、住宿餐饮、批发零售等服务类别集中度相对较高，而金融业和交通运输服务业虽然地理集中度较低，却在 2003 年后显示出了集中度逐年增加的倾向，这与 Midelfart - Knarvik 等

(2000) 描述的欧洲情况较为相似。相较而言，具有公共物品性质的水利环境、教育、卫生、文化体育、公共管理等服务行业在空间上分布较为分散。

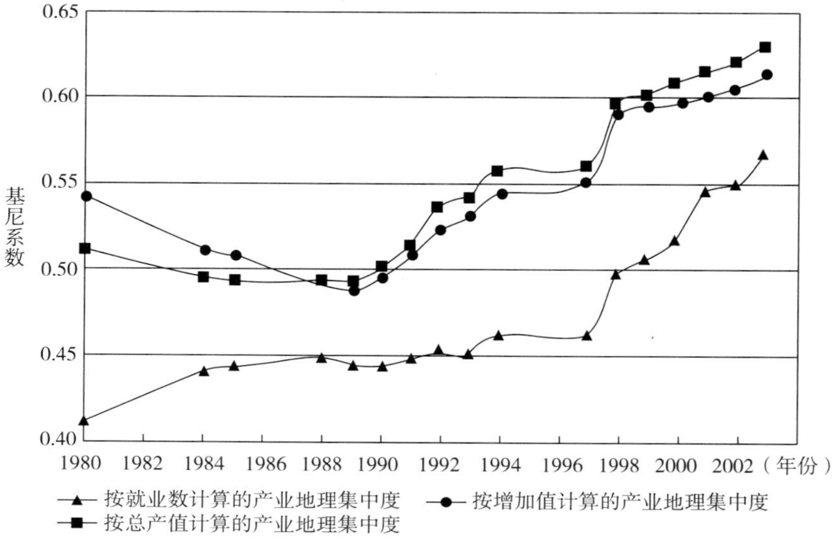

图 4-2　1980~2002 年中国制造业地理集中时间变化趋势

资料来源：贺灿飞（2009）。

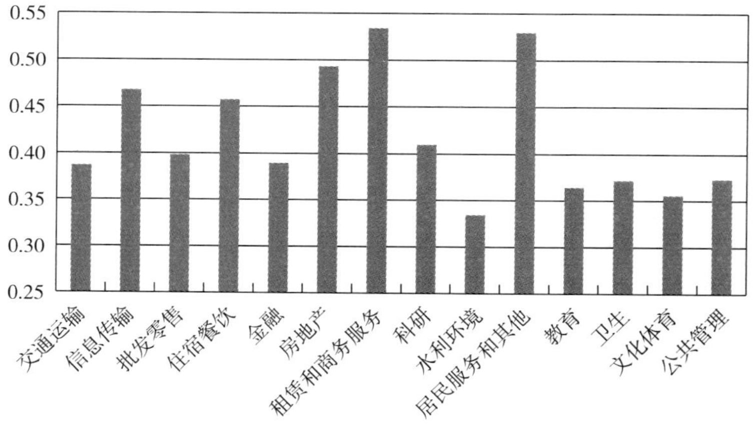

图 4-3　2008 年服务业各行业（大类）的地理集中度比较

与 2004 年制造业各行业的集中程度相比，在省级层面服务业各行业的集聚水平普遍较低，除居民服务和其他的基尼系数达到 0.70 之外，集中度较高的服务行业仅达到各制造行业的平均空间集中水平，金融业、科研技术服务及教育卫生等社会服务业的基尼系数更是远低于制造业的平均水平（见表4－5和表4－6）。

表4－5　2004年服务业各行业地理集中度

交通运输	信息传输	批发零售	住宿餐饮	金融	房地产	租赁	科研	水利环境	居民服务	教育	卫生	文化体育	公共管理
0.35	0.48	0.43	0.47	0.36	0.50	0.56	0.38	0.32	0.70	0.35	0.35	0.34	0.35

表4－6　2004年制造业各行业地理集中度

行业代码		C13 14	C15	C16	C17	C18	C19	C20	C21	C22	C23
地理集中度		0.55	0.49	0.57	0.75	0.77	0.77	0.61	0.73	0.68	0.64
行业	C24	C25	C26	C27	C28	C29	C30	C31	C32	C33	C34
代码	0.83	0.54	0.57	0.47	0.79	0.69	0.72	0.57	0.54	0.46	0.71
地理	C35 36	C37	C40	C41	C42						
集中度	0.64	0.55	0.73	0.81	0.76						

资料来源：贺灿飞（2009）。

从各服务行业的产业特征与产业集中度的关联性来看，服务业的产业集中度与其行业特性具有一定的关联（见图4－4）。通常资本密集型（用资本—劳动比较高表示）的服务行业，如房地产业、租赁和商务服务业等在空间上倾向于集中分布，而劳动密集型（用资本—劳动比较低表示）的服务行业，如教育、卫生、

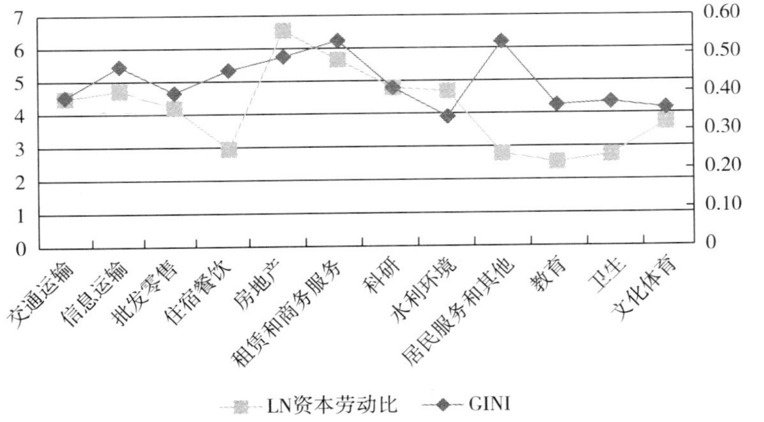

图4－4　2008年各服务行业地理集中度与产业特征对比

文化体育娱乐业等空间集聚度较低。但住宿餐饮、居民服务和其他例外，虽然具有较低的资本劳动比，却显示出了空间集聚的特征。

3. 我国各服务行业地理集中演变趋势

服务业地理集中，在时间趋势上存在着显著的产业差别。如图4－5和图4－6所示，居民服务和其他、住宿餐饮、批发零售等服务行业虽然相对空间集中，但逐年扩散的趋势很明显；租赁和商务服务、房地产、信息传输的空间集聚程度较

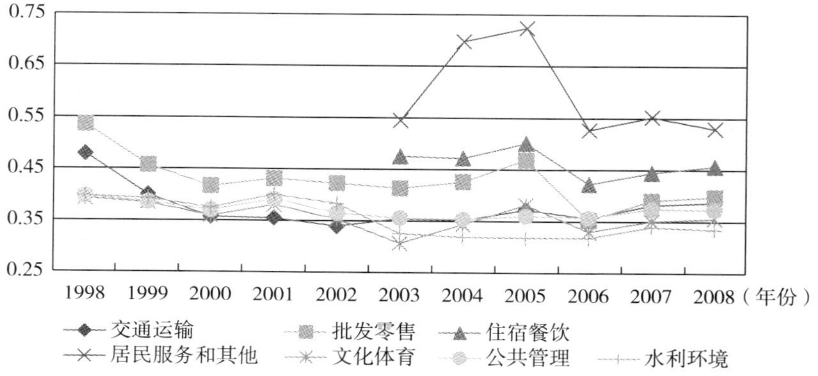

图4－5　1998～2008年趋势扩散的服务行业

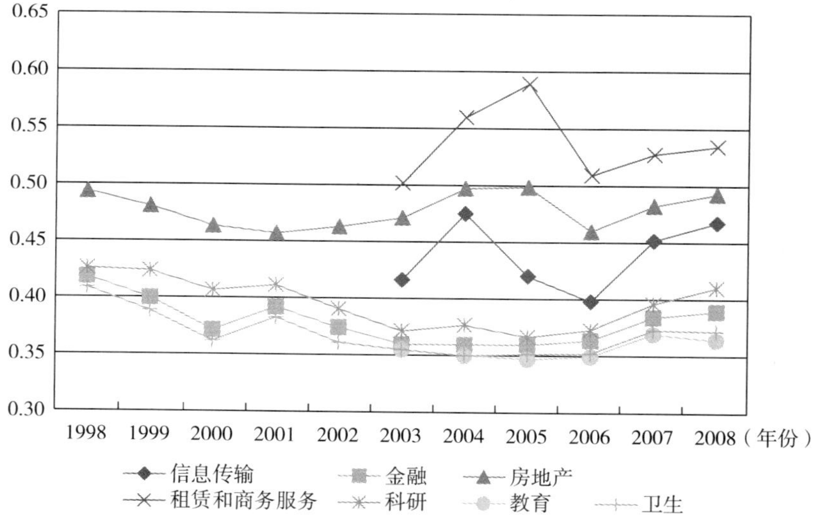

图4－6　1998～2008年趋势集中的服务行业

高，且还在不断趋于集中的过程中；金融业和科研技术服务的基尼系数也以上升为主；交通运输虽然从1998年来看扩散趋势明显，但近年来空间集聚程度有所提高；公共管理、文化体育、水利环境、卫生、教育等公共服务业的变化并不显著。总体上看，生产性服务业在空间上趋于集中，生活性服务业在空间上趋于扩散，公共服务行业的空间格局变化不明显。

四、我国服务业地理集中：产业和空间尺度的影响

许多研究如Rosenthal和Strange（2004）及Fujia和Thisse（2002）均指出，“集聚”是一个带有宽泛含义的词组，集聚通常与研究者所选择的空间范围相联系，如国家、区域、城市和地区层面等。然而在现有的实证研究中，对于集聚力发挥作用的地理空间的范围，依然存在较多争论（O'Donoghue and Gleave，2004）。囿于数据的可得性，目前几乎所有关于我国服务业地理集中和集聚的计算都是基于省际空间尺度的，在产业尺度上，通常选择的是14个行业的服务业大类口径，对两位数服务行业的关注较少，如此粗线条的研究方法很可能掩盖更小的地理空间尺度所隐含的有关服务业地理集聚的有用信息，更有可能埋没ー类服务行业之间地理集中和集聚的空间差异。基于以上原因，本部分在计算地级以上维度和行业中类层面服务业的地理集中的基础上，探讨产业和空间尺度的选择对我国服务业地理集中研究结论的影响。

对研究产业地理集中空间和产业尺度的重视主要源于集聚形成的微观基础。在新经济地理模型中，产业地理集中度取决于交通成本和规模经济的相互作用，通过产业需求联系和成本联系引导产业地理集中（Krugman，1991）。需求联系（后向联系）激励最终产品或中间产品厂商接近采购商，而成本联系（前向联系）引导最终产品或中间产品采购商接近供应商（Amiti，1999）。然而，产业的前向、后向联系对产业集聚的影响受产业和空间尺度影响，四位数产业可能与其他产业联系很强而两位数产业可能产业内联系较强；在交通网络不发达的条件下，产业联系可能促进产业在小空间尺度内集聚而导致在大尺度上分散。对于服务业来说，其一，在产业间联系层面，服务业特殊的贸易成本结构，加之服务业集聚对于产业联系的依赖程度比制造业更强，特别是生产性服务业在空间中显示

出比其他行业更强的共聚特征；其二，在产业内部联系层面，与制造业相比，服务业集聚的形成除了源于 Marshall（1890）所指出的劳动力市场效应、中间产品和服务贸易及知识和信息产业内流动（也就是分享、匹配和学习）之外，更为显著的影响力来自知识技术空间外溢和接近全球市场（刘奕和夏杰长，2009），而这种空间溢出存在较大的距离衰减，通常在较小的地理范围内发生①，因此有必要在更小的空间尺度、更细的产业分类方面对服务业集聚现状和演变加以识别。

（一）从行业中类看我国服务业的地理集中度

表 4 －4 和表 4 －7 反映了在省级尺度下，基于统计数据和普查数据分别计算的服务业各行业基尼系数情况，总体来看，行业划分越细，服务业在各空间层次越集中。对比不同产业尺度的服务业地理集中情况，可得到以下结论：

第一，从总体趋势来看，二位数行业反映的我国服务业地理集中的程度更高。2008 年，我国 14 个服务行业（大类）的平均基尼系数为 0. 42，而二位数服务行业平均基尼系数则达到了 0. 45，显示出我国服务业的总体集聚状况的确与行业尺度的选择有关。

第二，从各行业来看，行业中类反映出的我国各服务行业地理集中态势，比行业大类更加明显。以 2008 年的数据为例，按行业大类计算的基尼系数超过 0. 5 的产业只有租赁和商务服务业、居民和其他服务业，占到所有产业的 14. 3%；而按行业中类计算的基尼系数，超过 0. 5 的行业达到了 12 个，占所有二位数行业的 25% 以上，许多从行业大类上看集聚程度较低的产业中，隐藏着集聚程度较高的子行业。比如，交通运输、仓储和邮政业的基尼系数还不到 0. 4，但其包含的许多行业如铁路运输业、水上运输业、航空运输业、管道运输业及装卸搬运和其他运输服务业的空间基尼系数都超过了 0. 5，其中管道运输业和铁路运输业更是达到了 0. 69 和 0. 66，显示在更小行业尺度的选择下，更多服务业的地理集聚信息被很好地反映出来。

第三，从集聚演化上看，二位数行业反映出的我国服务业变动幅度更大，集中趋势也更为明显。2004 ~ 2008 年，按大类分的服务业基尼系数平均提高了

① 贺灿飞（2010）指出，外部经济变量可能促进产业在县级尺度集中，而不影响省级尺度地理格局。比如一些基于制造业的研究发现，反映知识溢出的变量如产业就业中研究开发人员比重与省级产业基尼系数没有显著关系或者负相关（白重恩等，2004）。

0.75%，而按行业中类分则平均提高了2.84个百分点。具体到各服务行业，如图4－7所示，大类行业的变化区间在－24%～10%，而二位数服务行业的基尼系数变动区间则达到了－20%～45%，其中某些金融行业（如其他金融服务、银行业和保险业）、租赁业、电信、计算机服务行业的分散趋势较为明显，基尼系数在四年间降幅达到10%以上；而某些交通运输行业（如水上运输业、航空运输业、管道运输业、装卸搬运业）、证券业、科技交流和推广、研究与实验等行业的集中程度提升较快，超过了10个百分点，其中社会保障业的集中度提升了45%以上。

表4－7　2004～2008年按行业（中类）分我国服务业集聚及其演变

行业	产业代码	2004年	2008年
交通运输、仓储和邮政业	F	0.36	0.40
铁路运输业	5100		**0.66**
道路运输业	5200	0.33	0.37
城市公共交通业	5300	0.47	0.48
水上运输业	5400	0.57	**0.64**
航空运输业	5500	0.54	**0.61**
管道运输业	5600	0.62	**0.69**
装卸搬运和其他运输服务业	5700	0.45	**0.51**
仓储业	5800	0.45	0.46
邮政业	5900	0.39	0.39
信息传输、计算机服务和软件业	G	0.44	0.47
电信和其他信息传输服务业	6000	0.39	0.33
计算机服务业	6100	0.61	**0.54**
软件业	6200	0.70	**0.69**
批发和零售业	H	0.41	0.43
批发业	6300	0.43	0.46
零售业	6500	0.40	0.42
住宿和餐饮业	I	0.42	0.43
住宿业	6600	0.37	0.39
餐饮业	6700	0.48	0.48
金融业	J	0.41	0.36
银行业	6800	0.39	0.33
证券业	6900	0.56	**0.65**
保险业	7000	0.46	0.41
其他金融活动	7100	0.52	0.42

续表

行业	产业代码	2004 年	2008 年
房地产业	K	0.49	0.43
租赁和商务服务业	L	0.50	**0.52**
租赁业	7300	0.45	0.41
商务服务业	7400	0.50	**0.52**
科学研究、技术服务和地质勘查业	M	0.36	0.40
研究与试验发展	7500	0.44	0.49
专业技术服务业	7600	0.40	0.40
科技交流和推广服务业	7700	0.38	0.46
地质勘查业	7800	0.37	0.40
水利、环境和公共设施管理业	N	0.33	0.33
水利管理业	7900	0.36	0.35
环境管理业	8000	0.35	0.36
公共设施管理业	8100	0.37	0.37
居民服务和其他服务业	O	0.50	0.47
居民服务业	8200	0.44	0.44
其他服务业	8300	0.56	**0.51**
教育	P	0.32	0.33
卫生、社会保障和社会福利业	Q	0.34	0.35
卫生	8500	0.34	0.35
社会保障业	8600	0.35	**0.51**
社会福利业	8700	0.38	0.39
文化、体育和娱乐业	R	0.36	0.37
新闻出版业	8800	0.45	0.44
广播、电视、电影和音像业	8900	0.34	0.34
文化艺术业	9000	0.31	0.32
体育	9100	0.43	0.42
娱乐业	9200	0.49	0.48
公共管理和社会组织	S	0.34	0.34
中国共产党机关	9300	0.32	0.32
国家机构	9400	0.33	0.33
人民政协和民主党派	9500	0.26	0.28
群众团体、社会团体和宗教组织	9600	0.29	0.34
基层群众自治组织	9700	0.41	0.41

资料来源：根据普查数据测算。

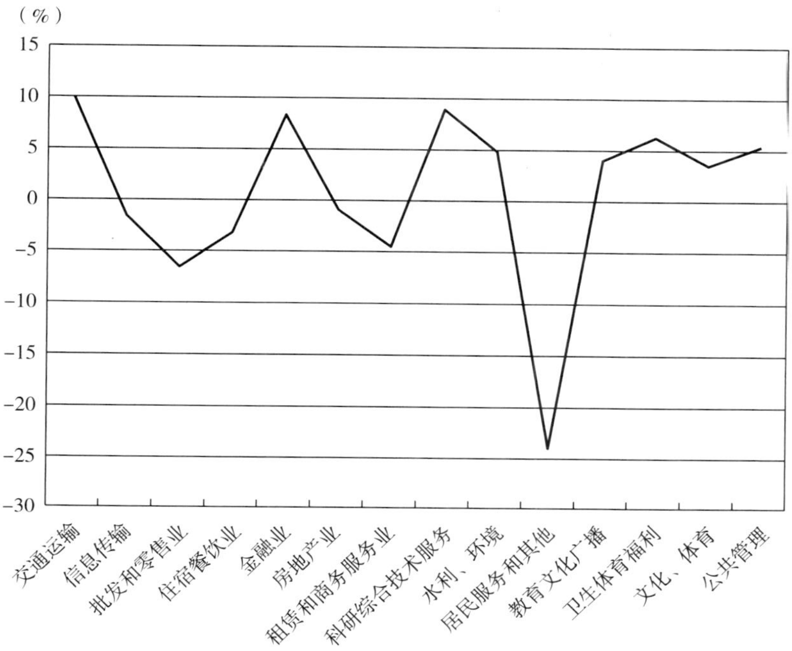

（a）行业大类尺度

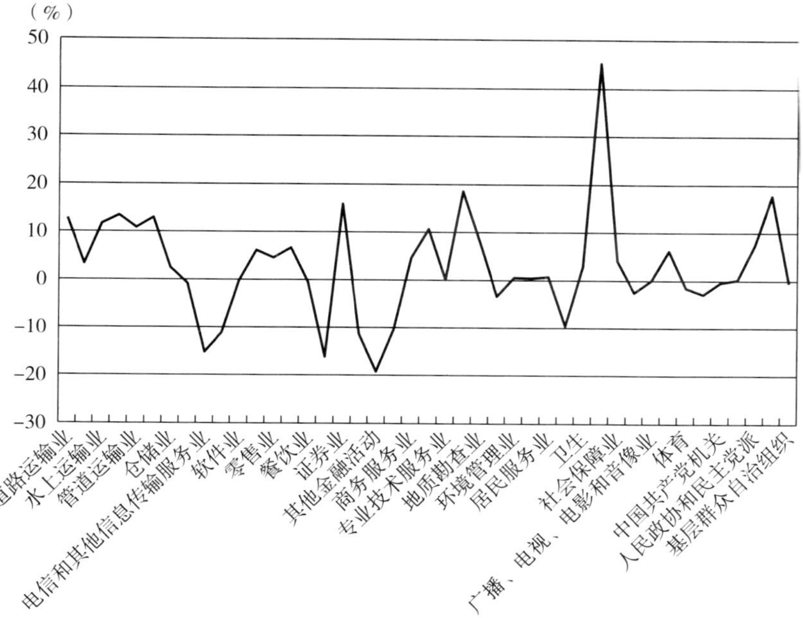

（b）行业中类尺度

图 4－7　不同产业尺度衡量的 2004～2008 年服务业地理集中度变化

从结果上看，在地理集中度较高的二位数行业主要受到以下因素影响：①具有垄断性质的服务行业，比如铁路运输业、航空运输业、证券业、管道运输业、社会保障业；②受自然条件影响较大的服务业，如水上运输业；③知识密集型、智力密集型服务业，如软件业、计算机服务业、研究与试验、科技交流与推广；④同城市等级和人口密度高度相关的服务行业，如商务服务业、其他服务业、城市公共交通业等。与之相对，集聚程度低的服务行业几乎都是具有公共产品或半公共产品性质的服务行业，如卫生、水利管理、广播电视、电信、文化艺术、公共设施管理等。

（二）从地级数据看我国服务业的地理集中度

为了检验空间尺度对我国服务业地理集中程度的影响，我们考虑用较小的空间尺度数据来计算服务业的空间基尼系数。由于经验和实证研究均表明，服务业倾向于在城市集聚，此处运用 1998 ~2008 年我国 278 个地级以上城市数据进行测算。总体上看，随着空间尺度逐渐缩小，服务业在空间上呈现出集中度越来越强的特点。对比表 4 -4 和表 4 -8，有以下几个发现：

表 4 -8　1998 ~2008 年按行业（大类）分我国服务业集聚及其演变

行业＼年份	1998	1999	2000	2001	2002	2003	2004	2005	2006	2007	2008
第三产业	0. 47	0. 45	0. 44	0. 43	0. 43	0. 44	0. 45	0. 47	0. 44	0. 45	0. 45
1. 交通运输仓储邮政	0. 55	0. 54	0. 53	0. 53	0. 53	0. 58	0. 59	0. 61	0. 60	0. 61	0. 62
2. 信息传输计算机服务						0. 55	0. 61	0. 60	0. 58	0. 60	0. 62
3. 批发和零售业	0. 57	0. 54	0. 52	0. 53	0. 53	0. 55	0. 58	0. 64	0. 56	0. 57	0. 59
4. 住宿餐饮业						0. 69	0. 70	0. 72	0. 67	0. 68	0. 69
5. 金融业	0. 38	0. 38	0. 38	0. 40	0. 42	0. 44	0. 44	0. 45	0. 46	0. 47	0. 48
6. 房地产业	0. 63	0. 64	0. 65	0. 66	0. 67	0. 68	0. 71	0. 72	0. 68	0. 70	0. 71
7. 租赁和商务服务业						0. 70	0. 74	0. 77	0. 73	0. 74	0. 74
8. 科学研究技术服务	0. 74	0. 74	0. 74	0. 73	0. 73	0. 69	0. 69	0. 68	0. 68	0. 69	0. 70
9. 水利、环境公共设施	0. 51	0. 50	0. 50	0. 49	0. 49	0. 44	0. 44	0. 44	0. 43	0. 43	0. 43
10. 居民服务和其他	0. 81	0. 63	0. 65	0. 66	0. 64	0. 80	0. 86	0. 89	0. 80	0. 79	0. 79
11. 教育						0. 37	0. 37	0. 37	0. 37	0. 37	0. 37
12. 卫生、社会保障	0. 41	0. 40	0. 40	0. 40	0. 39	0. 40	0. 40	0. 41	0. 40	0. 40	0. 41
13. 文化体育和娱乐业	0. 40	0. 38	0. 37	0. 37	0. 37	0. 58	0. 58	0. 60	0. 57	0. 57	0. 57
14. 公共管理社会组织	0. 35	0. 34	0. 33	0. 34	0. 34	0. 34	0. 34	0. 35	0. 34	0. 34	

资料来源：基于 278 个地级以上城市数据计算。

首先，从总体集聚水平上看，运用地级层面数据计算的我国服务业地理集中度比省级尺度数据高许多。2008 年，基于行业门类的服务业在地级和省级的平均基尼系数分别为0.59 和0.42，地级层面测算的服务业集中度比省级层面高出40%以上。

其次，从变动趋势看，在地级层面服务业的集聚态势比在省级层面更加明显。图4－8 显示，1998～2008 年，行业大类服务业在地级层面平均基尼系数的上升趋势非常明显，由0.53 上升到了0.59，而同期省级层面的变化是从0.47到0.42。

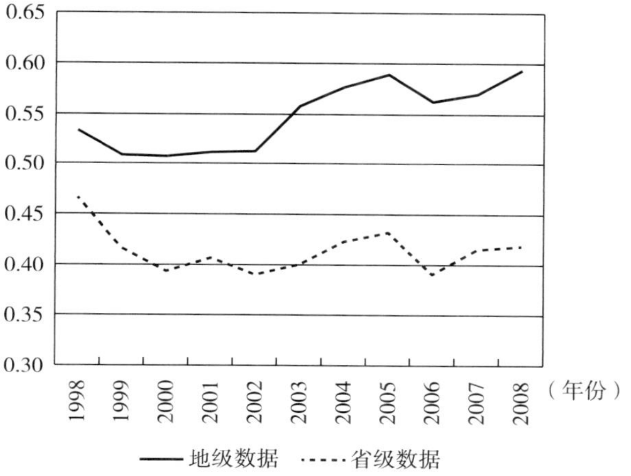

图4－8 1998～2008 年不同空间尺度的服务业地理集中时间趋势

最后，从各行业集中程度看，各个行业在地级层面均更加集中，行业差异也更大。表4－9 显示了我们计算的2007 年各服务行业（大类分）在地级和省级层面的基尼系数，可以看出，省级基尼系数均小于地级，位序相关但并不相同，而且行业间基尼系数的标准差也更大。在14 个服务业门类中，有9 个行业空间基尼系数均超过了0.5，占整个行业的64%；而这个数据在省级层面是14%。从行业位次上看，科研综合技术服务业和交通运输服务业在地级层面的集中更为明显；而信息传输与金融业在地级层面却比省级层面反映出的更为分散。从行业差距看，地级层面集中度最高和最低的产业分别为居民服务和其他、公共管理，基尼系数分别为0.79 和0.34；而省级层面集中度最高和最低行业的基尼系数分别为0.55 和0.34，显示地级数据反映出的行业地理集中度差异更大（见图4－9）。

表4-9 服务业省级和地级的基尼系数及其排序

行业	2007年地级	排序	2007年省级	排序
居民服务和其他	0.79	1	0.55	1
租赁和商务服务业	0.74	2	0.53	2
房地产业	0.70	3	0.48	3
科研综合技术服务	0.69	4	0.45	6
住宿餐饮业	0.68	5	0.44	5
交通运输	0.61	6	0.40	9
信息传输	0.60	7	0.39	4
批发和零售业	0.57	8	0.38	7
文化、体育	0.57	9	0.38	13
金融业	0.47	10	0.37	8
水利、环境	0.43	11	0.37	14
卫生体育福利	0.40	12	0.37	11
教育文化广播	0.37	13	0.35	12
公共管理	0.34	14	0.34	10

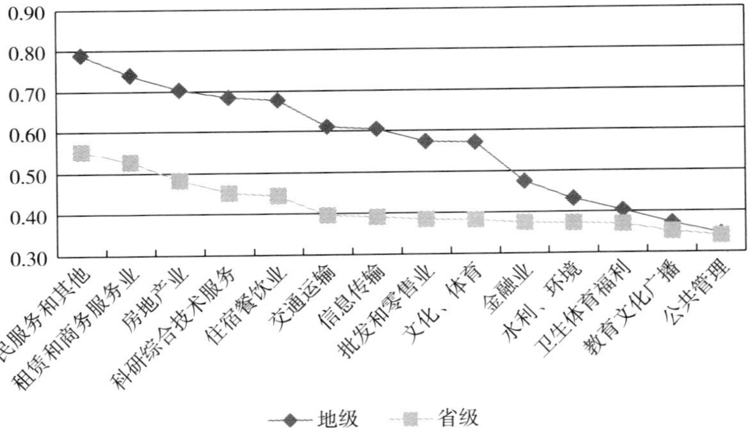

图4-9 2007年不同空间尺度显示的服务业集中度行业差异

综合空间尺度和产业尺度对我国服务业地理集中现状及演化的影响可以看到，服务业在更细的行业尺度、更小的空间尺度上不但更加集中，且逐步趋于集中的演化态势也更加明显，这与Kolko（2007）等有关国外的研究结论是相同的。

也就是说，由于服务业面对面的交流需求、特殊的交易成本结构及更加本地化的集聚形成机制，服务业空间集聚更多地表现为较小地理空间内部、较细分行业内的集中，以往对于我国服务业集聚现状和演进的宏观研究几乎全部基于省级层面、利用行业门类数据，得出的结论往往是我国服务业地理集聚水平较低且空间集聚趋势不明显等，从本部分的分析来看，这些在大空间尺度上针对大的行业分类得出的研究结论，可靠性确实值得商榷。此外，由于空间尺度和产业尺度的选择还会影响到各服务行业的集聚程度和集聚位次，以往基于省级数据的研究对某些行业集聚度较高的论断往往很难成立。

五、服务业集聚的空间辨识和关联模式：210个城市的实证分析

虽然衡量某一地区地理集中的方法很多（Marcon and Puech，2010），但所有方法几乎都具有一个共同的弱点，即用以研究的地理单元某种程度上都被认为是在空间上彼此独立的，即便它们在地理上是彼此邻近的，也就是说，空间单元的相对位置是没有被考虑的。因为上述问题，空间集聚通常被低估，至少某些产业集聚模式在普通的衡量方法中是体现不出来的。正如 Paci 和 Usai（2009）所指出的那样，集聚力在地方层面起作用的过程是一个多样化的图景，空间关联性的存在启示我们，某一地区的集聚形成和经济增长，确实会得益于其周边地区的成长表现。而正如我们在第一部分提到的那样，传统衡量产业集聚的方法恰恰没有将这种空间关联性纳入考察范围。

Guillain 和 Gallo（2006）指出，空间基尼系数虽然为我们比较各个产业的地理集中程度提供了一个很好的工具，但这种基于单一维度的信息却不能揭示特定区域内产业集聚的地理模式，在图 4－10 所示的两种集聚情况下，虽然左边表示的是在空间上的均匀分布，右边表示的是极化分布，两者空间基尼系数的值却是没有区别的。基于此，有些研究提出，空间基尼系数和全局 Moran's I 可以提供互补的、有关相对集聚和空间模式两方面的信息，但很少有文献将两者同时考虑并用于实证研究。在此方面，具有代表性的文章来自 Guillain 和 Gallo（2006），他们提出了将空间基尼系数与解释性空间数据分析相结合的方法，特别是将局部

Moran's I 用于衡量法国产业的空间集聚程度，并对产业的区位模式进行辨识。据此方法，他们对 26 个制造业和服务业部门 1999 年的集聚格局进行了分析，发现空间基尼系数和全局 Moran's I 两种指数对产业集聚的判别将提供不同但互补的有用信息，而 Moran 散点图和 LISA 统计则将揭示不同产业空间集聚模式的多样性。

1	0	1	0
0	1	0	1
1	0	1	0
0	1	0	1

0	0	1	1
0	0	1	1
0	0	1	1
0	0	1	1

图 4-10　空间基尼系数相同时的两种产业空间集聚模式

（一）测度方法：Moran's I 和 Moran's I 散点图

Czamanski 和 Ablas（1979）早年间就指出，辨识产业集聚需要同时考虑产业的技术联系和产业分布的空间联系，任何只考虑产业联系或空间关联的方法都是片面的。此部分我们将借鉴 Guillain 和 Gallo（2006）的方法，综合传统和空间两种衡量方法，探讨我国服务业及其子行业的空间关联特征及模式。

Anselin（2001）指出，空间自相关包含数值相似和空间相似的关系，当某一随机变量的高值或低值倾向于在空间上集聚时，就存在正向空间自相关；当地理区域被具有不相似数值的邻近地区所包围时，则存在空间负相关。全局 Moran's I 通常被用来衡量空间自相关（Cliff and Ord，1981），如果产业地理分布高度正相关，意味着产业集中在相邻区域。Moran's I 相当于邻近区域数值的协方差，计算方法如下：

$$I(d) = \frac{\sum_{i}^{n}\sum_{j\neq i}^{n} w_{ij}(x_i - \bar{x})(x_j - \bar{x})}{S^2 \sum_{i}^{n}\sum_{j\neq i}^{n} w_{ij}}$$

其中，$S^2 = \frac{1}{n}\sum_{i}^{n}(x_i - \bar{x})^2$，$x_i$ 是产业在区位 i 的就业人数，w_{ij} 反映两个区域的空间关系。一般权值矩阵的取值方法为：若两地相邻，则取值为 1；若两地不相邻，则取值为 0。检验 Moran's I 是否显著可以通过 Z 检验来实现，计算方法为：

$$Z(d)=\frac{I(d)-E(I)}{\sqrt{VAR(I)}}$$

当全局 Moran's I 显著为正时，表明产业集中分布在相邻的区域；产业随机而独立地分布时，Moran's I 接近 0；产业在空间上比较分散时，Moran's I 为负值。上述检验需要计算 Moran's I 的期望值和方差，两者的计算取决于其分布，如果是正态分布，那么

$$E(I)=-\frac{1}{n-1}$$

$$Var(I)=\frac{n^2w_1-n\,w_2+3\,w_0^2}{w_0^2(n^2-1)}-E^2(I)$$

如果是随机分布，那么

$$E(I)=-\frac{1}{n-1}$$

$$Var(I)=\frac{n[(n^2-3n+3)w_1-n\,w_2+3\,w_0^2]-K_2[(n^2-n)w_1-2n\,w_2+6\,w_0^2]}{w_0^2(n-1)(n-2)(n-3)}-E^2(I)$$

其中，

$$K_2=\frac{n\sum_i^n(x_i-\bar{x})^4}{(\sum_i^n(x_i-\bar{x})^2)^2},\ w_0=\sum_i^n\sum_j^n w_{ij},\ w_1=\frac{1}{2}\sum_i^n\sum_j^n(w_{ij}+w_{ji})^2,\ w_2=\sum_i^n(w_{i\cdot}+w_{\cdot i})^2$$

其中，$w_{\cdot i}$和$w_{i\cdot}$分别是 W 矩阵的行和列的加总。

此外，为了反映局部的产业空间集聚模式，也就是给予产业集聚的区位和分布信息，从而有利于更好地研究服务业集聚的机理，还将采用区位商（LQs）① 的 Moran 散点图（Moran Scatterplots）的方法。

Moran 散点图用散点图形式描述变量 z 与其空间滞后（即该观测值周围地区的加权平均值）向量 W_z 间的相关关系。Moran 散点图使相邻地区的局部产业空

① 区位商虽然在产业集聚研究中广为使用，但许多文献如 O' Donoghue 和 Gleave（2004）等指出，由于在理论和实践层面对于多大的区位商代表产业集聚并没有达成共识，比如一些研究认为是大于 1.25，而 Malmberg 和 Maskell（2002）的研究又认为是大于3，从而区位商用于衡量产业集聚极大地依靠作者的主观判断。基于以上考虑，我们使用了区位商的 Moran 散点图而不是直接使用区位商。

间关联可视化，这种局部的空间关联分为四种，即 H－H（高值—高值）、L－L（低值—低值）、H－L（高值—低值）和 L－H（低值—高值），前两者代表的是相似数值集聚的正向空间自相关关系，而后两者则是相左数值集聚的负向空间自相关关系。①高—高，记为 HH：表示高水平的区域被高水平的其他区域所包围；或者说，该区域水平较高，并且区域的空间差异程度较小。②低—高，记为 LH：表示低水平的区域被高水平的其他区域所包围，意味着该区域水平较低，并且区域空间差异程度较大。③低—低，记为 LL：表示低水平的区域被低水平的其他区域包围，或者说该区域的水平较低，并且区域的空间差异程度较小。④高—低，记为 HL：表示高水平的区域被低水平的其他区域所包围，意味着该区域的水平较高，并且区域的空间差异程度较大。H－H 和 L－L 正的空间自相关关系表示相似观测值之间的空间联系，暗示相似值的集聚，而 H－L 和 L－H 负的空间自相关关系则表示不同观测值之间的空间联系，暗示着空间异常（Spatial Outliers），如果观测值四种情况均匀分布，则表明地区之间不存在空间自相关性。

Moran 散点图曾经被 LeGallo 和 Ertur（2003）用于研究欧洲的区域收入分异，被 Florax 等（2006）用于城市分割等研究中，但除了 Guillain 和 Gallo（2006）之外，至今还没有人将其用于研究产业集聚的空间模式，更未见国内的相关研究文章。

（二）各服务行业的空间集聚模式：空间 GINI 系数与 Moran’s I 的对比分析

空间基尼系数在本书的第四部分已有详细叙述，这里不再赘述。为了得到 Moran’s I，我们首先对我国 210 个地级以上城市服务业及各服务行业从业人数的原始数据进行一定处理，分别计算每个城市每个产业的区位商（Location Quotient），区位商的计算方法如下：

$$LQ_i = \frac{s_i}{x_i}$$

其中，s_i表示某产业就业在区域 i 的比重，x_i表示区域 i 内总就业的比重。作为衡量产业集聚的一种方法，区位商在研究中有着很广泛的应用，但其短处也很明显——目前无论在理论上还是在实证研究上都无法回答多大的区位商意味着集聚（Martin and Sunley，2003；O’Donoghue and Gleave，2004），多数都依赖于作者的经验判断，比如一些研究提供的标准是 1.25，而另外一些研究的标准则严格得多①。

① 比如 Malmberg 和 Maskell（2002）选择的标准就是 3。

得到 LQ 的数值之后，我们用一般权值矩阵（W）给其赋权，并以此计算 14 个行业的全局 Moran's I。基于地级以上城市层面的服务业各门类空间基尼系数和全局 Moran's I 及其位序如表 4－10 所示。空间基尼系数较高、地理集中度较高的服务行业，如居民服务业和其他服务业、房地产业、租赁商务服务业和科研技术服务业等都是与人口密度和城市能级相关的服务行业；分散程度较高的服务业往往都是具有公共产品属性的服务行业，如公共管理和社会组织、教育文化广播影视业、卫生体育福利业等。而从全局 Moran's I 来看，除了租赁和商务服务业没有通过 Moran's I 检验以外，其他 13 个行业都在 5% 的水平上显著，显示绝大部分的服务行业地理集聚存在着显著的空间自相关，也就是说，集中程度较高的区域倾向于集聚在一起①。

表 4－10　GINI 系数与全局 Moran's I：基于行业位序排列

	GINI	位序	Moran's I	P－value	位序
交通运输、仓储和邮政业	0.61	6	0.051	0.034	12
信息传输、计算机服务和软件业	0.60	7	0.127	0.0015	4
批发和零售业	0.57	8	0.979	0.000043	1
住宿和餐饮业	0.68	5	0.034	0.019	13
金融业	0.47	10	0.062	0.012	10
房地产业	0.70	3	0.0795	0.001	7
租赁和商务服务业	0.74	2	0.0067	0.673	14
科研综合技术服务业	0.69	4	0.0697	0.004	9
水利、环境和公共设施管理业	0.43	11	0.1964	0.000001	2
居民服务和其他服务业	0.79	1	0.0589	0.003	11
教育文化广播影视业	0.37	13	0.1637	0.000001	3
卫生体育福利业	0.40	12	0.0742	0.0025	8
文化、体育和娱乐业	0.57	9	0.0939	0.00018	6
公共管理和社会组织	0.34	14	0.119	0.000003	5

综合考虑空间 GINI 系数和 Moran's I 系数的行业排序，可以看出有四种截然不同的服务业空间分布方式：

① Guillain 和 Gallo（2006）的研究指出，对于没有通过 Moran's I 检验的产业来说，并不意味着其不存在集聚。这里只表示不存在相似 LQ 值在空间上集聚的趋势，但局部范围内的就业集聚绝对有可能存在。

其一，有些行业不但在一些城市集聚，还会在一片相邻的城市间集聚，其判别标准为相对较高的 GINI 和 Moran's I 系数（称为模式一）。在我们的研究中，属于此类的典型行业包括信息传输、计算机服务和软件业，批发和零售业，房地产业等。这样的行业不但在地级市内部拥有较高的集聚度，还会在城市边界上出现明显的蔓延（Sprawl）。

其二，有些行业倾向于集聚在特定的一些城市中，其判别标准是 GINI 系数较高而 Moran's I 系数较低（称为模式二）。在我们的实例中，属于此种空间集聚模式的典型行业有居民和其他服务业，科研综合技术服务业，住宿餐饮业，交通运输、仓储和邮政业等。具有这样的 GINI 和 Moran's I 结构表明，这样的行业集聚通常不会在地级市边界出现蔓延。

其三，一些行业虽然在某些城市层面集聚程度不高，却能跨城市边界形成空间聚集，其判别标准是较低的 GINI 系数和较高的全局 Moran's I（称为模式三）。在本例中，典型的行业包括公共管理和社会组织，教育文化广播影视业，卫生体育福利业，水利、环境和公共设施管理业等，这些行业会在城市边界形成大片蔓延。

其四，一些行业无论在城市内部还是城市之间都不存在空间集聚现象，表现为 GINI 和全局 Moran's I 均很低（称为模式四）。在我们的例子中，这样的行业如金融业。

由以上分析可见，在传统集聚衡量方法的框架下，上述的第三种空间集聚模式是没有办法体现出来的。此外，前两种空间集聚模式用以往的分析方法也没有办法加以识别，得出的结论会是完全相同的。

空间基尼系数和全局 Moran's I 虽然较好地解释了各服务行业的集聚程度和空间模式，却并不能够识别这些行业集聚的局部空间分布，因此我们无从知晓产业是均匀分布还是局部集聚分布的。为了解决这个问题，本书引入了 Moran's I Scatterplot Map 方法（Anselin，1996），用可视化的空间工具辨识我国典型服务行业集聚的空间模式及其异同。为了区别四种模式的空间集聚特性，此处各选取一个代表性行业进行分析，即用信息传输、计算机服务和软件业，科研综合技术服务业，公共管理与社会组织及金融业分别代表四种模式。

作为模式一的典型代表，信息传输、计算机服务和软件业的 HH（高—高）区域与 HL（高—低）区域不但集聚程度很高，而且集聚中心还被有较高集聚度的地区所包围，使区域集聚的空间态势更为明显，空间溢出较强。

作为模式二的典型代表，科研综合技术服务业虽然在部分城市有着很高的集聚程度，但总体上看，形成集聚的地区基本上都被LH（低—高）甚至LL（低—低）的地区所包围，集聚程度高的连片区域没有形成，显示这种集聚的空间溢出不强。

作为模式三的典型代表，公共管理和社会组织的空间集聚模式与前两种是不相同的。该产业的HH和HL区域相对均匀分布，较高区位商的地区在许多地方都有分布，而且蔓延成片，体现在全局Moran's I系数非常高。由该产业的空间分布方式可知，与上述两种集聚模式不同，重点城市不存在明显的集聚效应，因此该产业可以说在地理上是相对分散的。

作为模式四的典型代表，金融业的空间分布较模式三更为分散。HH区域和HL区域遍布东北、华北、华南和华东，甚至出现在西北和西南地区，随机分布的特征更为明显。

（三）结论

各空间单元的相对位置及其距离对于衡量服务业的空间集聚模式意义重大，而恰恰被传统产业集聚衡量方法所忽略。空间基尼系数与Moran's I反映了互补的信息，即使空间基尼系数不变，Moran's I依然可以因为观察样本空间分布的不同而呈现出不同的值；同样，空间基尼系数反映了产业在某一地理空间内的相对集聚强度，而这正是Moran's I体现不出的信息，因此可以在衡量产业集聚时将两者综合起来考虑。

研究显示，服务业的空间集聚可以体现为三个层次、三种模式。第一种模式不但在地理空间内部具有较强的集聚程度，而且跨区域蔓延，在地图上表示为集聚程度高的地区连接成片，显示出很强的空间溢出，典型的行业如信息传输、计算机服务和软件业，批发和零售业，房地产业。第二种模式虽然在城市内部集聚度较强，但跨边界的空间溢出较小，在地图上体现为孤立的、分布均匀的集聚中心，典型的行业如居民和其他服务业，科研综合技术服务业，交通运输、仓储和邮政业等。第三种模式表现为行业在城市内部集聚程度较低，但跨边界连接成片，从而在地图空间上形成大片集聚，但这种集聚在整个研究区域内分布较为均匀，典型的行业如公共管理和社会组织、教育文化广播影视业等。而这样分层次体现出来的服务业集聚信息用传统产业集聚衡量手段是没有办法达到的。

区分服务业集聚的三种模式及其空间分布，可以帮助我们更深地了解各行业的集聚特点。然而必须指出的是，整个第四章对服务业地理集中和集聚的度量没能对企业规模加以控制，这样显示出来的服务业集聚既可能是由于许多小规模企业集中在一起引起的，也可能是单一的大规模企业引起的，而这两种地理集中的形成机制及政府竞争对于其作用机理都是完全不同的。然而，考虑到企业层面数据的缺乏，加上除个别服务行业之外，大多数服务行业均是由中小企业组成的，因此这样的简化是可以接受的。

六、本章小结

对服务业集聚的格局和趋势，一些文献分别基于不同国家的数据进行了研究，但从研究结果看，并未能达成一致。服务业的另外一个重要的集聚规律是与其他产业之间的互动与共聚（Co - Agglomeration）。服务业选择与其他产业共聚，使不同产业之间和同一产业的不同企业之间劳动力池、知识外溢和投入共享成为可能，从而更好地发挥了集聚力的作用。产业共聚为我们分析不同产业为何共处一地提供了有用的信息，而对于服务业来说，贸易关系是尤其有用的关于其共聚原因的信息。

从省际行业大类数据上看，我国服务业近 10 年间在就业上经历了从相对集中到趋于扩散的过程，基尼系数从 1998 年的 0.45 降到了 2008 年的 0.36，在 2006 年基尼系数达到最低谷 0.33 后，近两年来服务业集中度逐渐趋于提高，但我国服务业空间极化效应不断减弱。适应人口集中和制造业集中的趋向，生产性服务业如租赁、信息传输、科研技术等，以及消费者服务业如居民服务、住宿餐饮、批发零售等服务类别集中度相对较高，而金融业和交通运输服务业虽然地理集中程度较低，却在 2003 年后显示出了集中度逐年增加的倾向，相较而言，具有公共物品性质的水利环境、教育、卫生、文化体育、公共管理等服务行业在空间上分布较为分散。通常来讲，资本密集型（用资本—劳动比较高表示）的服务行业，如房地产业、租赁和商务服务业等在空间上倾向于集中分布，而劳动密集型（用资本—劳动比较低表示）的服务行业，如教育、卫生、文化体育娱乐业等空间集聚度较低，但住宿餐饮和居民服务业例外，虽然具有较低的资本劳动比，却显示出了空间集聚的特征。从变化趋势上看，生产性服务业在空间上趋于集中，生活性服务业在空间上趋于扩散，公共服务行业的空间格局变化不明显。

“集聚”是一个带有宽泛含义的词组，集聚通常与研究者所选择的空间范围和产业层次相联系，然而在现有的实证研究中，对于集聚力发挥作用的地理空间的范围，依然存在较多争论。囿于数据的可得性，目前几乎所有关于我国服务业地理集中和集聚的计算都是基于省际空间尺度的，在产业尺度上，通常选择的是14个行业的服务业大类口径，对两位数服务行业的关注较少，如此粗线条的研究方法很可能掩盖更小的地理空间尺度所隐含的有关服务业地理集聚的有用信息，更有可能埋没中类服务行业之间地理集中和集聚的空间差异。基于以上原因，本章在计算地级以上维度和行业中类层面服务业的地理集中的基础上，探讨产业和空间尺度的选择对我国服务业地理集中研究结论的影响。

对研究产业地理集中空间和产业尺度的重视主要源于集聚形成的微观基础。在新经济地理模型中，产业地理集中度取决于交通成本和规模经济的相互作用，通过产业需求联系和成本联系引导产业地理集中（Krugman，1991）。对于服务业来说，其一，在产业间联系层面，服务业特殊的贸易成本结构，加之服务业集聚对于产业联系的依赖程度比制造业更强，特别是生产性服务业在空间中显示出比其他行业更强的共聚特征；其二，在产业内部联系层面，与制造业相比，服务业集聚的形成除了源于Marshall（1890）所指出的劳动力市场效应、中间产品和服务贸易及知识和信息产业内流动（也就是分享、匹配和学习）之外，更为显著的影响力来自知识技术空间外溢和接近全球市场，而这种空间溢出存在较大的距离衰减（Audretsch and Feldman，1996），通常在较小的地理范围内发生，因此有必要在更小的空间尺度、更细的产业分类方面对服务业集聚现状和演变加以识别。

从行业中类看我国服务业的地理集中度可以发现，行业划分越细，服务业在各空间层次越集中。从总体趋势来看，二位数行业反映的我国服务业地理集中的程度更高；从各行业来看，行业中类反映出的我国各服务行业地理集中态势比行业大类更加明显；从集聚演化上看，二位数行业反映出的我国服务业变动幅度更大，集中趋势也更为明确。从结果上看，在地理上集中度较高的二位数行业主要受到以下因素影响：①具有垄断性质的服务行业，比如铁路运输业、航空运输业、证券业、管道运输业、社会保障业；②受自然条件影响较大的服务业，如水上运输业；③知识密集、智力密集型服务业，如软件业、计算机服务业、研究与试验、科技交流与推广；④同城市等级和人口密度高度相关的服务行业，如商务服务业、其他服务业、城市公共交通业等。与之相对，集聚程度低的服务行业几乎都是具有公共产品或半公共产品性质的服务行业，如卫生、水利管理、广播电视、电信、文化艺术、公共设施管理等。

从地级数据看我国服务业的地理集中度可以发现，随着空间尺度逐渐缩小，服务业在空间上呈现出集中度越来越强的特点。从总体集聚水平上看，运用地级层面数据计算的我国服务业地理集中度比省级尺度数据高许多；从变动趋势看，在地级层面服务业的集聚态势比在省级层面更加明显；从各行业集中程度看，各个行业在地级层面均更加集中，行业差异也更大。

综合空间尺度和产业尺度对我国服务业地理集中现状及演化的影响可以看到，服务业在更细的行业尺度、更小的空间尺度上不但更加集中，且逐步趋于集中的演化态势也更加明显，这与 Kolko（2007）等有关国外的研究结论是相同的。也就是说，由于服务业面对面的交流需求、特殊的交易成本结构及更加本地化的集聚形成机制，服务业空间集聚更多地表现为较小地理空间内部、较细分行业内的集中，以往对于我国服务业集聚现状和演进的宏观研究几乎全部基于省级层面、利用行业门类数据，得出的结论往往是我国服务业地理集聚水平较低且空间集聚趋势不明显等，从本书的分析来看，这些在大空间尺度上针对大的行业分类得出的研究结论，可靠性确实值得商榷。此外，由于空间尺度和产业尺度的选择还会影响到各服务行业的集聚程度和集聚位次，以往基于省级数据的研究对某些行业集聚度较高的论断往往很难成立。

虽然衡量某一地区地理集中的方法很多（Marcon and Puech，2010），但所有方法几乎都具有一个共同的弱点，即用以研究的地理单元某种程度上都被认为是在空间上彼此独立的，即便它们在地理上是彼此邻近的，也就是说，空间单元的相对位置是没有被考虑的。因为上述问题，空间集聚通常被低估，至少某些产业集聚模式在普通的衡量方法中是体现不出来的。本书采取将空间基尼系数与解释性空间数据分析相结合的方法，对我国各服务行业的区位分布和空间联系模式进行分析和辨识。研究显示，服务业的空间集聚可以体现为三个层次、三种模式。第一种模式不但在地理空间内部具有较强的集聚程度，而且跨区域蔓延，在地图上表示为集聚程度高的地区连接成片，显示出很强的空间溢出，典型的行业如信息传输、计算机服务和软件业，批发和零售业，房地产业。第二种模式虽然在城市内部集聚度较强，但跨边界的空间溢出较小，在地图上体现为孤立的、分布均匀的集聚中心，典型的行业如居民和其他服务业，科研综合技术服务业，交通运输、仓储和邮政业等。第三种模式表现为行业在城市内部集聚程度较低，但跨边界连接成片，从而在地图空间上形成大片集聚，但这种集聚在整个研究区域为分布较为均匀，典型的行业如公共管理和社会组织、教育文化广播影视业等。而这样分层次体现出来的服务业集聚信息用传统产业集聚衡量手段是没有办法得到的。在此基础上，本书还引入了 Moran's I 散点图方法，用可视化的空间工具辨识我国典型服务行业集聚的空间模式及其异同。

第五章　服务业领域的地方政府税收竞争：演变格局与空间联系

正如第三章所展示的那样，我国服务业的许多行业目前已具有较明显的地理集中和集聚形态，且这种集聚趋势还在不断加深之中。服务业集聚具有成本节约、资源共享、技术空间溢出和接近全球市场的益处，这已为许多理论和实证研究所证实，然而在现实中，服务业集聚发展的条件往往无法得到满足，这部分源于地方政府竞争。在服务业领域，地方政府税收的格局和演变规律如何？不同服务行业的税收竞争的空间关联模式是否存在差异？地方政府在服务业领域的税收竞争究竟有哪些表现？本书的第五章将通过政策梳理和实证分析，着重回答以上三个问题。

一、我国服务业税制及税收概况

（一）我国服务业税制概览

在本书的样本观察期间，我国税制中的税种数量有 22 个，分别是增值税、消费税、营业税、关税、外商投资企业和外国企业所得税、企业所得税、个人所得税、资源税、城镇土地使用税、耕地占用税、城市维护建设税、土地增值税、固定资产投资方向调节税、房产税、城市房地产税、车船税、车辆购置税、船舶吨税、印花税、契税、筵席税、烟叶税。除了处于停征状态的固定资产投资方向调节税和筵席税[①]，实际征收的税种为20个。在这些税种中，除了资源税、车辆购置税和烟叶税之外，其他均涉及服务业。

与服务业有关的主要税种和税率情况如表5－1所示。从税收贡献度来讲，营业税、企业所得税、增值税等占据了整个税收收入的绝大部分，其中企业所得税（包括外资和内资）和营业税占比分别超过27%和22%，个人所得税占比也达到了9%左右（见图5－1）；具体到各个行业，增值税是批发零售业税收收入的主要来源；交通运输、住宿餐饮行业则以缴纳营业税为主；信息传输、金融业、房地产业、租赁和商务服务业、居民服务业的税收收入则主要来自营业税和企业所得税；教育、卫生和文化体育等劳动密集型服务业的主要税收来源是个人所得税（见表5－2）。从涉及行业广度来看，增值税、消费税、房产税、城市房地产税、印花税、契税、耕地占用税、土地增值税和关税等税种只涉及服务业的部分行业，比如增值税涉及的是批发和零售业，信息传输、计算机服务和软件业，消费税只与批发和零售业相关。而城镇土地使用税、房产税、车船税、印花税等税种虽然涉及绝大部分服务业行业，但由于收入规模小，对服务业的影响也相对较弱。个人所得税虽然收入规模较大且逐年增加，但除了与服务业中的个体工商户、独资和合伙企业的收益相关外，主要针对服务业中的职工征收；城市维护建设税则属于营业税、增值税和消费税三税的附税。

表5－1　与服务业相关的主要税种的税率情况

主要相关税种	与服务业相关的税率
营业税	3%：交通运输业、邮政业、文化体育业 5%：仓储业、金融业、信息传输、计算机服务和软件业、住宿和餐饮业、房地产业、科学研究、技术服务和地质勘查业、居民服务和其他服务业 5%～20%：娱乐业
增值税	17%：批发和零售业（一般纳税人） 4%（征收率）：批发和零售业（小规模商业企业纳税人）
消费税	5%：批发和零售业（金银首饰的零售）
企业所得税（合并后）	25%：一般服务业企业 20%：符合条件的小型微利服务业企业 15%：属于高新技术产业的服务业企业

① 外商投资企业和外国企业所得税同企业所得税于2008年1月1日起合并。

续表

主要相关税种	与服务业相关的税率
个人所得税	针对服务业中的个体工商户、独资和合伙企业，采用累进税率 5%：全年应纳税所得额不超过5000元的部分 10%：全年应纳税所得额超过5000～10000元的部分 20%：超过10000～30000元的部分 30%：超过30000～50000元的部分 35%：超过50000元的部分
城市维护建设税	以纳税人实际缴纳的产品税、增值税、营业税税额为计税依据 7%：纳税人所在地在市区 5%：纳税人所在地在县城、镇 1%：纳税人所在地不在市区、县城或镇
城镇土地使用税	每平方米年税额（具体税率由地方制定）： 1.5～30元：大城市 1.2～24元：中等城市 0.9～18元：小城市 0.6～12元：县城、建制镇、工矿区
房产税	1.2%：依照房产余值计算缴纳的 12%：依照房产租金收入计算缴纳的
车船税	每年税额（具体税率由地方制定）： 60～660元：载客汽车（每辆），包括电车 16～120元：载货汽车（按自重每吨），包括半挂牵引车、挂车 24～120元：三轮汽车低速货车（按自重每吨） 36～180元：摩托车（每辆） 3～6元：船舶（按净吨位每吨）（拖船和非机动驳船分别按船舶税额的50%计算）

资料来源：闫坤等（2008）。

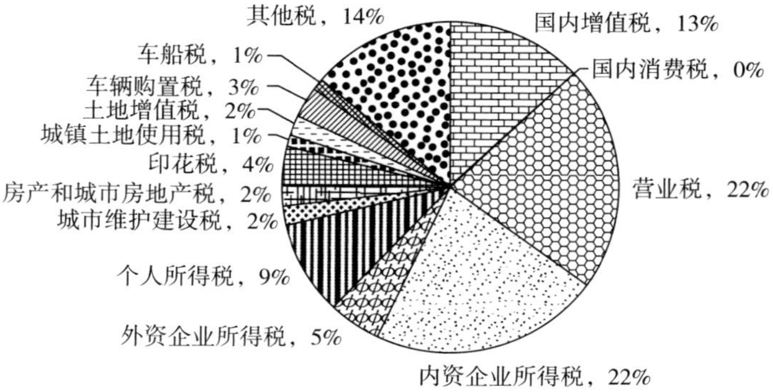

图5－1　2008年服务业全部税收收入税种来源占比

表5－2　2008年整个服务业及各行业税收收入税种来源情况　　单位：%

	国内增值税	国内消费税	营业税	内资企业所得税	外资企业所得税	个人所得税	城市维护建设税	房产税	印花税	城镇土地使用税	土地增值税	车辆购置税	车船税	其他税
交通运输	1.4		**45.3**	25.8	5.0	11.2	2.5	1.6	0.8	1.9	0.2	2.2	1.9	0.1
信息传输	3.1		**27.1**	13.4	**40.9**	**11.8**	1.0	1.7	0.3	0.7	0.0	0.1	0.0	0.0
批发零售	**41.6**	0.3	1.4	17.4	3.4	4.0	2.1	0.9	0.8	0.7	0.1	0.3	0.0	26.9
住宿餐饮	0.3	0.0	**64.0**	6.3	5.3	12.3	3.4	5.8	0.2	1.9	0.2	0.1	0.0	0.0
金融业	0.0	0.0	**24.2**	**45.1**	1.5	8.0	1.5	0.8	**17.5**	0.2	0.1	0.0	1.1	0.0
房地产业	0.0		**43.8**	**23.8**	8.1	3.5	2.4	2.5	0.9	3.4	11.4	0.1	0.0	0.0
租赁商务	2.0	0.0	**40.5**	**20.2**	5.6	21.9	2.0	3.6	1.1	1.8	1.0	0.2	0.2	0.0
居民服务	3.4	0.0	**25.9**	**11.5**	2.4	14.9	2.3	2.9	1.0	1.5	1.1	0.4	1.5	31.2
教育	0.1		15.9	4.5	1.1	**69.1**	1.2	2.9	0.2	0.9	2.9	1.1	0.2	0.0
卫生	0.3		12.0	2.7	1.0	**78.0**	0.8	2.0	0.2	0.6	0.1	2.1	0.2	0.0
文化体育	4.7		47.3	14.5	2.7	**20.9**	3.4	3.0	0.4	2.3	0.3	0.3	0.1	0.0
公共管理	2.0	0.0	10.1	2.3	1.0	**19.4**	1.4	3.6	0.9	1.3	1.6	9.3	1.6	45.6
其他行业	3.5	0.0	11.4	4.2	1.3	**15.6**	1.0	0.6	0.3	0.4	0.3	25.5	0.5	35.5

资料来源：2009年《中国税务年鉴》。

综上所述，目前影响我国服务业发展最重要的两个税种是营业税和企业所得税（包括外商投资企业和外国企业所得税），营业税主要是对服务业流转额征税，企业所得税则直接影响到各个服务企业的收益。

（二）中国服务业税收概况

2008年，中国服务业税收收入完成27091亿元，达到全部税收收入的46.82%，仅低于工业税收收入占比6.13个百分点。从行业构成大类来看，批发和零售业、金融业、房地产业提供了绝大部分税收收入来源，其税收分别占到了全部税收收入的29%、21%和14%；交通运输、仓储和邮政业，租赁和商务服务业，居民服务和其他服务业及信息传输、计算机服务和软件业税收收入占比也在4%～6%，而教育、卫生、文化体育、公共管理和社会组织等服务行业占比则较低。从两位数行业税收收入来看，批发业、房地产业、银行业等税收收入都占到了所有行业税收收入的10%以上，其中批发业更是占到了22%左右（见图5－2、图5－3）。

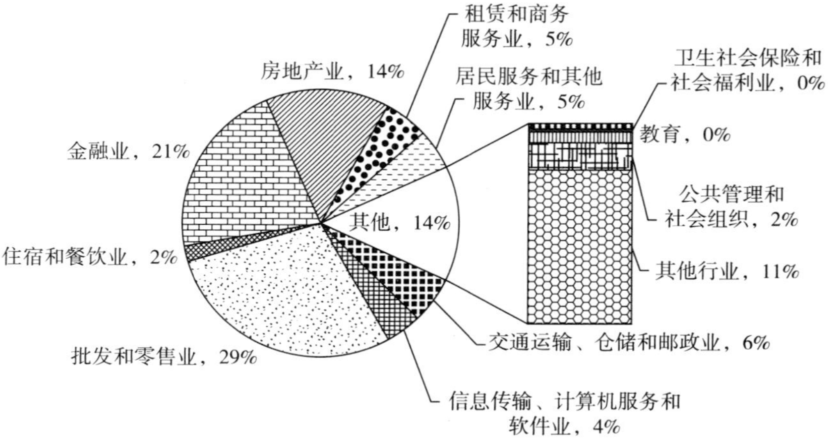

图 5－2　2008 年中国服务业税收收入来源行业（大类）

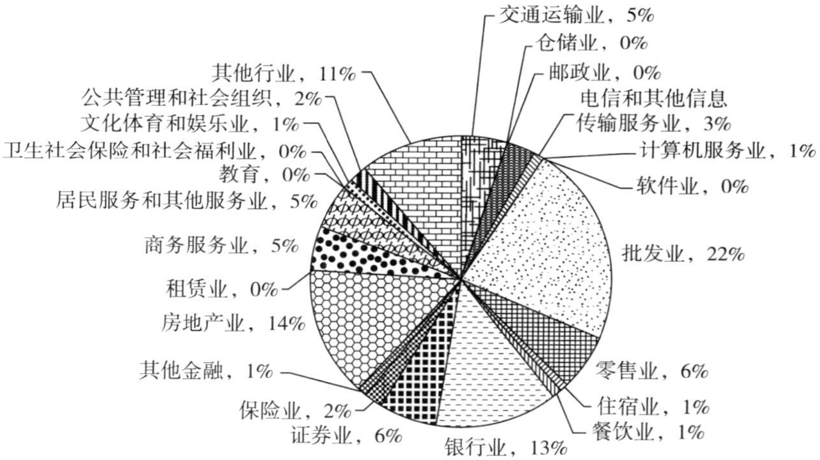

图 5－3　2008 年中国服务业税收收入来源行业（具体到两位数行业）

从服务业税收收入的征税机关来看，57.1% 的服务业税收收入是由国家税务局征收的，42.9% 的收入则由地方税务局征收。在具体服务行业上，绝大多数服务行业，如交通运输、仓储及邮政业，住宿和餐饮业，房地产业，租赁和商务服务业，居民服务业，教育，卫生，文化娱乐等行业由地税征收的收入占绝对主力；而批发和零售业、金融业、居民服务业和公共管理社会组织等服务行业大部分税收收入来自国家税务局[①]。特别地，对于服务业最为重要的两个税种——营业税和企业所得税而言，各服务行业的营业税几乎全部由地税局征收，而除了金融业、信息传输服务业以外，企业所得税由地税征收的比例也在25%～52%（见图5－4、表5－3）。

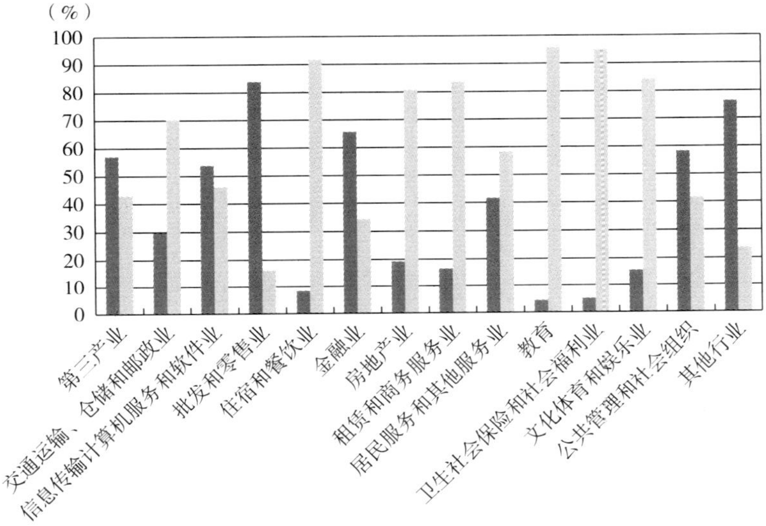

图5－4 2008年各服务行业税收收入征收来源（国税局和地税局）

表5－3 服务业各行业营业税和增值税征收主体（国税局和地税局） 单位：%

	国税收入占比	地税收入占比	国税营业税占比	地税营业税占比	国税企业所得税占比	地税企业所得税占比
服务业	57.08	42.92	3.93	96.07	78.48	21.52
交通运输、仓储和邮政业	29.77	**70.23**	13.46	86.54	62.99	37.01

① 按照税收收入归属和征管管辖权限的不同，可分为中央（收入）税和地方（收入）税，分别由国税系统和地税系统征收。消费税为中央税，增值税和企业所得税、个人所得税为中央与地方共享税，其他税一般为地方税。国家税务局征收的税种包括：增值税，消费税，铁道部门、金融、保险公司缴纳的部分营业税，企业所得税（铁道部门、各银行总行、各保险公司集中缴纳的所得税；中央企业缴纳的所得税；中央与地方所属企业、事业单位组成的联营企业、股份制企业缴纳的所得税；海洋石油企业缴纳的所得税；外商投资企业和外国企业所得税），储蓄存款利息所得个人所得税，证券交易印花税，海洋石油企业缴纳的资源税，车辆购置税。地方税务局征收的税种：除上述行业以外的营业税，地方国有企业、集体企业、私营企业缴纳的所得税，城市维护建设税，个人所得税，资源税，房产税，城市房地产税．土地增值税，城镇土地使用税，印花税，契税，车船使用税，屠宰税，筵席税。

续表

	国税收入占比	地税收入占比	国税营业税占比	地税营业税占比	国税企业所得税占比	地税企业所得税占比
信息传输、计算机服务和软件业	53.89	46.11	0.26	99.74	93.13	6.87
批发和零售业	83.87	16.13	0.64	99.36	74.50	25.50
住宿和餐饮业	8.35	**91.65**	0.14	99.86	66.56	33.44
金融业	65.68	34.32	9.72	90.28	96.33	3.67
房地产业	19.25	**80.75**	0.08	99.92	59.77	40.23
租赁和商务服务业	16.50	**83.50**	0.10	99.90	55.43	44.57
居民服务和其他服务业	41.73	**58.27**	0.30	99.70	48.29	51.71
教育	4.38	**95.62**	0.11	99.89	57.28	42.72
卫生社会保险和社会福利业	5.02	**94.98**	0.20	99.80	70.43	29.57
文化体育和娱乐业	15.58	**84.42**	0.52	99.48	59.39	40.61
公共管理和社会组织	58.28	41.72	0.03	99.97	48.82	51.18
其他行业	76.34	23.66	0.40	99.60	53.02	46.98

资料来源：2009 年《中国税务年鉴》。

综合上述，批发和零售业、金融业、房地产业是服务业税收的主要来源行业。从服务业现行税制和税收总量来看，营业税和企业所得税是涉及服务行业层面最广、对服务业发展影响最大的两个税种。从主要缴纳税种来看，可以把各服务业具体分为四类：第一类，以缴纳营业税为主、所得税为辅，主要包括交通运输、仓储和邮政业，房地产业，租赁和商务服务业，住宿和餐饮业，文化体育和娱乐业；第二类，以缴纳企业所得税为主、营业税为辅，典型的如信息传输、计算机服务和软件业、金融业等；第三类，以缴纳增值税为主，代表性行业如批发和零售业；第四类，以缴纳个人所得税和其他各税为主，主要包括教育、卫生社会保险和社会福利业、公共管理和社会组织等公共服务行业。而由于增值税和所得税是共享税，营业税是地方税，从征收主体上看，交通运输、仓储和邮政业，房地产业，租赁和商务服务业，住宿和餐饮业，文化体育和娱乐业等行业的税收主要由地方税务局征收，而批发和零售业、金融业、公共管理和社会组织等行业的税收则主要由国家税务局征收。

二、政府间税收竞争的存在性：文献回顾与实证证据

（一）税收竞争存在性的讨论：文献梳理

财政分权对于经济增长的拉动作用已经为许多发达国家和发展中国家的实例所证实（Jin et al.，2005），但由此也产生了为保持本地市场吸引力而竞争的压力（Qian and Roland，1998）。财政分权使各级政府拥有了自己的独立利益，成为名副其实的利益主体，为了争夺流动生产要素，政府间普遍存在着财政竞争。一般认为，地方政府间财政竞争包括两个方面：一是围绕财政收入的竞争，即税收竞争；二是围绕政府提供各种公共产品的竞争，即公共支出竞争（Wildasin，1988）。由于现实经济中政府主要是通过税收手段为公共支出进行筹资，因而这两种性质不同的竞争方式最终都会在地区间的税负水平中得到反映（沈坤荣和付文林，2006）。

关于地区间税收竞争特征的研究，早期主要是考察地区公共产品的外溢效应问题，通常会假定各个地区的经济规模相对于整个经济而言很小，因而不可能通过设定税率影响资本的净回报，地区间不存在策略性税收博弈行为（Boskin，1973）。而后续的一些研究开始关注非同质地区的税收竞争中的博弈问题（Mintz and Tulkens，1986；Wildasin，1988），并发现资本在地区间的配置不仅取决于本地税率，还会受到周边其他地区税收政策的影响。

关于政府税收竞争的理论研究取得了丰硕的成果（Wilson，1999），许多文献都试图解释政府间税收竞争的起因及其结果，经典的模型有资本竞争模型和标尺竞争模型。Zodrow 和 Mieszkowski（1986）、Wildasin（1988）及 Hoyt（1991）较早关注地方政府策略性财政互动行为，他们的理论模型假定资本是流动的，而且地方通过对资本征税为公共产品筹资，地方政府遵从善意假设，目标函数是最大化社会福利。这样地方政府就参与到了为公共产品筹资而进行的吸引流动资源的税收竞争之中，纳什均衡的结果是每个地方政府都将选择一个低于最优水平的资本税率。Besley 和 Case（1995）试图用标尺竞争来解释政府间税收竞争的起因。模型假定投票者和政府之间具有委托代理关系，政府可以是善意的或者是机

会主义者，委托方和代理方存在公共产品提供成本上的信息不对称，而这种信息不对称对代理方也就是地方政府是有利的。基于地方公共产品提供成本是相互关联的假设，投票人可以通过比较邻近地区地方政府的表现进行投票，据此地方政府就会将邻近地区的财政政策纳入考虑范围。资本竞争模型和标尺竞争模型虽然在模型形式上差别较大，但结论却殊途同归，即地方政府税率设定不仅考虑自身的财政政策，还将邻近地区的财政政策作为重要的考虑变量；邻近地区之间的财政变量是互补的，地方政府在财政政策上会采取模仿的行为模式。而且，正如Brueckner（2003）所指出的那样，在现实中很难分清某种税收模仿行为是来源于资本竞争还是标尺竞争，因为对两者的实证研究选用的方法都是一样的。更有甚者，Devereux 和 Griffith（2003）认为，对于企业税而言，标尺竞争是可以忽略不计的，因为对于投票者而言企业税率并不是他们评判政策决策者的重要标准，甚至绝大部分投票者对本地区企业税率的水平会一无所知。

随着理论研究的不断深入，越来越多的学者试图证实政府间水平竞争及模仿行为的存在，早期大部分研究都是来自美国的实例，后来又涌现出少量基于欧洲数据的实证研究，几乎所有研究都将税率作为政府间水平空间互动的表征工具，只有少量文献如 Case 等（1993）对于美国的研究及 Revelli（2002）对于英国的研究中对政府公共支出竞争进行了分析。为验证地方政府之间税收竞争的存在，目前最常用的方法是反应函数法（Reaction Function），当反应函数的斜率非零时，就证实了政府之间策略性互动行为的存在。我们总结了 1992 ~ 2008 年关于政府税收反应函数有代表性的实证文献（见表 5 - 4），可以看出，绝大多数研究均找到了地方政府间存在税收政策空间相关性和策略反应的经验证据，而且这种相关性呈现为互补性的策略行为，即当邻近政府降低税率或税负时，所观察地区政府为不失去竞争优势，也会相应地降低税率或税负。然而，却很少有实证文献关注到地方政府财政竞争的异质性问题。比如有研究发现，拥有不同税基规模和税率水平的政府对于税收竞争往往反应不一，具有较大规模税基的国家往往不愿加入税收竞争，从而导致较高税率（Yao and Zhang，2008）；而 Cai 和 Treisman（2005）则指出，在税基规模和基础设施禀赋不同的地区之间，禀赋较差的国家对参加追逐流动要素的竞争兴趣索然。这些研究都指出了地区的多样性对政府税收竞争结果的影响，而税收竞争的结果也理应是多元的。

表 5-4 1992～2008 年有关政府间税收反应函数的典型实证研究

文献	研究对象	样本数量	主要结论	重要结果
Ladd，1992	美国/248 个郡/1978～1995 年	496 个（248×2 年）	1978 年，邻近地区对 100 美元收入的税收每增加 1 美元，将导致本地税收 0.59 美元的增加；1985 年该数字增加到 0.82 美元	
Kirchgassner and Pommerehne，1996	瑞士/行政区/1987 年	以收入分组的 130 个纳税人群体	税率在高收入群体的居所决定中扮演非常重要的角色，基础设施情况也起到一定作用	
Besley and Rosen，1998	美国/48 个州/1975～1989 年	1440 个（48×15 年×2 种，对于烟草和汽油的课税）	联邦税收增加 1 美元将引起州政府对烟草课税增加 0.28 美元，对汽油的课税将增加 0.41 美元	相关产业规模的增加将引起该地方的税率的降低。税收上的纵向外部性是存在的
Brett and Pinske，2000	加拿大及英国/自治市（区）/1987～1991 年	294 个（147 个自治市、区的不动产税数据）	邻近地区的税率将影响本地的税率选择	加入固定效应将减少显著的系数数量
Heyndels and Vuchelen，1998	比利时/地方辖区/1991 年	589 个地方辖区的所得税和不动产税	地方辖区之间存在着税收反应策略行为或税收模仿行为，而且这种税收模仿行为超出了地理边界相邻的限制，没有共同边界的邻近辖区之间也存在税收模仿行为	
Hayashi and Boadway，2001	加拿大/省/1961～1995 年	136 个有效税率数据（税收收入除以企业利润）	联邦税率的上升将使魁北克及其他 8 个省的总税率水平下降；安大略省税率的上升将对联邦税率产生正向影响，但对魁北克省税率变化并不会做出反应；而魁北克省会对安大略省的变化做出正向反应	反应函数设定为滞后一期。结果表明税收的纵向和横向外部性同时存在
Revelli，2001	英国/都市区/1983～1990 年	2368 个数据点（296 个都市区×8 年）	存在两种互动行为，英国都市区之间的水平互动存在且显著；但都市区和郡不动产税之间不存在正向相关性	邻近地区不动产税率 10% 的上升将导致本地不动产税 4%～5% 的增加
Brueckner and Saavedra，2001	美国/波士顿都市区的城市/1980～1990 年	140 个数据点（70 个城市×2 年）	地方政府反应函数的斜率显著不为 0，地方政府间对不动产税设定具有明显的互动行为	赋权邻近地区税率的增加将带来本地不动产税率 0.16～0.7 的增加

续表

文献	研究对象	样本数量	主要结论	重要结果
Revelli，2002	英国/非大都市区/1990 年	296 个数据点（296 个非都市区）	空间自相关在地方政府公共支出决策中是一个重要的因素。研究证实了空间自相关残差在政府支出决策及模仿行为在政府税收决策中的作用	
Edmark and Ågren，2008	瑞典/283 个地方自治区/1993～2006 年	3962 个数据点（283×14 年）	瑞典地方自治区之间财产税存在显著的空间相关性，邻近辖区税率平均每降低 1%，所观察辖区的税率也会相应地降低 0.74%	设置辖区间是否具有共同边界权重、人口迁移权重、是否具有相同媒介权重、政治偏好权重和字母表顺序权重，分别检验

资料来源：根据相关文献整理。

虽然对于国家或地区之间税收竞争的实证研究已有不少，但基于发展中国家的实证研究却比较少见，多数是因为数据的缺失（Bardhan，2002）。对于我国来说，较大的国土面积和较强的区域差异为进行地方政府竞争实证研究提供了丰富的素材。然而，研究我国税收竞争的文章寥寥，不仅是因为地方政府在地方财政管理方面权限较低，更因为中国一体化的税收体制。张恒龙等（2006）指出，中国的国情与西方联邦制国家的显著差别主要体现在：其一，单一制中央集权、税收立法权高度集中，地方政府税收自主程度有限，财政体制的调整由中央政府主导；其二，官员委任制，以经济发展为核心的政绩考核体系直接影响着地方政府官员的行为，吸引投资是主要竞争目标之一；其三，人口流动受限制，居民无法“用脚投票”，满足居民公共需求尚未成为地方政府首要的政策目标。也就是说，中国税收立法权是高度统一的，除了筵席税等非常不重要的税收之外，地方政府一般无权决定税种开征和税率设定。正是由于我国的官方税率仅由中央政府决定且各地统一，政府间基于税率开展的竞争存在与否目前在学术界尚无定论。

然而不少研究指出，即便在这样一种统一的税收体制下，有效税率差异依然是可能存在也是客观存在的，这种差异可能是源于地方政府征税的努力（Bahl and Wallace，2003），也可能来自产业结构、税收优惠执行力度等。在中央政府所批准的税收优惠政策方面，不同省区由于争取到的税收优惠幅度和范围不同，其宏观税负水平可能存在很大差异；而地方政府征税努力程度的选择也能在不同程度上影响某地的实际税负。沈坤林和付文林（2006）、Yao 和 Zhang（2008）

最早关注到地方政府税收决策方面的策略性行为，Yao 和 Zhang（2008）更是研究了拥有不同禀赋的中国县级地方政府税收竞争行为的空间模式及其异质性问题。但总体来看，基于实证数据分析地方政府税收在空间上相互影响的研究较少，研究地方政府在某一产业领域的竞争行为及其表现更是比较少见。

（二）政府间税收竞争的经验证据

1. 对欧洲实例的研究

20 世纪 40 年代末以后，随着经济一体化的不断深入，欧洲各国的贸易成本持续下降，政府间税收政策的互动也更加频繁起来。传统税收竞争理论指出，资本流动性的增加所引致的政府间税收竞争将把各国企业税率拖入向下的螺旋（Wilson，1999；Bretschger and Hettich，2002），而不少研究也发现欧洲的名义企业税率一直处于下降通道中。European Commission 跟踪了 1995～2006 年欧盟和 OECD 国家的企业税变动情况，指出在这 12 年间，OECD 国家税率的下降幅度不大，仅为 3%，远低于 EU25 国家 10% 的降幅。而在欧洲内部，老牌欧洲强国（此处称为 EU15 国）与欧盟的 10 个新成员企业税率都降低了 10 个百分点，而且在整个时间段内，EU15 国的企业税率始终高于欧盟的 10 个新成员（见图 5－5）。Crabbe 和 Vandenbussche（2008）通过将 EU15 分成与 EU10 相邻与不相邻的两部分，发现与 EU10 相邻的国家比不相邻的国家在税率上绝对降幅更加明显，相邻国家的降幅达到了 12%，在 2000 年时已经降到了平均水平以下；而不相邻的国

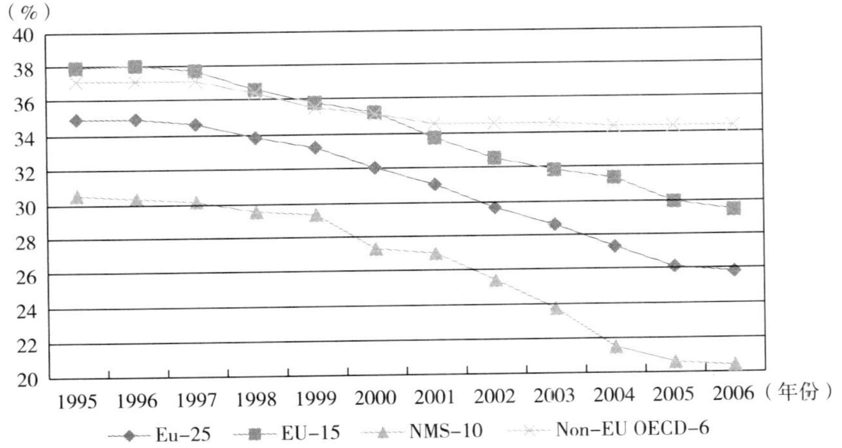

图 5－5 1995～2006 年 OECD 和 EU 国家企业名义税率的演变

资料来源：European Commission。

家降幅只有6%。由此他们指出，出现如此降幅的原因是相邻国家比不相邻国家感受到了来自EU10更强大的税收竞争压力，这也就证明了税收竞争的存在及空间因素对税收竞争的影响（见图5-6）。

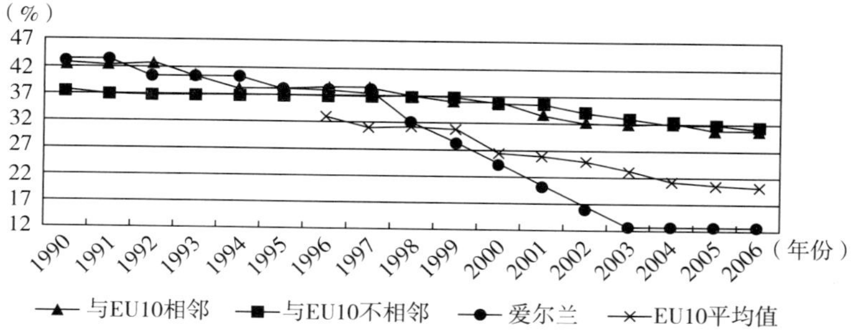

图5-6 1990~2006年EU10相邻和非相邻国家的税率变化情况

资料来源：Crabbe和Vandenbussche（2008）。

然而，近年来的一些实证研究却指出，名义税率的下降和税基的增加（企业收入的增加）是同时发生的，这使有效税率一直处于稳定状态，不存在税率竞次的结果。Baldwin和Krugman（2004）为我们展示了1965~2000年欧洲各国企业税收有效税率的变化过程。他们将所研究的国家分为核心地区及边缘地区两类，其中核心地区包括德国、Benelux①、法国和意大利，边缘区域包括希腊、葡萄牙、西班牙和爱尔兰（见图5-7）。研究表明，在此期间企业平均实际税率的变化轨迹在中心地区和边缘地区是截然不同的，随着欧洲经济一体化持续增强，核心地区的平均税负比较稳定，在7%~10%变化，而且平均税率还稳中有升；边缘国家的税率经历了1965~1984年的下降之后逐年攀升，核心地区和边缘地区的税率差距在逐渐缩小。图中反映出，核心地区的税率高于边缘地区，两者之间的税率差距在1980年持续拉大之后，一直处于缩小的过程中，而且这种差距的缩小大部分缘于核心部分税率的增加。《罗马条约》签订之后，欧洲的核心国家普遍感到在税收竞争方面来自低收入国家的压力，这与图5-7反映的事实是一致的。出于对企业实际税负衡量指标的质疑，Devereux和Griffith（2003）在其对1982年以后16个OECD国家税率变化的研究中使用了一种更复杂的计算企业税基和税收的方法，即计算有效边际税率。研究结果显示，各国平均税率在20世

① 指的是比利时、荷兰、卢森堡经济联盟。

纪80年代末之前一直在上升，之后就持续下降（见图5－8）。Crabbe和Vandenbussche（2008）对比了欧洲15国（EU15）和新晋欧盟10国（EU10）的有效税率变化情况，结果显示，有效税率的总水平不但没有下降，反而在1993～2003年持续上升（见图5－9）。

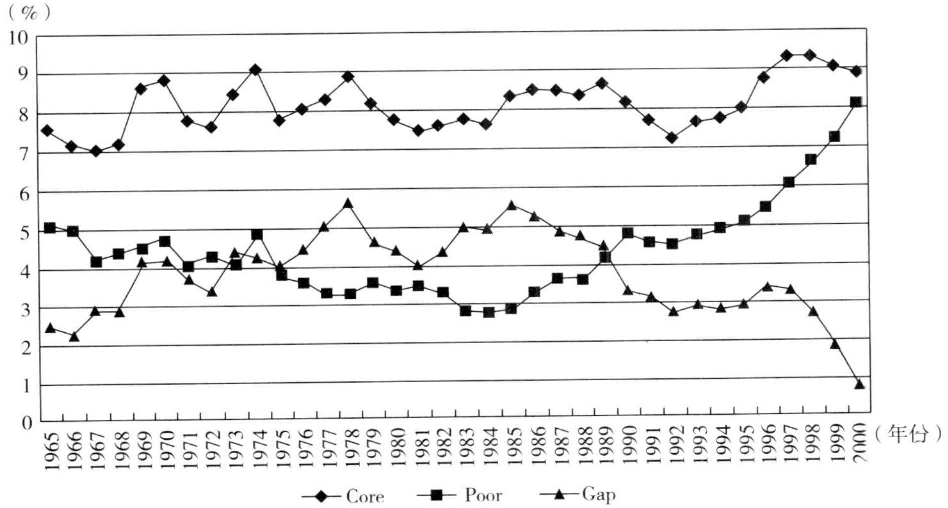

图5－7 1965～2000年欧洲核心—边缘地区的企业税率变化

注：企业税率＝企业税收收入/GDP。

资料来源：Baldwin和Krugman（2004）。

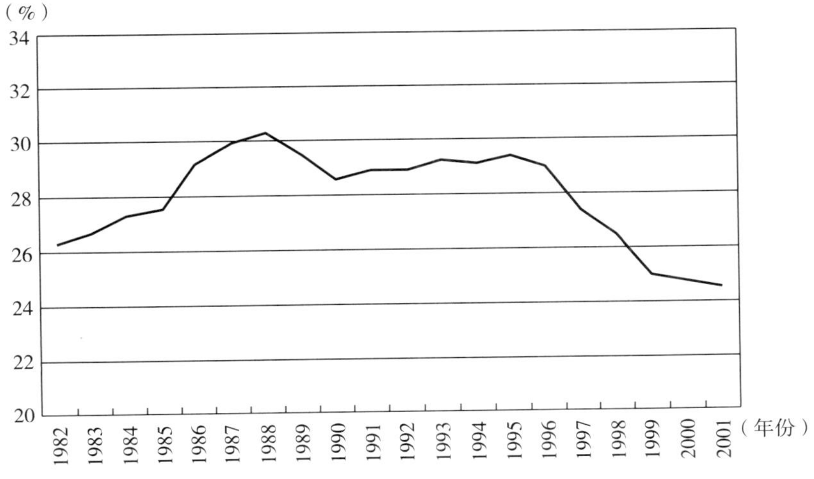

图5－8 1982～2001年16个OECD国家有效边际企业税率的变化情况

资料来源：Devereux和Griffith（2003）。

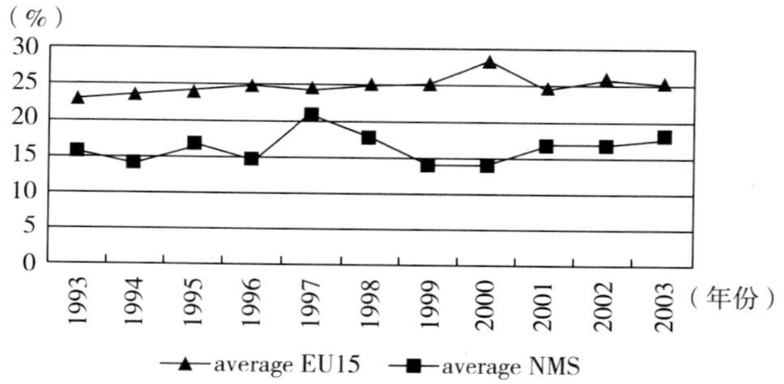

图 5-9　1993~2003 年欧洲有效税率的变化情况

资料来源：Crabbe 和 Vandenbussche（2008）。

虽然以上文章所用的企业税率指标不能完整反映企业税收负担的全貌，但为新经济地理学理论研究提供了佐证，即各国之间的税收竞争绝不是传统税收竞争模型所谓的简单的"税率竞次"，反而有新经济地理学所指出的"税率向上竞争"的趋势。

2. 我国税收竞争的经验证据

针对中国地区间税收竞争关系的形成原因、特征及其增长绩效等问题，已有的实证研究主要侧重于地方保护主义的研究（白重恩等，2004）。然而，地方保护只是地区间竞争的激化表现之一，对地方保护或市场割据的研究并不能提供关于中国地区间税收博弈行为的全部信息和直接证据。

出于数据可得性和统一的税收体制等原因，较之庞大的地方保护主义文献而言，关于我国税收空间外部性的研究可谓非常罕见。沈坤荣和付文林（2006）最早运用空间滞后模型，对我国省际的税收竞争与博弈行为进行了检验。研究显示，省际税收竞争反应函数斜率为负，由于负斜率的税收反应函数通常与竞争地区的经济规模大小、居民对公共产品的偏好特征有关，说明目前不同省市在地区竞争中采取的竞争策略明显不同，省际竞争格局正在向公共基础设施、服务水平等竞争方式转化。

Yao 和 Zhang（2008）对我国 2094 个县级政府间的税收互动行为及其演变进行了考察。图 5-10 显示，我国的县级实际税率一直处于缓慢下降过程中，各地税率差异较大，但差距有逐渐变小的趋势。从 1994 年开始，我国的县级平均有效税率下降了 9.08 个百分点，税率的基尼系数从 1994 年的 0.73 缓慢下降到了 1996~2000 年的 0.57，而在 2001~2005 年，基尼系数稳定在 0.36 的水平。县级有效税率的平均值和基尼系数双双下降，显示了一种向下融合的发展趋势，但与全局的平均水平相比，GINI 系数的下降幅度较小，显示出在个体水平上较大的差异。具体而言，通过对 1994 年、2002 年两年县级政府税率局部 Moran's I 和 P - value 的计算，文章发现，1994 年有 25% 的县级政府位于低税率的集聚中，只有 2.4% 的政府位于高税率集聚中；而在 2002 年，处于低税率集聚的政府下降到 23.8%，而高税率集聚的政府则增加到了 8.5%，也就是说，有 23.8% 的政府选择税率的"向下竞争"，而有 8.5% 的政府选择了税率的"向上竞争"（见图 5 - 11）。

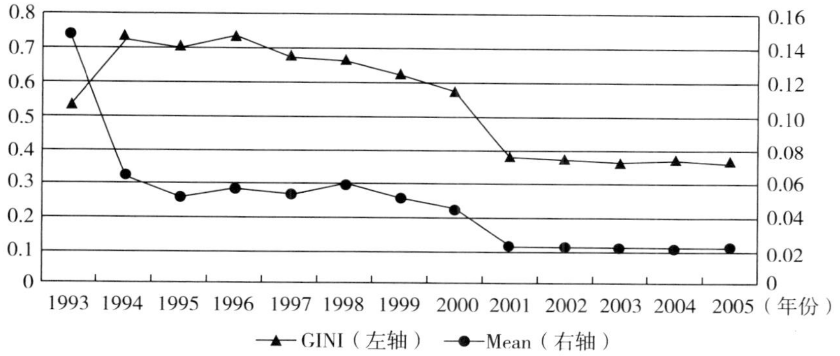

图 5 - 10　1993 ~ 2005 年中国县级政府税率的动态模式

资料来源：Yao 和 Zhang（2008）。

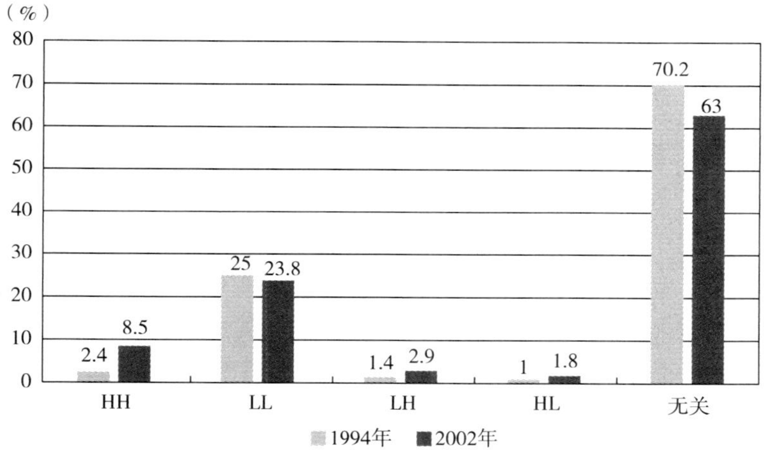

图 5 - 11　1994 年、2002 年中国 2094 个县级政府的税收策略分布

注：HH = High - High；LL = Low - Low；LH = Low - High；HL = High - Low。

资料来源：Yao 和 Zhang（2008）。

3. 小结

综上，政府间税收竞争的空间依赖及策略性行为是普遍存在的，即便对于税收体制高度一致的我国也是如此。利用空间计量工具来实证检验地方政府间税收竞争政策的空间相关性及策略特征，不仅有助于检验税收竞争理论研究的正确性，更突破了以往财政实证研究揭示信息量少的局限，为揭示地方政府税收竞争偏好及策略性行为的研究提供了一把钥匙。随着地区间经济联系的不断加强，一个地区的税收政策越来越有可能对周边地区产生影响，研究地方政府间税收策略的空间依赖及其异质性，无疑对规范和引导地方政府税收竞争行为具有重要的现实意义和政策参考价值。

然而，正如 Revelli（2002）所揭示的那样，目前运用空间计量方法研究税收竞争也不可避免地产生了以下问题：作为衡量政府间税收竞争反应程度的重要变量，空间权重矩阵 W_{ij} 并没有一个统一的赋值方法。Anselin（1988）指出，通常以地方政府之间是否有共同边界为标准来设定空间权重矩阵 W_{ij}，除此之外，也有不少以政府间距离的远近、产业结构的构成及不同人口的比重为标准来设置空间权重矩阵的研究（如 Heyndels and Vuchelen，1998；Brueckner and Saavedra，2001）。空间权重矩阵赋值方法及其标准缺乏统一性，虽然不会影响反应函数曲线斜率的符号，但会对政府间税收竞争的空间外部性的大小造成较大影响。此外，目前还没有办法明确甄别地方政府间税收政策的空间相关性到底是相互间的策略反应（Strategic Interaction），还是对外界共同环境变化的一种适应（Common Reaction）。即便具有上述种种不足，空间计量经济学在政府间税收竞争实证研究领域的应用仍然不失为一种为政府税收政策评估提供经验支撑的有益手段。

三、我国服务业税收竞争的演进与区域空间关联

（一）我国服务业税收竞争的演进趋势与行业差异：基于基尼系数的分析

随着经济转型与中国财政分权进程的推进，地方政府之间旨在吸引服务业投资的税收竞争也从无到有、愈演愈烈。为了争夺有限的、流动性较强的服务资源，地方政府运用了各种竞争手段推动服务业在本地的集聚，其中最重要的手段

之一就是减轻本地服务业的税收负担。

受数据可得性所限，我们首先选取了2003~2008年我国服务业的实际税负，而由于地方政府比较方便控制的是地方税务局征收的那一部分税收，所以也同时考虑了各省的地税税负，对其均值及基尼系数的演变趋势进行分析。图5-12显示，这6年间我国服务业的实际税负和地税税负表现出了相似的变动特征，即GINI系数在稳定中略有下降，而MEAN则稳中有升，且实际税负表现出比地税税负更大的变化幅度。由此我们可以初步判断，2003~2008年，我国各省的服务业税负整体水平小幅上升，且各省之间服务业的税负差异有所下降。由于我们使用的是省级数据，考虑到空间尺度对基尼系数准确性的影响，参考Yao和Zhang（2008）基于县级以上政府数据的研究，结果显示，在2000年双双下降之后，我国税负水平和基尼系数一直显示了较为稳定的特征（见图5-10），这与我们的研究反映出来的情况是相符的，可见空间尺度并不会影响我们结论对变化基本方向的判定。

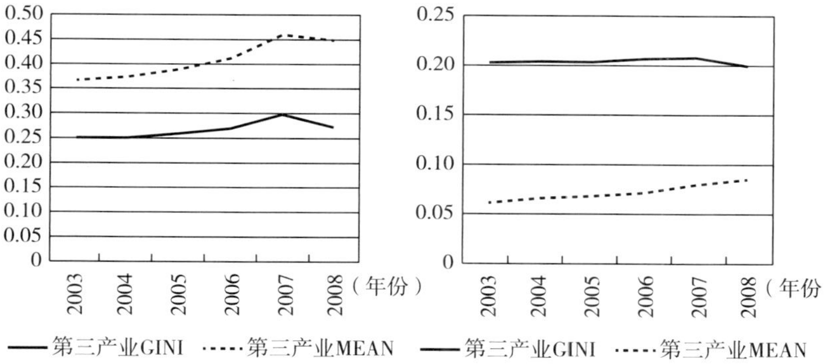

图5-12　2003~2008年各省服务业税负的基尼系数和均值的变化情况

注：左图为全部税负，右图为地税税负。全部税负指的是全部税收的实际负担，计算方法是用各省服务业（及各行业）的全部税收收入除以服务业（及各行业）的增加值，该指标可以在一定程度上反映各地服务业的税负水平；地税税负指的是地方税务局征收税收的实际负担，计算方法是用各省地方税务局征收的服务业（及各行业）税收收入除以服务业（及各行业）的增加值，该指标可以在一定程度上反映地方的税负水平和征税努力程度。

具体到各行业的税负，其变动情况主要呈现以下几个特点（见表5-5）：

表 5-5 各省服务业各行业税负的基尼系数和均值变化情况

项目	实际税负					
时间	2003 年	2004 年	2005 年	2006 年	2007 年	2008 年
第三产业 GINI	0.250947	0.250687	0.259374	0.269704	0.298051	0.27271
第三产业 MEAN	0.1153	0.122941	0.129621	0.14232	0.161641	0.175923
交通运输 GINI	0.317624	0.340126	0.340258	0.359364	0.348443	0.369553
交通运输 MEAN	0.039998	0.059664	0.066744	0.068532	0.073805	0.091428
信息传输 GINI		0.256151	0.190912	0.224105	0.233955	0.173886
信息传输 MEAN		0.10158	0.105087	0.111303	0.105614	0.126438
批发零售 GINI	0.297337	0.290482	0.305757	0.315854	0.317661	0.296505
批发零售 MEAN	0.1706	0.224285	0.237282	0.261971	0.280404	0.294759
住宿餐饮 GINI				0.257192	0.25763	0.276224
住宿餐饮 MEAN				0.07592	0.07631	0.077652
金融业 GINI	0.197188	0.198833	0.251589	0.26061	0.295184	0.306729
金融业 MEAN	0.134133	0.143308	0.151972	0.173585	0.212109	0.263433
房地产 GINI	0.322757	0.289505	0.290489	0.265479	0.244426	0.261957
房地产 MEAN	0.124125	0.152305	0.175174	0.207154	0.265825	0.290077
租赁商务 GINI		0.198422	0.246595	0.249916	0.225599	0.280623
租赁商务 MEAN		0.375483	0.388688	0.373902	0.351197	0.235431
项目	地税税负					
时间	2003 年	2004 年	2005 年	2006 年	2007 年	2008 年
第三产业 GINI	0.202852	0.204039	0.203458	0.20685	0.207994	0.199407
第三产业 MEAN	0.061138	0.065888	0.067933	0.07	0.079559	0.085062
交通运输 GINI	0.218734	0.23122	0.227289	0.240781	0.229703	0.232697
交通运输 MEAN	0.03151	0.047456	0.051657	0.051853	0.056727	0.065682
信息传输 GINI		0.152871	0.098981	0.102918	0.134965	0.136858
信息传输 MEAN		0.054101	0.057244	0.054386	0.054219	0.057801
批发零售 GINI	0.248129	0.251413	0.279935	0.3418	0.361364	0.351098
批发零售 MEAN	0.026922	0.03293	0.034375	0.038501	0.042386	0.04868
住宿餐饮 GINI				0.229616	0.231711	0.241163
住宿餐饮 MEAN				0.073368	0.073029	0.073644
金融业 GINI	0.179169	0.188845	0.163867	0.130058	0.141156	0.131653
金融业 MEAN	0.109378	0.122964	0.119684	0.118749	0.124505	0.145596
房地产 GINI	0.304209	0.272555	0.261276	0.22909	0.21195	0.213025

续表

项目	地税税负					
时间	2003 年	2004 年	2005 年	2006 年	2007 年	2008 年
房地产 MEAN	0. 119985	0. 143234	0. 163154	0. 189095	0. 237454	0. 250747
租赁商务 GINI		0. 203918	0. 252884	0. 058322	0. 229925	0. 262323
租赁商务 MEAN		0. 362171	0. 376152	0. 358309	0. 329646	0. 204923

项目	企业所得税税负								
时间	2000 年	2001 年	2002 年	2003 年	2004 年	2005 年	2006 年	2007 年	2008 年
交通 GINI	0. 46655	0. 50123	0. 54941	0. 56451	0. 58415	0. 58269	0. 58113	0. 56663	0. 59221
交通 MEAN	0. 00709	0. 00975	0. 01033	0. 00537	0. 00831	0. 01272	0. 01472	0. 01692	0. 02604
批发 GINI	0. 39527	0. 39908	0. 38122	0. 36229	0. 34259	0. 35426	0. 34777	0. 38855	0. 35604
批发 MEAN	0. 01868	0. 02562	0. 02322	0. 02447	0. 03665	0. 04224	0. 04369	0. 05354	0. 05146
金融 GINI	0. 48373	0. 45419	0. 47036	0. 48909	0. 41933	0. 67906	0. 66284	0. 51956	0. 53042
金融 MEAN	0. 02189	0. 02622	0. 02050	0. 02026	0. 02028	0. 03230	0. 05042	0. 07094	0. 09587
房产 GINI	0. 53702	0. 49327	0. 52995	0. 49251	0. 48492	0. 47868	0. 41739	0. 38573	0. 39304
房产 MEAN	0. 00727	0. 01551	0. 01323	0. 01660	0. 02591	0. 03409	0. 04130	0. 05462	0. 08050

（1）2003 ~2008 年，各省各服务行业实际税负的基尼系数在 0. 1 ~0. 4 的区间变化。

（2）相对而言，批发零售、金融、房地产等服务行业的税负较高，交通运输、信息传输、住宿餐饮等服务行业的税负相对较低。除了租赁和商务服务业之外，各服务行业的税负 MEAN 均稳中有升，显示大部分服务行业在 2003 ~2008 年税负水平有所上升。

（3）交通运输、批发零售、金融业的税负水平显示出了明显高于平均水平的分异程度；信息传输的税负在各省之间差异相对较小，且低于整个服务行业的平均水平，表明受国发〔2000〕18 号文等国家层面统一的优惠政策影响，各省的税率水平变动较小。

（4）各服务行业税负在各省间的 GINI 系数变化分异较大。交通运输、金融业、住宿餐饮、租赁商务服务业的基尼系数总体呈上升趋势，显示这四个行业在各省间的税负差异正逐年变大；而信息传输、房地产业税负的 GINI 系数呈下降趋势，其中信息传输服务业 GINI 系数的下降趋势非常明显，表明这两个行业税负在各省之间的差距正在减小；而该段时间批发零售行业的税负在各省间的差距变化不大。

(5) 地税税负的均值表现出了与实际税负相似的变动模式，但变动的幅度比全部实际税负更小。6 年间房地产业、租赁和商务服务业的地税税负变动幅度较大，其中房地产业地税税负在 6 年间明显上升，而租赁与商务服务业则明显下降。

(6) 总体上看，各省的服务业地税税负分异程度在6 年间变化平稳，但批发零售业地税税负的地域差别在加剧，而金融业、房地产业的地税税负差距则倾向于减小。

为了在更长的时间段内观察服务业各行业的税负变化情况，这里列举了交通运输、批发零售、金融业和房地产业的企业所得税税负均值及 GINI 系数的变化情况（见图5－13）。可以看出，四个典型服务行业的企业所得税率都倾向于上升，虽然绝对水平提升不多，但近九年来提升幅度却相当大。从绝对水平上看，各省间企业所得税负的差别在单个税种（企业所得税）上体现出来的税率水平的省际差异比整体税率水平（宏观税负和地税税负）更大，特别是在交通运输服务业方面，省际企业所得税率基尼系数甚至接近 0. 6，金融业也有 0. 53，这虽然在一定程度上反映了汇总缴纳企业所得税[①]的政策规范调整对于跨地区企业所得税负的影响[②]，但也在某种程度上，特别是对于交通运输服务这样以小规模企业为主的服务行业来说，反映了各省之间明显的税率差异。从变动趋势上看，2000～2008 年各省之间服务企业所得税税负的差异总体上趋于减小，其中交通运输和金融业税负的省际差异在波动中小幅上升，而各省在批发零售和房地产服务业上的企业所得税负差异则在绝对减小。

综合上述，从税负平均水平的变化情况来看，除个别行业（如租赁和商务服务业）之外，服务业整体和绝大部分服务行业的实际税率都倾向于上升，且省际的税率差异在不同行业中表现出不同的变化趋势。上述结果表明，我国各省在服务业领域的税收竞争远非传统税收竞争模型所显示的单纯“向下竞争”那么简单。

① 国家税务总局于2001 年2 月颁布了《关于汇总（合并）纳税企业实行统一计算、分级管理、就地预交、集中清算所得税问题的通知》（国税发〔2001〕13 号）。

② 为规范跨地区企业所得税的征缴，国家税务总局于2006 年1 月颁布了《关于规范汇总合并缴纳企业所得税范围的通知》（国税函〔2006〕48 号），明确规定汇总缴纳企业所得税必须经国家税务总局审批。各级税务机关要严格执行汇总纳税的有关审批规定，不得越权审批。下列五类企业可按规定申请汇总纳税：（一）国务院确定的120 家大型试点企业集团；（二）国务院批准执行试点企业集团政策和汇总纳税政策的企业集团；（三）《中华人民共和国企业所得税暂行条例》及其实施细则规定的铁路运营、民航运输、邮政、电信企业和金融保险企业（含证券等非银行金融机构）；（四）文化体制改革的试点企业集团；（五）汇总纳税企业重组改制后具集团性质的存续企业。

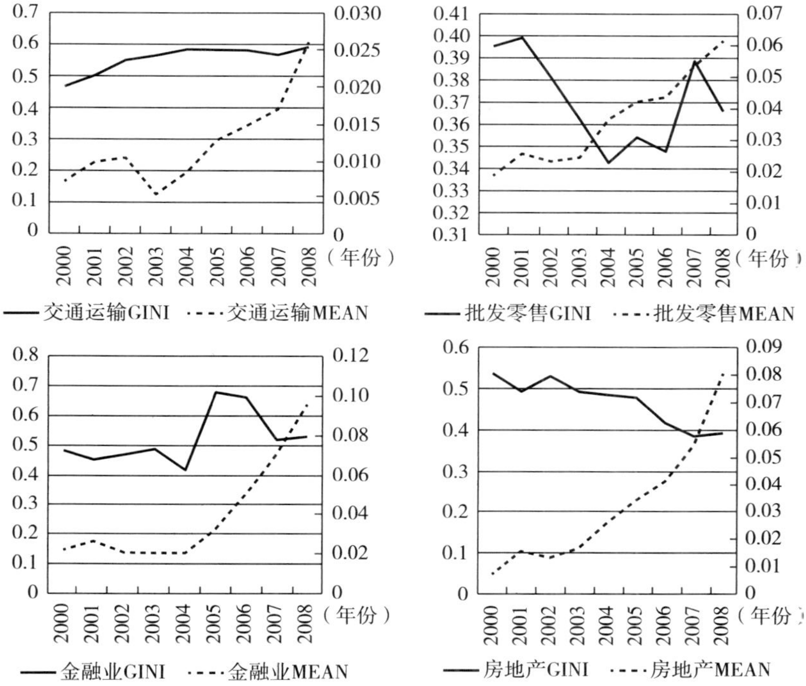

图 5－13　2000～2008 年服务业典型行业企业所得税负的均值和基尼系数变化情况

注：各图中左轴为 GINI 数据，右轴为 MEAN 数据。

（二）各服务行业税收竞争的区域空间关联模式：ESDA 分析

1. 衡量方法：ESDA 分析

Anselin（1996）指出，ESDA 是一系列空间数据分析方法和技术的集合，它描述数据的空间分布并加以可视化，检测社会现象、经济现象的空间集聚及展示数据的空间结构，揭示现象之间的空间相互作用机制。ESDA 本质是“数据驱动”，除了传统的直方图、散点图、频率分布表、概括性统计量，还包括全局空间自相关统计量（Global Moran's，Global Geary's C）、局部空间自相关统计量（Local Moran's I，Local Geary's C）及 Moran 散点图、散点地图等方法。

ESDA 的核心在于度量事物或现象之间的空间关联程度，具体分为全局和局部两种。其中，全局空间关联分析是通过全局空间自相关统计量的估计，表明事物或现象总体在空间上的平均关联程度。而局部空间关联分析则利用局部空间自相关统计量，进一步揭示事物或现象在局部空间位置上的关联程度及其分布格局。

（1）全局空间自相关：Global Moran's I。全局空间自相关分析用来衡量区域之间整体上的空间关联与空间差异程度。Global Moran's I 统计量是常用的全局空间自相关度量指标，用向量形式表示如下（Cliff and Ord，1981）：

$$I=\frac{n}{S_0}\cdot\frac{z'Wz}{z'z} \tag{5-1}$$

其中，z 是观测值与均值的离差向量，W 是标准化的空间权重矩阵，$S_0=\sum\sum w_{ij}$，对应于所有权重的和，n 为地区总数，此处为 31 个省。空间权重矩阵的构造有很多方法，本书在分析省域服务业税负水平差异时采用了基于共同边界的一阶 ROOK 权重矩阵（也就是一般权值矩阵），即：区域 i 与 j 相邻，则$w_{ij}=1$，否则$w_{ij}=0$；区域 i 与其自身不属于邻居关系，即$w_{ij}=0$。

Moran's I 指数的变动范围从 -1 至 1，I 为负表明负的空间相关性，表示不同的属性值倾向于聚集在一起；I 为正表明正的空间相关性，表示在地理分布中相似的属性值倾向于聚集在一起。具体到服务业税负空间依赖性问题上，当服务业税负（如实际税负、地税税负和企业所得税税负）的数据在空间区位上相似的同时也有相似的属性值时，空间模式整体上就显示出正的空间相关性；而当在空间上邻接的目标区域数据不同寻常地具有不相似的属性值时，就呈现为负的空间相关性；零空间自相关性出现在属性值的分布与区位数据的分布相互独立时。

在 Moran's I 指数的显著性检验中，此处采用标准化的 Z 统计量来推断。

$$Z=\frac{I-E(I)}{SD(I)} \tag{5-2}$$

其中，E（I）是理论上的均值，SD（I）是理论上的标准方差。在给定置信水平时，若 Moran's I 显著为正，则表示服务业税负水平较高的区域在空间上集聚，或表示服务业税负较低的区域在空间上集聚，值越趋近于 1，服务业税负的总体空间差异越小。反之，若 Moran's I 显著为负，则表明区域与其周边地区的税负水平具有显著的差异，值越趋近于 -1，服务业税负的总体空间差异越大。当且仅当 Moran's I 接近期望值 -1/（n-1）时，观测值之间才相互独立，服从于空间随机分布。

Global Moran's I 统计量只说明服务业税负水平在空间上的平均差异程度，并不能反映各省服务业税负水平的局部空间差异。为了全面分析服务业税负的局部空间差异，可以采用局部空间自相关度量方法。

（2）局部空间自相关分析。此处采用 Anselin（1996）的 Local Moran's I 统

计量来分析每个区域与周边地区之间的服务业税负的空间差异程度。

Local Moran's I_i统计量可以度量区域 i 与其周围地区服务业税负在空间上的差异程度及其显著性。它是全局空间自相关统计量 Global Moran's I 的分解。对第 i 个区域而言，其形式为：

$$I_i = z_i \sum_j w_{ij} z_j \tag{5-3}$$

其中，z_i和z_j是标准化的观测值，w_{ij}是空间权重。

在给定的置信水平下，若I_i显著>0 且$z_i>0$，则区域 i 位于 HH（高—高）象限；若 I_i显著>0 且$z_i<0$，则区域 i 位于 LL（低—低）象限；若I_i显著<0 且$z_i>0$,则区域 i 位于 HL（高—低）象限；若I_i显著<0 且$z_i<0$，则区域 i 位于 LH（低—高）象限。四个象限的含义与 Moran 散点图中象限的解释相同。

2. 服务业税负的总体空间相互作用

总体上看，除个别年份外，我国省际服务业的实际税负和地税税负 Moran's I 指数为正，但大多数年份并不显著①，表明省际在服务业实际税负和服务业地税税负上均呈微弱的空间正相关，也就是说，税率水平相近的地区聚集在一起，呈现出微弱的税收竞争形态。从趋势上看，2003～2008 年的 6 年间我国省际服务业实际税率和地税税率的空间自相关性略有下降，说明各省服务业税率之间的空间正相关性有所减弱，但地税税率显示出的空间正相关性比实际税率要更强，且相对比较稳定（见图 5-14）。

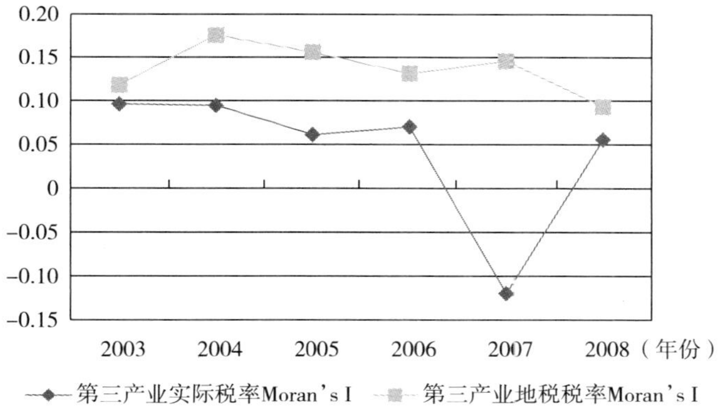

图 5-14 服务业实际税率和地税税率全局 Moran's I 的变动情况

① 2004 年各省之间服务业地税税率呈显著的空间正相关。

具体到各服务行业，无论从实际税率还是地税税率来看，各省交通运输和房地产业税率的空间正相关都非常显著，显示出各省之间在这两个服务产业的税率上存在着非常明确的税率竞争行为（见表5-6、表5-7）。而虽然批发零售业、住宿餐饮业和金融业的全局Moran's I统计量并不十分显著（金融业在某些年份的Moran's I显著），但从地税税率上看，这三个行业的Moran's I均为正，显示服务业各行业在地税税率上的空间互相作用是存在的（见图5-15）。在各行业的所得税税率空间相关方面，交通运输和房地产业的Moran's I依旧为正且非常显著，金融业和批发零售业的Moran's I统计量有正有负，显示所得税税收竞争行为在这两个行业上并不明确（见图5-16）。从趋势上看，6年间各服务行业税率Moran's I的值稳中略有走低，显示各省之间税率的总体空间差异随时间而逐步扩大①。

表5-6　2006年中国省际服务业及各代表产业服务业实际税率的全局Moran's I估计值

	第三产业	交通运输	批发零售	住宿餐饮	金融业	房地产
Moran's I	0.069984	0.057714	-0.015146	0.097762	-0.024822	0.197356
Expected	-0.033333	-0.033333	-0.033333	-0.033333	-0.033333	-0.033333
Variance	0.00922	0.005698	0.010426	0.010325	0.002376	0.011139
Z score	1.075996	1.206185	0.178113	1.290163	0.174598	2.185742
p-value	0.281929	0.227746	0.858635	0.196994	0.861396	0.028834

注：信息传输与租赁和商务服务业实际税负因数据有缺失结果不可靠，此处略去。

表5-7　2006年中国省际服务业及各代表产业服务业地税税率的全局Moran's I估计值

	第三产业	交通运输	批发零售	住宿餐饮	金融业	房地产
Moran's I	0.131322	0.043753	0.075901	0.096959	0.16208	0.171417
Expected	-0.033333	-0.034483	-0.033333	-0.034483	-0.033333	-0.034483
Variance	0.010333	0.012013	0.010588	0.011581	0.01057	0.012383
Z score	1.619829	0.71379	1.061592	1.221399	1.900747	1.85028
p-value	0.105269	0.475357	0.288421	0.221935	0.057335	0.064273

注：信息传输与租赁和商务服务业地税税负因数据有缺失结果不可靠，此处略去。交通运输、住宿餐饮和房地产服务业地税税率Moran's I计算不包括西藏自治区。

① 这里的差异与GINI系数反映出的有所区别。GINI系数仅仅反映税收水平的数量差异，与区域的地理位置无关。

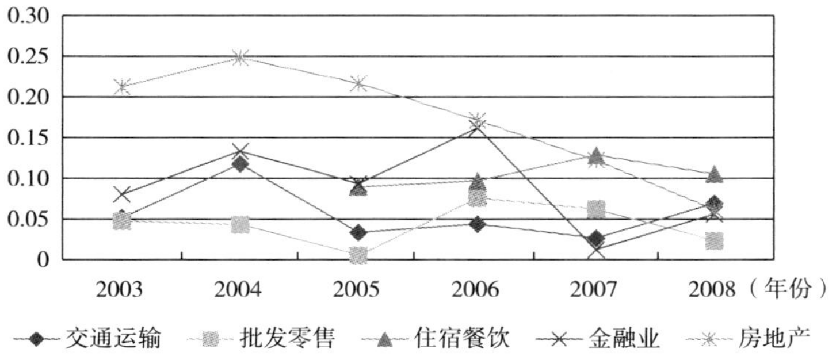

图 5－15　各服务行业地税税率全局 Moran's I 的变动情况

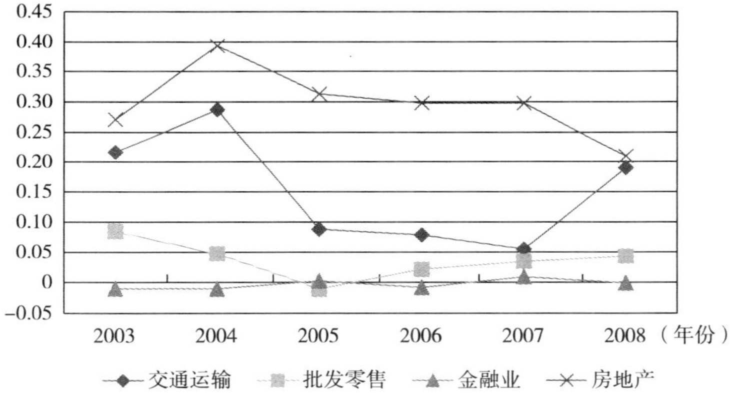

图 5－16　各服务行业企业所得税率全局 Moran's I 的变动情况

注：交通运输业和房地产业的 Moran's I 非常显著，批发零售和金融业的 Moran's I 不显著。

3. 服务业固定资产投资①的总体空间相互作用

较之服务业税率，各省在服务业投资上的空间相关更加明显。表 5－8 显示，2008 年各省服务业固定资产投资的 Moran's I 为正且显著，表明各省服务业投资呈显著空间正相关，服务业投资额在空间上存在高值与高值集聚、低值与低值集聚的现象，空间互动与支出竞争非常明显。具体到相关行业，各省交通运输、批

① 此处固定资产投资用的是城镇固定资产投资指标，指的是城镇各种登记注册类型的企业、事业、行政单位及个体户进行的计划总投资（或实际需要总投资）50 万元及以上的建设项目投资和房地产开发投资。县城及以上区域内发生的投资，县及县以上各级政府及主管部门直接领导、管理的建设项目和企业事业单位的投资均为城镇固定资产投资。

发零售、住宿餐饮、房地产、租赁和商务服务业投资的 Moran's I 统计量都为正且显著，其中批发零售和住宿餐饮的 Moran's I 非常显著，表明各省之间绝大多数服务行业投资存在着空间正相关，也就是空间上的投入竞争关系。信息传输、金融和科研技术服务业虽然空间互动关系并不显著，但仍然存在微弱的正向空间自相关。

表 5-8　2008 年中国省际服务业及各代表产业服务业固定资产投资的全局 Moran's I 估计值

	服务业	交通运输	信息传输	批发零售	住宿餐饮	金融	房地产	租赁	科研
Moran's I	0.1990	0.2460	0.0933	0.3801	0.3784	0.1477	0.2344	0.2129	0.1276
Expected	-0.0333	-0.0333	-0.0333	-0.0333	-0.0333	-0.0333	-0.0333	-0.0333	-0.0333
Variance	0.0120	0.0119	0.0100	0.0108	0.0118	0.0098	0.0117	0.0115	0.0114
Z score	2.1187	2.5564	1.2619	3.9704	3.7764	1.8265	2.4756	2.2881	1.5055
p-value	0.0341	0.0105	0.2069	0.0000	0.0001	0.0677	0.0133	0.0221	0.1321

4. 服务业税负的局部空间集聚态势：典型行业分析

在 1% 的显著性水平下，2000 年交通运输业企业所得税局部空间自相关显著的省份是北京，且处于 LH（低—高）象限中，也就是说低税率水平的区域被高税率水平的其他区域所包围，意味着该区域税率水平较低，并且区域税率的空间差异程度较大；到了 2008 年，交通运输企业所得税局部空间自相关非常显著的有北京和天津，且处于 HH（高—高）象限，说明该区域税率水平被高税率水平的其他区域所包围，也就是说，该区域税率水平较高，并且区域税率的空间差异程度较小，税率竞争在该区域较显著，而且是向上竞争（见图 5-17）。

在 1% 的显著性水平下，2000 年房地产企业所得税局部空间自相关显著的地区是上海，且处于 HH（高—高）象限中，也就是说高税率水平的区域被高税率水平的其他区域所包围；到了 2008 年，房地产企业所得税局部空间自相关非常显著的有北京和上海，且处于 HH（高—高）象限，说明该区域税率水平被高税率水平的其他区域所包围，也就是说，该区域税率水平较高，并且区域税率的空间差异程度较小，税率竞争在该区域较显著，而且是向上竞争（见图 5-18）。

由上述研究结果可知，以交通运输业和房地产业这两个正向全局自相关非常显著的产业为例，在企业所得税税率水平上，空间正向溢出在京津地区和上海较为明显。2000~2008 年省际税率的局部空间差异发生了变化，经过九年的发展，

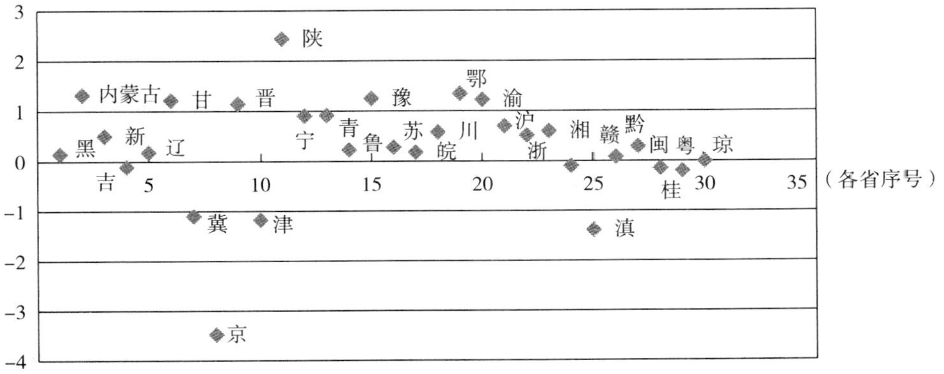

2000年

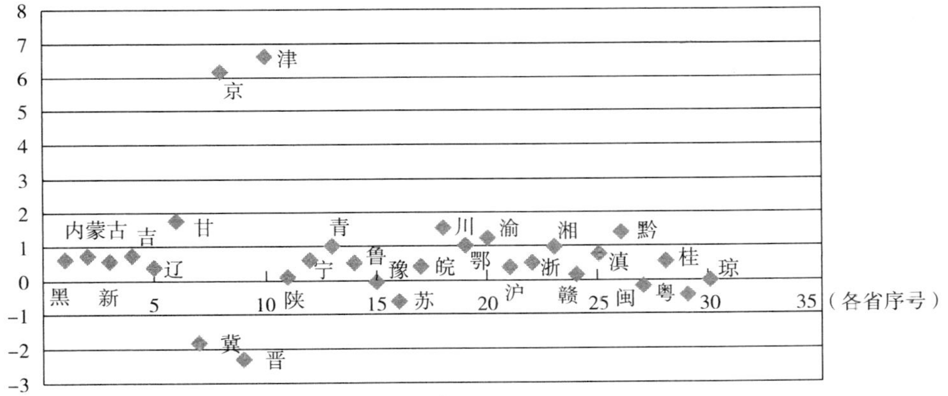

2008年

图 5－17　2000 年和 2008 年交通运输服务业企业所得税率局部 Moran's I 散点图对比

分布在 HH 象限的省份有所增加，有的省份从 LH 象限变到了 HH 象限。研究表明，越来越多的地方开始位于高税率的集聚中，越来越少的政府位于低值集聚中。这一方面反映了所得税总部缴纳政策对地区税率空间分布的影响；另一方面也反映出我国税率高值集聚的趋势近十年中在京津冀地区和长三角地区有所强化，局部空间自相关值不显著的省市正在不断地减少，税率水平在空间上的极化效应有所增强。这与 Yao 和 Zhang（2008）对我国县级政府宏观税负的研究是一致的。这就是说，在服务业的税率竞争上，越来越少的地方政府选择了“向下竞争”，而越来越多的地方政府正在选择“向上竞争”。

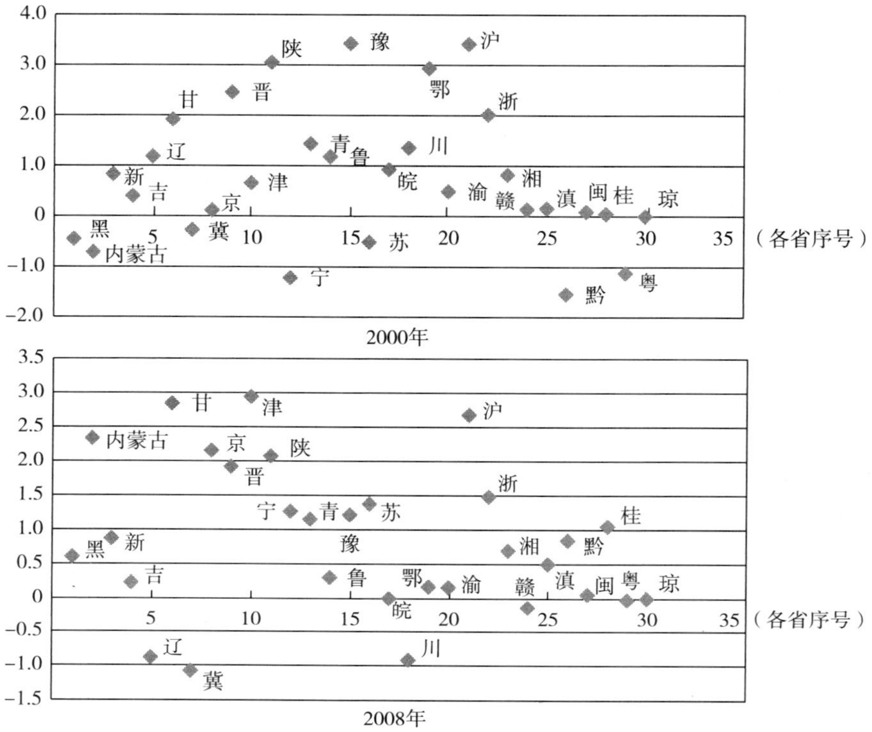

图 5－18　2000 年和 2008 年房地产业企业所得税率局部 Moran's I 散点图对比

四、服务业领域地方政府税收竞争的表现：来自政策梳理的证据

服务业集聚的形成，依赖市场和政府这两个主体、两种力量的博弈，在我国更是如此。市场力作为一种集聚力，提升了比较优势、产业联系和集聚经济对服务业区位的引导作用，使服务业有可能聚集在具有显著比较优势、能够有效利用地区规模经济的区位；而政府则在此基础上，通过制度内外及变相税收竞争等方式对企业的区位选择造成影响，在小区域内表现为一种集聚力，使部分地区获得

先发优势形成集聚；但如果此种税收竞争建立在多数地方相互模仿的基础上，从全国范围来看，则可能更多地充当了服务业地方化和服务业集聚的分散力。我国服务业的地理格局正是在这样一种市场力和政府力的交融和互动之下逐渐形成的。

“十一五”以来，国务院相继印发了《关于加快发展服务业的若干意见》（国发〔2007〕7号）、《关于加快发展服务业若干政策措施的实施意见》（国办发〔2008〕11号），明确了服务业发展的方向、目标、主要任务和政策措施，并制定出台了指导和推进物流业、旅游业、文化产业、体育产业、服务外包、社区服务、家庭服务等服务业加快发展的一系列政策措施。截止到2010年底，全国共有19个省（区、市）和4个计划单列市政府制定了“十一五”服务业发展规划，25个省（区、市）和3个计划单列市党委或政府制定印发了加快发展服务业的政策文件；特别地，为促进服务业集聚发展，上海、江苏、浙江、山东、河南、湖北等地和广州、杭州等城市制定了相关政策措施。由此，地方政府在推进服务业集聚发展上的热情可见一斑。然而，对于我国这样一个税权高度集中的国家，是否存在真正意义上的税收竞争，学术界历来争论很多。前面我们运月GINI系数和Moran's I等定量指标证实了我国服务业领域地方政府税收的演变趋势和空间关联，从而在数据上证明了地方政府税收竞争的存在。这部分我们将尝试通过对代表性政策的梳理，探讨我国服务业领域的地方税收竞争到底有哪些具体表现。

（一）地方政府税收的制度内竞争：来源和表现形式

虽然我国一直以来税权都是高度集中的，而且实行的是单一制，但税收管理权限一定程度的下放，加上地方政府自主的经济利益，使我国从来不缺乏制度内横向税收竞争存在的土壤。在《国家税务总局关于清理检查企业所得税优惠政策及执行情况的通知》（国税发〔2002〕127号）、《国家税务总局关于清理检查开发区税收优惠政策问题的通知》（国税发〔2004〕9号）等文件出台之后，越权制定和违规执行税收优惠政策的行为得到了有效的遏制，尽管地方政府存在强烈的横向税收竞争动机，但多数情况下还是只能从事有限的、制度内的税收竞争，也就是基于中央政府区域差别性税收优惠政策和产业导向性税收优惠政策，以及利用税法赋予的税收权限而进行的制度框架内税收竞争。我国主要实行了四大方面的税收优惠政策，即鼓励吸引外资和先进技术类税收优惠政策、鼓励向特定地区投资的税收优惠政策、产业导向性税收优惠政策和西部地区投资优惠政策，这四个方面的税收优惠政策都不同程度上影响了地方政府之间在服务领域的税收竞争格局。

第一类制度内税收竞争具体表现为由于国家制定的区域性税收优惠政策或者试点政策而引发的区域间税收竞争，也就是某些研究中所提到的经济发展型税收激励竞争。在这类税收竞争中，某些区域利用国家赋予的税收优惠政策吸引了大量的服务业资本、企业及高新技术人才，为服务业的快速集聚创造了有利条件，处于明显的竞争优势；而相比之下，其他一些没有享受到这类税收优惠政策的地区就明显处于竞争劣势。姑且不论国家一直给予重点支持的上海浦东开发区、天津滨海新区等，近年来国家层面一系列主体功能区规划的出台，也使此类税收竞争的激烈程度日益加剧。虽然说这类税收竞争必须得到中央政府的授权，但仔细对比国家批复的各种主体功能区规划就可以看出，中央政府对这些区域赋予的税收优惠政策在力度上存在着明显差别。

以 2008 年国家批复的《广西北部湾经济区发展规划》为例，涉及服务业税率优惠的内容包括：从 2009 年 1 月 1 日（税款所属期）起，南宁市范围内从事交通运输业、商业的个体工商业户生产经营所得个人所得税核定征收率分别从原来的 1.5%、2%、1.6% 下调为 1%；对房地产开发企业开发的经济适用住房，暂不预征土地增值税；对房地产开发企业开发的普通住宅，预征土地增值税的预征率由 2% 下调为 0.5%；对房地产开发企业开发的非普通住宅，预征土地增值税的预征率由 3% 下调为 1.5%；北部湾经济区内物流业、金融业、信息服务业、会展业、旅游业、文化业、广播电视、新闻出版、体育、卫生等服务企业，免征自用土地的城镇土地使用税和自用房产的房产税或城市房地产税；北部湾经济区内享受国家西部大开发 15% 税率及“两免三减半”中减半征收期税收优惠政策的企业，除国家限制和禁止的企业外，免征属于地方部分的企业所得税；北部湾经济区内经批准实行减按 15% 税率征收企业所得税的高新技术企业，享受国家减半征收税收优惠政策的软件及集成电路生产企业，其减半征收部分均免征属于地方分享部分的企业所得税等。凡此种种，都是其他地方甚至其他许多已经列入主体功能区规划的省市所无法享受的，而近几年来，越来越多的地方政府急于将自己的区域规划列入国家战略，也是区域间税收竞争的极端表现之一。

此外，由于国家试点政策而引起的税率差别也是地方税收竞争的表现之一，这也就为 2010 年国家服务业综合改革试点方案推出后，各地积极争当试点的行为提供了合理解释。比如2006年底，苏州工业园区成为全国首个“技术先进型服务企业支持政策试点区”后，享受了区内技术先进型服务企业15%的企业所得税、离岸外包企业所得税全免的优惠，企业实际发生的合理工资支出可以在企业所得税税前扣除；另外，还可以享受免征营业税等其他相关优惠政策。2008年，国家将苏州工业园区技术先进型服务企业有关税收试点政策扩大到国家认定的服务外包基地城市和示范园区。截止到2008年，国家认定的服务外包基地城市已从最初的4个迅速增加到12个，已经超过了2006年商务部“十百千工程”出台之初提及的3~5年内建设10个中国承接离岸服务外包业务基地的目标。地方政府争当试点城市的努力，也可以视作为争取制度内合理税收优惠而进行的税收竞争。

第二类制度内税收竞争具体表现为各地根据自身情况，在国家税法规定的地方税权范围内，为招商引资、加快服务业发展而制定的差别化税收政策。这种税收竞争是根据税法中赋予地方的几种税收权限制定的，数量和种类有限，主要包括差别税率（额）、减免税（如减免房产税、城镇土地使用税等）、不同的起征点、个别税种是否开征、差别税目、不同的纳税期限等。由于营业税是服务业的最主要税种之一，此处以分税制改革以来地方政府营业税起征点的变迁为例，说明第二类制度内税收竞争的具体表现。

《中华人民共和国营业税暂行条例实施细则》第二十三条规定的营业税起征点幅度如下：按期纳税的，为月营业额1000~5000元；按次纳税的，为每次（日）营业额100元。省、自治区、直辖市财政厅（局）、税务局应当在规定的幅度内，根据实际情况确定本地区适用的起征点。由于起征点制定的权利适当下放，各地方政府为提高本地对服务业流动资本的吸引力，相继数次提高了营业税起征点（具体情况见表5-9）。在本书的重点研究时段2000~2008年，地方在营业税起征点上的竞争大致可以分为三个阶段：2003年之前，各地的营业税起征点多在300~1000元，差别并不十分明显。2003年起，也就是自《财政部、国家税务总局关于下岗失业人员再就业有关税收政策问题的通知》（财税〔2002〕208号）下发后，各地营业税起征点出现巨大分异，以北京、上海、江苏为代表的东部发达地区利用政策有利条件将起征点迅速调整至国家规定额的上限，从而奠定了服务业发展和集聚的先发优势；浙江、安徽、深圳、陕西等省则将起征点调至2000~4000元，河南、四川、海南、云南也调整至1200~1500元，其他地方大多还在执行1994年分税制时的起征点；在2005年前后，又有一些地区如天津、重庆、甘肃、江西等将起征点调至2000~3000元；在2008年前后，各地迎来了起征点提高至3000元左右的又一次高峰，到了2010年，除了广西、云南、青海等地，全国绝大部分的起征点都已经达到了5000元，更有甚者，吉林省长春市已经突破了上限，达到了10000元的水平，辽宁、山东青岛、甘肃等地按次纳税的起征点也已经突破了国家设定的上限，达到200元。综合上述变化过程，可以发现以下规律：各地在营业税起征点上的税收竞争非常明显，竞争不仅体现在按期征税的起征点上，也体现在按次纳税的起征额上；在税率水平上具有从分异走向同化的倾向，这与我们在本章前半部分描述的趋势是一致的；各省税收行为在空间上存在较强的相互影响，具有策略性税收竞争的趋向。

表5－9　分税制改革以来地方政府营业税起征点的调整过程

地区	调整后起征点[a]（元）	调整前起征点（元）	政策执行起始（年）	政策名称
北京	5000（100）[b]	800（50）	2003	京财税〔2003〕173号文
天津	3000		2005	津地税流〔2004〕24号
河北	5000 3000（100）	3000（100） 1000	2009 2008	冀地税发〔2009〕13号 冀地税发〔2007〕94号
山西[c]	5000	1000		
内蒙古	5000	3500	2009	
辽宁	5000（200）	2000	2009	辽地税发〔2008〕129号
吉林	10000[d] 5000[e]	5000 3000	2008	吉地税发〔2008〕17号
黑龙江	5000[f]	1500	2008	
上海	5000（100）		2003	沪国税流〔2003〕18号
江苏	5000[g]		2003	苏地税发〔2003〕225号
浙江	4000[h] 2000（100） 400（50）	2000（100） 400（50）	2003 2003 1994	浙地税函〔2003〕202号 浙地税发〔2003〕42号 浙税一〔1994〕15号
安徽	5000（100） 2500（100）	2500（100）	2003	皖财税法〔2003〕197号
福建	5000（100）	县城以上月营业额1500元、乡镇以下1000元	2006	闽财税〔2005〕99号
厦门	5000（100） 2000（100）	2000（100） 600（50）	2005 2003	厦地税发〔2005〕41号 厦财税〔2003〕4号

续表

地区	调整后 起征点（元）	调整前 起征点（元）	政策执行 起始（年）	政策名称
江西	5000[i]	2000		赣地税发〔2005〕94 号
山东	5000		2006	鲁财税〔2005〕30 号
青岛	5000（200）		2009	青国税函〔2010〕110 号
河南	5000 省辖市 1500 县及农村 1000	3000 省辖市 500 县及农村 1000	2010 2003	豫财税政〔2003〕8 号
湖北	5000			鄂地税发〔2008〕282 号
湖南	5000 3000 2000	3000 2000	2008 2008 2007	
广东	5000 5000[j] （部分 3500、2000） 2000	3500[k] 2000	2008 2005 2003	粤地税〔2007〕222 号
深圳	5000（100） 2000（100）	2000	2007 2003	深地税发〔2006〕701 号 深地税发〔2003〕330 号
广西	3000（100）		2009	桂财税〔2008〕95 号
海南	5000 4000 3000 1200	4000 3000 1200 800	2010 2009 2007 2003	
重庆	5000 2000（100）	2000	2008 2006	渝地税发〔2006〕75 号
四川	5000（100） 1500（100） 400（50）	1500（100） 400（50）	2009 2003 1994	
贵州	5000（100）	3000	2010	贵州省地方税务局 公告 2010 年第 1 号
云南	3000 1200 300	1200 300	2009 2003 1994	云政发〔2009〕1 号
陕西	5000 3000[l]	3000	2007 2003	

续表

地区	调整后起征点（元）	调整前起征点（元）	政策执行起始（年）	政策名称
甘肃	3000（200）[m] 1000	1000	2006 2003	甘地税一〔2003〕9号
青海	4000	3000	2009	
宁夏	5000	3000	2008	
新疆	5000 3000	3000 1000	2010 2007	

注：a表示的是按期征纳营业税的起征点。b表示括号里每次（日）营业额的纳税起征点。c表示现代物流、交通运输、科技、信息产业、服务贸易、会展、中介、旅游、商贸流通、餐饮、酒店住宿、房地产、文化产业、体育健身产业、社区、市政与公共、农村服务业等18个领域将享受扶持政策。d表示主要针对长春市按期纳税的个体。同时，长春市地税局还将提高个体工商户个人所得税核定征收起点，按行业分别由8000元、10000元、12000元提高到10000元、12000元和15000元，在起征点以下均可享受免征个人所得税优惠。其中对交通运输、邮政、钻井、教育、文化体育、娱乐等行业月收入10000元以下的个体工商户、个人独资及合伙企业不征收个税；对批发、批零兼营、租赁业行业月收入12000元以下的个体工商户、个人独资及合伙企业不征收个税；对小型零售业、小型服务业及技术咨询服务、小型加工修理修配业、小型医疗服务业及社会福利业、在各类集贸市场内租赁柜台等行业月收入15000元以下的个体工商户、个人独资及合伙企业不征收个税。此外，对营业收入5000万元以上的大型服务企业和注册资本或营运资金5亿元以上的企业总部或地区总部，可按照税收管理权限报经批准后，定期给予减免城镇土地使用税、房产税的照顾。e表示长春市城区按期纳税的（交通运输、广告、房屋租赁、典当、按摩、网吧和氧吧行业除外），外县市起征点仍为月营业额3000元；后又从2008年9月1日起统一调至5000元。f表示黑龙江对企业从事农牧渔服务业项目的所得和从事环境保护、节能节水项目的所得免征或减征企业所得税；拥有核心自主知识产权的高新技术服务企业按15%的税率征收企业所得税；大型商贸连锁企业在乡镇设立连锁店，到郊县新建配送中心，由所在地政府给予一定补贴等。g表示南京、苏州等地选择起征点为5000元，盐城、连云港、宿迁等地选择起征点为1000元，其余地区在1200～3000元。h表示根据《浙江省地方税务局关于提高营业税起征点问题的批复》，温州市市区营业税起征点提高至月营业额4000元。浙地税函〔2004〕178号显示绍兴市区及上虞市、诸暨市、绍兴县从2004年5月1日起，提高按期纳税的营业税起征点至3000元。i表示在县城、镇和农村经营的营业税纳税人的个人，按期纳税的营业税的起征点由月营业额1500元和1000元统一调整到3000元。j表示广州、珠海、东莞、中山、佛山2005年起征点调整为5000元。k表示韶关、汕头、湛江、茂名、肇庆、梅州、汕尾、河源、阳江、清远、潮州、揭阳、云浮原来的起征点是2000元。l表示铜川、宝鸡、咸阳、渭南、延安、榆林、安康、商洛8个市和杨凌示范区为月营业额1000元；汉中市为月营业额1500元；西安市城六区月营业额3000元，其他县区月营业额2000元。m表示销售应税劳务月销售额3000元，销售货物月销售额为5000元。甘南州、临夏州、天祝县、肃南县、肃北县5个州县，个人经营者按期交纳营业税起征点由现行的月营业额1000元调整为5000元。

资料来源：笔者根据相关文件资料整理。

营业税起征点上的地方政府税收竞争并不是特例，地方政府在国家税法规定的地方税权范围内，为招商引资制定差别税收政策从而引发税收竞争的例子还有不少。比如，近些年许多城市如北京、上海、天津、杭州等都先后出台地方政策法规，支持总部经济的发展。作为一种导致税收和税源相背离的经济形式，总部经济本身就是一种形式的地方政府税收竞争；而地方政府在鼓励总部经济发展上的热情，恰恰就是横向税收竞争激烈程度的最好体现。北京在1999年制定的《关于鼓励跨国公司在京设立地区总部若干规定》中，对跨国公司总部免征地方所得税；苏州2003年《关于鼓励外国跨国公司在苏州工业园区设立地区总部的若干意见》中规定，对在外国跨国公司园区地区总部的工作人员，在2007年前，如在园区范围内购房，其个人购房款可在其向园区主管税务机关缴纳的个人所得税的税基中抵扣；天津2006年制定的《天津市促进企业总部和金融业发展的优惠政策》中对不超过总部职工工资总额15%比例缴存的住房公积金免征个人所得税等。

（二）地方政府的变相税收竞争：来源和表现形式

随着国家对制度外税收优惠集中清理力度的不断加强，我国地方政府在服务业领域的税收竞争无论是在内容还是形式上都在发生着变化。比如，大肆违规建立开发区作为变相税收竞争的一个重要形式，之前较多涉及制造业投资，而近年来则不断向服务业投资领域渗透，不但优惠力度越来越大，竞争主体也从国家级开发区不断下移至省级甚至市、县级开发区[①]。许多制度外税收优惠更是摇身一变，在加入“凡国家税法规定以外的免税和减税项目，一律先由税务部门依法征收，然后由政府全额予以奖励”这条新规之后，重新出台。某东部地级市《经济技术开发区投资优惠政策》至今仍然规定：外商投资企业从受让土地之日起，土地使用税免征五年，高新技术企业和出口创汇企业土地使用税可免征十年，免征期满后，经批准，可再按减半征收五年；经营期十年以上的，从获利年度起第一年和第二年免征企业所得税，第三年到第五年减半征收企业所得税；对在开发区从事技术开发、技术转让、技术咨询、技术服务的社会中介组织，从开办年度起，给予免征营业税两年，从获利年度起，给予免征所得税两年；拥有的自用房产，自购置或建成之次月免征房产税五年。可见，最近几年，我国服务领域制度外税收竞争在变换形式之后，仍然非常激烈。

除了以上列出的税收优惠政策之外，地方政府税收竞争还会以减免费[②]竞

① 国土资源部规划司司长潘文灿透露，截止到2004年3月，中国已经撤销各类开发区4700多个，还有各类开发区6015个。尽管中国已经撤销了很多开发区，但清理的土地面积不大。

② 减费竞争只能算是财政竞争的一种，最多只能算是变相的税收竞争。

争、低价或无偿出让土地竞争、先征后返[1]竞争、“藏富于企业”[2] 竞争等方式表现出来（葛夕良，2005），此外，特定公共服务支出、综合配套措施、经贸权甚至落户政策等也是常用的竞争手段，这些我们统称为变相的税收竞争。特别地，地方政府在吸引服务业投资上的财政返还竞争已经非常激烈，各地纷纷把从分税制财政体制中获得的税收收入以财政奖励或补贴的名义返还给投资者，不但在空间上的攀比日益严重，税收竞争的对象也不断扩大。这种财政支出竞争，效果等同于减免税，实质上仍然是税收竞争。近年来，各地竞相出台返还政策，已然导致了服务业税收竞争领域财政奖励和财政补贴的泛滥。比如，苏州市人民政府《关于加快总部经济发展的若干意见实施细则》（苏府办〔2010〕324 号）中规定：“2010 年 5 月 1 日以后在我市注册设立、经认定为总部企业的，分 A、B、C 三类，按到账注册资金分别给予 3%、2%、1% 的一次性开办补助，补助金额最高不超过 6000 万元；新设立总部企业本部租用自用办公用房，按租金市场指导价的 40% 一次性给予 12 个月的租金补助；新设立总部企业本部新建或购置自用办公房产，自新建成或购置之月起 3 年内按该房产实际入库的房产税地方分成部分的 40% 给予补助；经认定的新设立总部企业，自认定当年起，按在本地缴纳的增值税、营业税和企业所得税苏州地方留成部分，前 3 年给予 100% 奖励，后 3 年给予 50% 奖励；经认定的本地现有总部企业，上一年度对本地的税收贡献额 1000 万元以上且年环比新增 500 万元以上的，按照该增量苏州地方留成的 30% 给予奖励，奖励金额最高 500 万元。”而邻近的昆山经济开发区、浙江萧山区和余杭区为了增强竞争力，也出台了与此相似、力度也很强的总部经济财政资助实施细则。

表 5－10 是天津滨海新区对现代服务业的优惠政策说明，可以让我们对我国地方政府在服务业领域变相税收竞争的模式和力度有一个直观的认识。除了税收优惠、运营扶持、购房扶持之外，综合配套措施、增加特定方向的公共支出（如为服务业集聚区建设公共技术平台、进行人才培训等）也是常用的形式，这也构成了服务业领域税率“向上竞争”的微观基础。而在这些名目繁多的优惠政策背后，还隐藏着一个最重要的生产要素——土地的竞争。不管是向更高管理部门申报服务业集聚区，还是以规划的形式将服务业集聚区设定下来，获得更高一级政府服务业发展引导资金专项支持和本地引导资金配套的资助并不是终极目的，

---

① 指先依法对纳税人征税，然后再通过财政返还的形式让利给纳税人。

② 指明里没有任何红头文件规定减免税，但只要完成税收计划任务，便暗里少收税收。

更重要的是通过土地利用年度计划指标向本地区的倾斜，获得难得的服务业发展空间。调研中发现，有的东部开发区甚至通过无偿出让园区土地、允许入住知名企业对自建办公用房获得全部甚至部分产权的形式吸引投资，而这样的竞争形式虽然隐蔽，让渡的经济利益却有可能是巨大的。特别地，不少园区鼓励发展现代服务业和服务业集聚区的文件中都有“一事一议”这类字眼，这使我们对地方政府在服务业领域的变相税收竞争也许只能窥见冰山一角。

表5－10　现代服务业企业优惠政策简明表

行业	企业/机构类型	税收优惠	运营扶持	购/租房扶持	其他
总部经济	内资企业总部、跨国公司地区总部	所得税、营业税两免三减半	按注册资金，最高2000万元。增资最高扶持1000万元	购房：1000元/平方米，最高1000万元 租房：三年最高30元/平方米/月，不超过3000平方米	购房免契税 免三年房产税
	管理型营运中心		200万元	购房：1000元/平方米 租房：三年最高30元/平方米/月，不超过1000平方米	
	销售/采购中心	所得税、增值税两免三减半	200万元	购房：1000元/平方米 租房：三年最高30元/平方米/月，不超过500平方米	
	商业连锁中心		100万元		
金融业	金融企业	所得税、营业税两免三减半	按注册资金，最高1500万元	购房：1000元/平方米，最高1000万元 租房：三年最高30元/平方米/月，不超过3000平方米	购房免契税 免三年房产税
	金融企业总部核心业务部		全国性规模：500万元；区域性规模：200万元		购房免契税 免三年房产税
	一级分行	所得税、营业税两免三减半	200万元		
专业服务业	知名事务所、咨询公司、人才中介或年纳税100万元以上的企业	所得税、营业税两免三减半		购房：1000元/平方米，最高1000万元 租房：三年最高10元/平方米/月，不超过1000平方米	
	年纳税50万元以上的企业[a]	所得税、营业税五年50%			

续表

行业	企业/机构类型	税收优惠	运营扶持	购/租房扶持	其他
物流业	注册资本1亿元以上的大型分拨、配送、采购类物流企业	所得税、营业税两免三减半			
	年营业额5000万元以上或年纳税额200万元以上的大型分拨/配送/采购类物流企业、专业物流服务类企业和专业运输企业	所得税、营业税五年50%			注册资本1亿元以上的运输企业给予20%贷款利息补贴，最高100万元
要素市场	要素市场主体企业	所得税、营业税两免三减半		购房：1000元/平方米租房：三年最高20元/平方米/月，不超过1000平方米	
	年纳税30万元以上的要素市场内企业	所得税、增值税五年50%			
贸易业	大型贸易企业	所得税、增值税五年50%			对内资贸易企业的信用保险的保费给予10%～20%的扶持
文化会展业	文化企业、专业会展公司和专业会展服务公司	所得税、营业税五年100%			
	展会主办单位			给予两届800元/展期/展位的扶持，每届最高80万元	

注：a表示对年纳税额30万元以上的律师事务所上缴的综合税给予五年50%的扶持。

五、本章小结

批发和零售业、金融业、房地产业是服务业税收的主要来源行业。从服务业现行税制和税收总量来看，营业税和企业所得税是涉及服务行业层面最广、对服务业发展影响最大的两个税种。从主要缴纳税种来看，可以把各服务业具体分为四类：第一类，以缴纳营业税为主、所得税为辅，主要包括交通运输、仓储和邮政业，房地产业，租赁和商务服务业，住宿和餐饮业、文化体育和娱乐业；第二类，以缴纳企业所得税为主、营业税为辅，典型的如信息传输、计算机服务和软件业，金融业等；第三类，以缴纳增值税为主，代表性行业如批发和零售业；第四类，以缴纳个人所得税和其他各税为主，主要包括教育、卫生社会保险和社会福利业、公共管理和社会组织等公共服务行业。而由于增值税和所得税是共享税、营业税是地方税，从征收主体上看，交通运输、仓储和邮政业，房地产业，租赁和商务服务业，住宿和餐饮业，文化体育和娱乐业等行业的税收主要由地方税务局征收，而批发零售业、金融业、公共管理和社会组织等行业的税收则主要由国家税务局征收。

一般认为，地方政府间财政竞争包括两个方面：一是围绕财政收入的竞争，即税收竞争；二是围绕政府提供各种公共产品的竞争，即公共支出竞争（Wildasin，1988）。由于现实经济中政府主要是通过税收手段为公共支出进行筹资，因而这两种性质不同的竞争方式最终都会在地区间的税负水平中得到反映（沈坤荣和付文林，2006）。关于政府税收竞争的理论研究取得了非常丰硕的成果（Wilson，1999），许多文献都试图解释政府间税收竞争的起因及其结果，经典的模型有资本竞争模型和标尺竞争模型。而且，随着理论研究的不断深入，越来越多的学者也试图证实政府间水平竞争及模仿行为的存在，早期大部分研究都是来自美国的实例，后来又涌现出少量基于欧洲数据的实证研究，绝大多数研究都找到了地方政府间存在税收政策空间相关性和策略反应的经验证据。虽然对于国家或地区之间税收竞争的实证研究已有不少，但基于发展中国家的实证研究却比较少，多数是因为数据的缺失（Bardhan，2002）。对于我国来说，较大的国土面积和较强的区域差异，为进行地方政府竞争实证研究提供了丰富的素材和土壤。然而，研究我国税收竞争的文章寥寥，不仅是因为地方政府在地方财政管理方面权限较低，更因为中国实行一体化的税收体制。正是由于我国的官方税率仅由中央政府决定且各地统一，政府间基于税率开展的竞争存在与否目前在学术界尚无定论。然而不少研究指出，即便在这样一种统一的税收体制下，有效税率差异依然是可能存在也是客观存在的，这种差异可能源于地方政府征税的努力（Bahl，1999），也可能来自产业结构、税收优惠执行力度等。在中央政府所批准的税收优惠政策方面，不同省区由于争取到的税收优惠幅度和范围不同，其宏观税负水平可能存在很大差异；而地方政府征税努力程度的选择也能在不同程度上影响某地的实际税负。总体来看，基于实证数据分析地方政府税收在空间上相互影响的研究较少，研究地方政府在某一产业领域的竞争行为及其表现更是比较少见。

运用基尼系数对我国服务业税收竞争演进趋势与行业差异的研究表明，2003～2008年，我国各省的服务业税负整体水平小幅上升，且各省之间服务业的税负差异有所下降。具体到各行业的税负，其变动情况主要呈现以下几个特点：批发零售、金融、房地产等服务行业的税负较高，交通运输、信息传输、住宿餐饮等服务行业的税负相对较低，大部分服务行业在2003～2008年税负水平有所上升；交通运输、批发零售、金融业的税负水平显示出了明显高于平均水平的分异程度；信息传输业的税负在各省之间差异相对较小，且低于整个服务行业的平均水平；各服务行业税负在各省间的GINI系数变化分异较大。上述结果表明，各省在服务业领域的税收竞争，远非传统税收竞争模型所显示的单纯“向下竞争”那么简单。

基于ESDA方法对各服务行业税收竞争的区域空间关联模式的分析表明，省际在服务业税负上呈现微弱的空间正相关，也就是说，税率水平相近的地区聚集在一起，呈现出微弱的税收竞争形态。具体到各服务行业，各省交通运输、仓储和邮政业，房地产业税率的空间正相关非常显著，显示出各省之间在这两个服务产业的税率上存在着非常明确的税率竞争行为；批发和零售业、住宿和餐饮业、金融业的全局Moran's I均为正，显示这三个行业在税率上的空间相互作用也是存在的。较之服务业税率，各省在服务业投资上的空间相关更加明显。研究表明，越来越多的地方开始位于高税率的集聚中，越来越少的政府位于低值集聚中，我国税率高值集聚的趋势近十年中在京津冀地区和长三角地区有所强化，局部空间自相关值不显著的省市正在不断地减少，税率水平在空间上的极化效应有所增强。这就是说，在服务业的税率竞争上，越来越少的地方政府选择了“向下竞争”，而越来越多的地方政府正在选择“向上竞争”。

服务业集聚的形成依赖市场和政府这两个主体、两种力量的博弈，我国服务业的地理格局正是在市场力和政府力的交融和互动之下逐渐形成的。通过对代表性政策的梳理发现，尽管地方政府存在强烈的横向税收竞争动机，但多数情况下只能从事有限的、制度内的税收竞争，也就是基于中央政府区域差别性税收优惠政策和产业导向性税收优惠政策，以及利用税法赋予的税收权限而进行的制度框架内税收竞争。而随着国家对制度外税收优惠集中清理力度的不断加强，我国地方政府在服务业领域的税收竞争无论是在内容还是形式上都在发生着变化，许多变相的税收竞争形式不断向服务业投资领域渗透，不但优惠力度越来越大，竞争主体也从国家级开发区不断下移至省级甚至市、县级开发区。特别地，地方政府在吸引服务业投资上的财政返还竞争已经非常激烈，不但在空间上的攀比日益严重，税收竞争的对象也不断扩大。而在这些名目繁多的优惠政策背后，还隐藏着一个最重要的生产要素——土地的竞争。不管是向更高管理部门申报服务业集聚区，还是以规划的形式将服务业集聚区设定下来，重要的是通过土地利用年度计划指标向本地区的倾斜，获得难得的服务业发展空间。目前，不少园区鼓励发展现代服务业和服务业集聚区的文件中都有“一事一议”这类字眼，这使我们对地方政府在服务业领域的变相税收竞争也许只能窥见冰山一角。

第六章　服务业集聚与地方政府税收竞争：空间关联与互动逻辑

虽然服务业集聚是要素禀赋、内外部规模经济、历史因素及制度环境共同作用的结果，但地方政府竞争维度却常常被忽略。一般而言，地方政府税收竞争会从两个方面对服务业集聚产生影响：一方面，实际税率降低会在微观层面上对企业的区位决策产生影响，增加本地的吸引力，进而影响本地产业的地理集中程度，这表现为一种拉动力，会使税率水平和服务业集聚产生负向联系；另一方面，实际税率的变动也可能影响到政府税收收入，而税收收入作为公共支出的资金来源，将引起公共产品供给水平的变化，从而在长期中影响地方对于服务业投资的吸引力，在这里税收竞争则扮演了离心力的角色，从而使税收竞争与集聚产生正向联系。所以综合来看，地方政府税收竞争对服务业集聚的影响并不是很清楚。

另外，从两者的反向关系来看，服务业集聚程度的变化也有可能对本产业的实际税负水平造成影响。比如，本地服务企业的流入可能会产生集聚租金，也有可能使采取适应性策略的地方政府产生增加公共服务的压力，从而产生提高税负水平的激励；而服务企业集聚程度的提高意味着税基的扩大，这样就增加了地方政府降低税率的自由度。基于以上分析，本章将通过对两者空间分布关联性及因果关系的实证分析，厘清地方政府税收竞争与服务业集聚之间的互动机理和逻辑关系。

一、地方政府税收竞争与服务业集聚的空间分布：基于双变量 Moran's I 的分析

为了明确地表示服务业集聚与税率水平和政府支出水平的空间分布相关性，我们使用双变量全局 Moran's I 指数的方法。

（一）研究方法：双变量全局 Moran's I

通常情况下，全局 Moran's I 指数的计算公式如下：

$$I = \frac{n\sum_{i=1}^{n}\sum_{j=1}^{n} w_{ij}(x_i - \bar{x})(x_j - \bar{x})}{\sum_{i=1}^{n}\sum_{j=1}^{n} w_{ij}\sum_{i=1}^{n}(x_i - \bar{x})^2} = \frac{\sum_{i=1}^{n}\sum_{i\neq j}^{n} w_{ij}(x_i - \bar{x})(x_j - \bar{x})}{S^2\sum_{i=1}^{n}\sum_{j=1}^{n} w_{ij}}$$

其中，n 是研究区内地区总数，w_{ij}是空间权重，这里使用的是一般空间权值矩阵，$\bar{x} = \frac{1}{n}\sum_{i=1}^{n} x_i$，也就是属性 x 的平均值；$S^2 = \frac{1}{n}\sum_{i}(x_i - \bar{x})^2$，也就是 x 的方差。全局 Moran's I 指数的取值一般在 -1 到 1，大于 0 表示正相关，接近 1 时表示具有相似属性的集聚在一起（也就是说高值与高值相邻、低值与低值相邻）；小于 0 表示负相关，值接近 -1 时代表具有相异属性的集聚在一起（即高值与低值相邻、低值与高值相邻）。如果 Moran's I 接近 0，则说明该属性是随机分布的，或者不存在空间自相关。

为了探究服务业集聚与地方政府税收竞争行为在空间分布上的特性，本部分对传统全局 Moran's I 针对双变量进行换算。假设同时具有属性 x（如代表地方政府税率或公共支出）和属性 y（如代表地方的服务业集聚程度，用区位商表示），则具体的计算方法是：

$$I^* = \frac{n\sum_{i=1}^{n}\sum_{j=1}^{n} w_{ij}(x_i - \bar{x})(y_j - \bar{y})}{\sum_{i=1}^{n}\sum_{j=1}^{n} w_{ij}\sum_{i=1}^{n}(x_i - \bar{x})^2}$$

$$= \frac{\sum_{i=1}^{n} \sum_{i \neq j}^{n} w_{ij}(x_i - \bar{x})(y_j - \bar{y})}{S^2 \sum_{i=1}^{n} \sum_{j=1}^{n} w_{ij}}$$

也就是说，求一个变量 x 与其邻近的另一个变量 y 的全局自相关 Moran's I。为了表征这种空间聚集性，本部分还将画出两者的 Moran's I 双向散点图（Moran's I Bivariate Scatterplots）。

（二）地方政府税收竞争对服务业集聚的空间相关性

通过计算，可知 2007 年服务业集聚（用从业人数表示）与地方政府实际税负、地税税负和投资支出之间在空间分布上存在集聚性，双变量全局 Moran's I 分别为 0.045、0.165 和 0.195，但这种集聚关系并不显著（见图 6－1）。

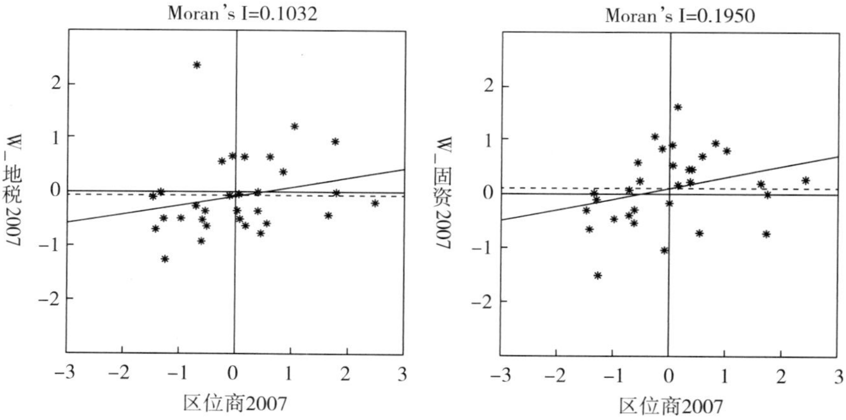

图 6－1　服务业集聚与地方政府税收竞争双变量 Moran 散点图

注：左边为 2007 年服务业集聚与服务业地税税率 Moran 散点图；右边为 2007 年服务业集聚与服务业固定资产投资双变量 Moran 散点图。

从具体行业来看，交通运输、批发零售、金融业、房地产业的集聚程度（用区位商表示）与地方政府税收竞争之间的空间相关程度有所不同。根据第五章的研究，交通运输、房地产业所征收的主要税种为地税，而金融业、批发零售所缴纳的税收主要由国税征收，所以要衡量整个行业税负水平与行业集聚之间的关系时，交通运输和房地产业主要看地税税率，而金融业和批发零售业则主要看实际税率。从服务业集聚与地税税率之间的关系来看，交通运输和房地产业集聚与地税税率之间存在着正向关联，说明地税税率水平与这三个服务行业的集聚水平是呈空间正相关的；从实际税率与服务业集聚之间的关系来看，批发零售集聚与税率水平呈正相关，而金融业的集聚则通常出现在地税税率较低的地方。此外，关于服务业投资对这四个服务行业集聚的影响，在该服务领域投资较多的地区都会与服务行业集聚水平较高的区域契合，其中与投资契合度最大的是金融业集聚（见图6－2）。

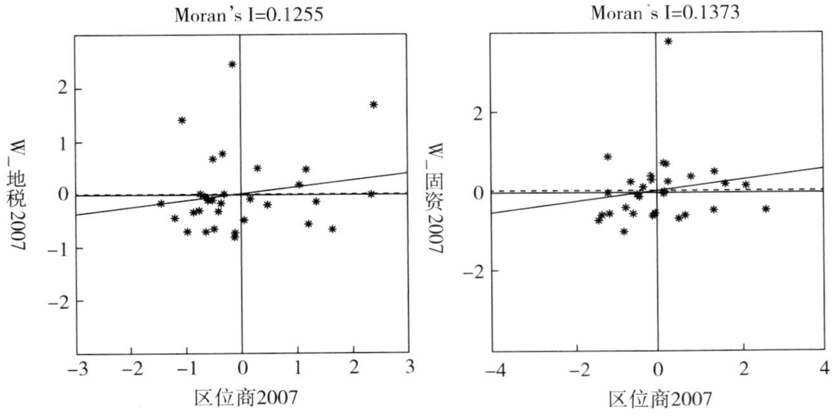

图6－2 服务行业集聚与地方政府税收竞争双变量Moran散点图

注：左边为房地产业集聚与地税税率；右边为金融业集聚与固定资产投资。

（三）地方政府竞争与服务业集聚空间依赖程度比较

通过测算双变量全局自相关Moran's I可见，地方政府实际税率与邻近服务业集聚的空间集聚程度要高于服务业集聚与邻近地方政府实际税率之间的空间集聚程度（见图6－3）。由此说明，地方政府服务业实际税率对服务业集聚的空间依赖程度要高于服务业集聚对地方政府服务业实际税率的依赖程度，也就是说，地方政府税率空间分布受服务业集聚的影响，较之服务业集聚受地方政府税率空间分布的影响较大。

从具体产业来看，交通运输、批发零售、金融业、房地产业集聚与地方政府税收之间的互动模式是不同的。对于房地产业来说，税率与邻近服务业集聚的空间集聚程度要高于服务业集聚与邻近税率之间的空间集聚程度，税率对服务业集聚的空间依赖程度较大（见图6－4）；而对于批发零售业来说，情况正好相反，地方政府实际税率对服务业集聚的空间依赖程度要小于服务业集聚对地方政府实际税率的依赖程度，也就是说，服务业集聚受地方政府税率空间分布的影响，较之地方政府税率空间分布受服务业集聚的影响要大（见图6－5）。这说明，税收水平对企业区位选择和产业集聚的影响不能一概而论，某些服务行业集聚的空间分布的确会受到区域税收水平的影响。

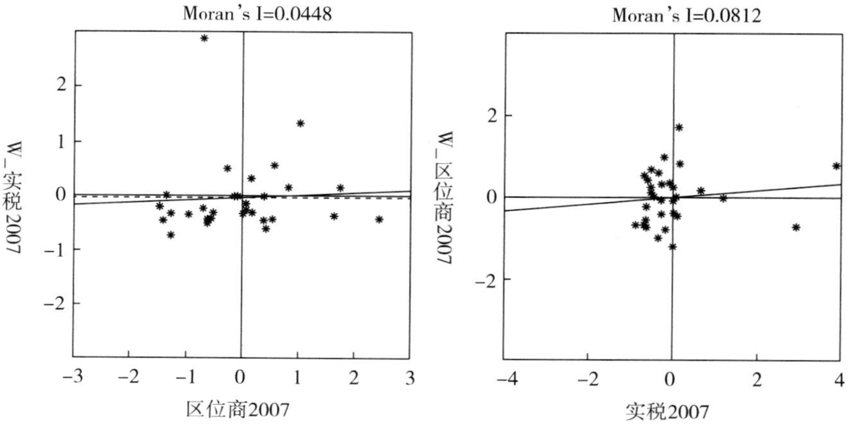

图6－3　服务行业集聚与地方政府税收竞争空间依赖的双变量 Moran 散点图

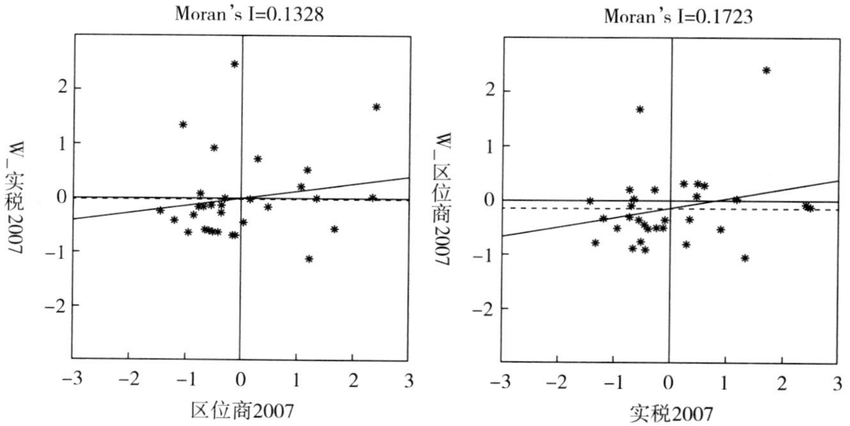

图6－4　房地产业集聚与实际税率空间依赖的双变量 Moran 散点图

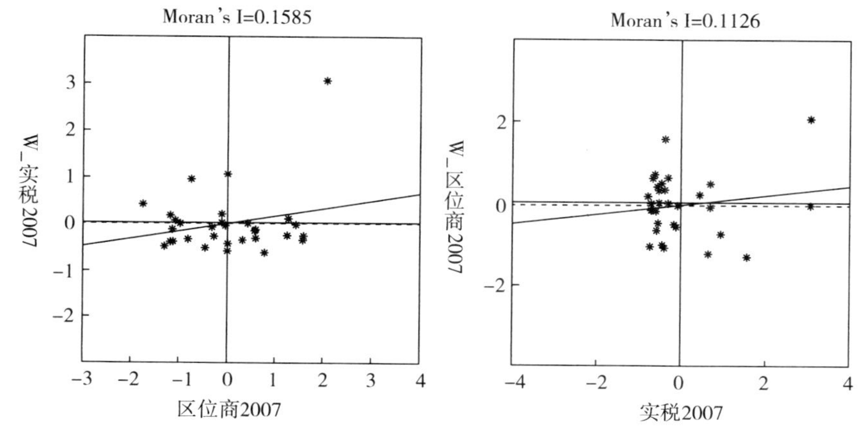

图 6－5 批发零售业集聚与实际税率空间依赖的双变量 Moran 散点图

（四）地方政府税收与服务业集聚空间相关的滞后影响

地方政府税收与服务业集聚之间的空间互动关系并不一定是在当期体现出来的。由于企业投资决策具有时滞，服务业实际税负对当期服务业集聚程度并不一定会带来显著影响。考虑到服务企业区位决策的滞后性，此处利用 2006 年和 2007 年省际数据，以房地产业为例，分别展示本期实际税负、上期实际税负这两个变量与服务业及各行业空间分布的相关性。图 6－6 显示，较之本期税负而言，上期税负与服务业集聚之间的影响更大。

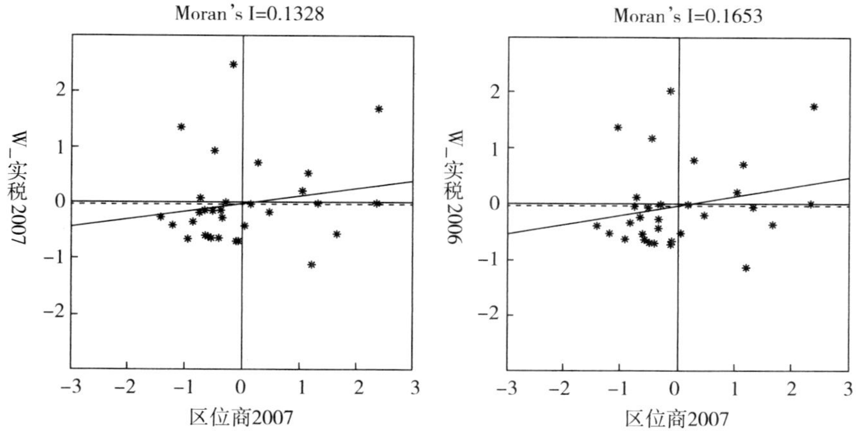

图 6－6 税收对房地产业集聚的滞后影响

同理，服务业集聚程度对于地方政府税率的空间影响也可能是动态的，因此此处分别计算了 2007 年实际税负与 2006 年服务业及各行业区位商的双变量全局 Moran's I，并将其与 2007 年数据进行比较。由图 6－7 可见，较之同期的服务业集聚，上期的服务业集聚对地方政府税率的空间分布将产生更大的影响。

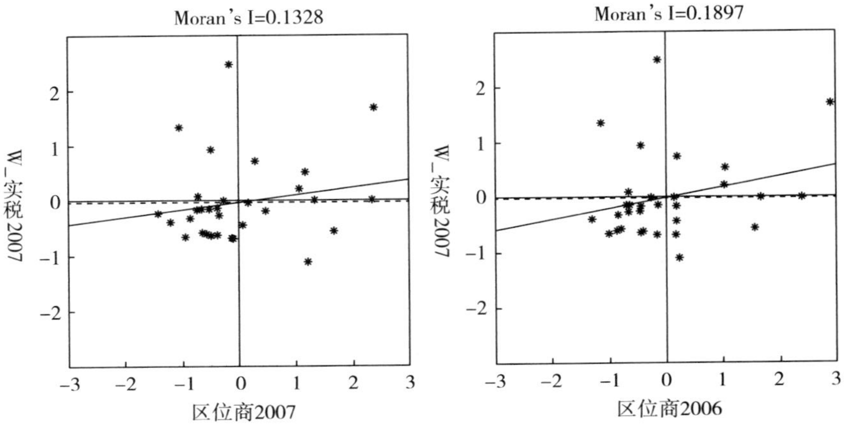

图 6－7　房地产业集聚对税收的滞后影响

当然，囿于数据长度，此处只展示了一阶滞后的影响，其实两者之间的互动对彼此空间分布的影响应该不仅是动态的、长期的，更可能是双向的。为了更好地解析服务业集聚与地方政府税收竞争之间的互动逻辑，下文将使用 Granger 方法对其因果关系进行检验。

二、税收竞争与服务业集聚：基于动态面板数据的 Granger 检验

如前所述，尽管关于税收竞争的理论研究由来已久，但实证领域的研究文献比较少，特别是基于某一产业领域税收竞争的研究就更加鲜见。虽然继 Case 等（1993）对美国州政府间在公共支出方面的策略性竞争行为进行模型估计的文章之后，Brueckner 和 Saavedra（2001）、Charlot 和 Paty（2007）等都对地方政府税

收的空间模仿行为进行了一系列实证研究，但该领域我国的实证研究只有寥寥几篇[①]，而且几乎都将关注点集中于省级政府财政支出的空间相关性上，目前还没有研究从服务业集聚角度出发探讨地方政府在空间上的税收策略选择及其影响。更有甚者，由于现有的实证研究基本上都遵循了 Brueckner（2003）的思路，也就是采用建立策略性互动反应函数的方法来检验地方政府之间税收竞争行为的存在性，而这种方法可以说不能提供政府间税收竞争的直接证据。Binet（2003）在 Tiebout 假设的框架下，提出了检验地方政府间为吸引居民入驻而进行的税收竞争存在性的一种新方法，从而开创了用 Granger 检验方法测定地方政府税收竞争的先河。但囿于数据的限制，Binet（2003）在文中并未能对地方政府税收竞争对企业迁移模式的影响进行探讨。

为了对税收竞争与服务业集聚之间的双向互动关系给出一个更清晰的实证解释，本部分拟通过 Granger 检验方法，在省级和地级以上城市层面，厘清地方政府税收竞争（包括税率竞争和公共支出竞争）与服务企业选址模式之间可能存在的因果关系，该研究结果有助于我们更好地理解地方政府在服务业领域税收竞争策略的行为模式及其结果。

（一）基本假设

本书主要是基于动态面板数据，对地方政府税收竞争变量（包括税率和财政支出）和地方服务业从业人数变化之间的双向互动关系进行实证分析，也就是分别检验地方政府税收竞争变量对服务企业选址行为的影响，以及服务企业选址行为对地方政府税收竞争策略决策的影响。具体而言，地方政府税收竞争与服务企业选址（用服务业从业人数的变化来表示）之间的关系可以归结为：

- 如果地方政府税收竞争是地方服务业从业人数增加的格兰杰因，则证明了地方政府税收竞争的存在及其对吸引投资的有效性。也就是说，地方政府税收竞争决策早于企业选址行为，地方政府税收和公共支出的行为模式主要是吸引地方服务业投资。

- 如果地方服务业从业人数的增加是地方政府税收竞争变量的格兰杰因，也就是说，地方政府税收竞争决策晚于服务企业的移动，则地方政府采用的是适应性的决策行为模式，即对服务业的税率和公共支出决策纯粹是为了满足已经流

① 如解垩和王晓峰（2009）。

入的服务企业投资需求。在这种情况下，可以说为吸引服务业投资而进行的地方政府税收竞争是不存在的。

（二）实证模型

本书采用格兰杰因果检验方法（Granger Causality Methodology）对上述假设进行检验。主要的实证模型是下面的两个动态固定效应模型：

$$T_{it} = \alpha_i + \beta T_{it-1} + \gamma A_{it-1} + \varepsilon_{it} \tag{6-1}$$

$$A_{it} = a_i + b A_{it-1} + c T_{it-1} + \in_{it} \tag{6-2}$$

其中，T_{it}表示地方政府 i 在 t 时点的税收竞争变量，用地方服务业及各代表性服务行业实际税率与地方政府一般预算支出来代替；A_{it}表示 i 地在 t 时点上服务业及各代表性服务行业的从业人数，ε_{it}和$\in_{it}$指的是独立分布的白噪声。由于面板数据集较短，为了不损失自由度，分析中每个变量只取一阶滞后（Binet，2003），估计时对所有变量进行取对数处理。

用 t 检验对系数进行显著性检验，就可以得到因果关系的相关证据。式（6-1）中，如果拒绝零假设H_0：$\gamma=0$，则 A 是 T 的格兰杰因；式（6-2）中如果拒绝零假设H_0：$c=0$，则 T 是 A 的格兰杰因。由此，可得到地方政府竞争存在性和地方政府税收竞争行为模式的直接证据。如果 T 引起 A，比如滞后一期的税率对服务业从业人数产生负向影响，则说明地方政府为了吸引服务企业的流入，主动事先采取了增加支出、变动税率的行为；如果 A 引起了 T，则地方政府主要是为了适应服务业资本的先期流入而调整公共支出和税收政策，地方政府之间并不存在为吸引服务企业而进行的税收竞争。

需要注意的是，上述模型建立在地方政府自主选择其税收竞争行为的假设之下，也就是说，不存在空间自相关。然而，正如我们在第五章所看到的那样，地方政府在服务业领域的税收竞争决策不仅取决于自身，更受到邻近地区税收和公共支出决策变化的影响。基于此，用 OLS 进行模型估计明显是有偏的，必须采用一种新的估计方法对空间自相关进行控制。

一般而言，对于时间较短的时间序列和横截面融合的时空数据，标准的合成数据模型 LSDV 估计会产生有偏的估计系数。为了处理该问题，对于动态面板数据模型，目前主流的估计方法主要有三种，分别来自 Anderson 和 Hsiao（1982）、Arellano 和 Bond（1991）及 Bun 和 Kiviet（2001）。Anderson 和 Hsiao（1982）采用了构造工具变量的方法，Arellano 和 Bond（1991）采用的是广义矩估计方法

（Generalized Method of Moments，GMM），而 Bun 和 Kiviet（2001）采用的则是修正的合成数据模型（corrected Least Squared Dummy Variable，LSDVc），样本规模的问题可以用 Monte - Carlo 试验法来进行检验。虽然广义最小二乘法（GLS）与广义矩估计（GMM）技术在模型中逐渐得到了应用，然而，单独采用 GLS 或者 GMM 的估计方法，在合成数据模型的一般假设下，有必须考虑的限制性假定及较高的复合矩条件，如果再碰到截面相关、时间相关和异方差同时出现的情况，则在实际估计检验过程中会遇到很多问题。为了解决以上问题，目前还没找到一个理论和实践上都行之有效的办法，虽然空间计量经济学提出了 SUR 模型，但在实践中还较少见到成功应用的案例。Binet（2003）在研究中证明，当样本量相对较小时，LSDVc 方法效果较好，并通过三个步骤使用 LSDVc 对 Granger 模型进行了估计。

鉴于广义最小二乘法在固定效应模型估计问题中具有较好的效果，且是一种常用的估计方法，而且对于线性模型，广义矩估计就是广义最小二乘法，这里采用 GMM 和 ML 方法对模型进行估计①，并对计量结果进行比较。

（三）数据来源

本书采用 2003 ~ 2008 年省际实际税负数据和服务业从业人员数据对地方政府税率竞争行为与服务企业选址之间的互动关系进行研究；用 1998 ~ 2008 年 278 个地级以上城市的一般预算内支出及服务业从业人数数据分析地方政府公共支出与服务业集聚之间的因果关系。在税负水平的数据上，我们选择了全部税收收入与服务业增加值之比的实际税负水平，探讨其对服务企业集聚的影响。所有数据均来自历年的《中国城市统计年鉴》及《中国税务年鉴》。

（四）实证结果

1. 公共支出与服务业集聚

用 GMM 与 ML 两种回归方法分别对式（6 - 1）和式（6 - 2）进行 Granger 因果检验，两种回归结果的拟合度均较好。表 6 - 1 结果显示，地方服务业集聚水平同地方政府公共支出互为因果。一方面，地方服务业集聚水平的一阶滞后对

① Saavedra（2003）采用蒙特卡罗（Monte - Carlo）实验表明，对于附加空间自相关性的空间自回归模型，拉格朗日乘子（LM）检验的广义最小二乘估计是无偏的，即使在小样本情况下的规则或不规则权值矩阵，对高或低的空间自相关参数值都同样有效。

于地方政府公共支出具有显著的正向影响，也就是说，地方政府支出竞争是策略性的，主要是为了适应服务业资本的先期流入而进行调整，服务业集聚度的增加将提升地方政府公共支出水平。另一方面，地方政府支出的一阶滞后对服务业集聚水平的影响也显著，表明地方政府之间在一般预算支出方面存在为吸引服务企业而进行的税收竞争。

表 6-1　公共支出与服务业集聚：A 是 T 的格兰杰原因

Panel A：Dependent variable：T_{it}				
	GMM		ML	
	coef	p - value	coef	p - value
T（-1）	0.043	0.00	0.012	0.02
A（-1）	0.657	0.00	0.362	0.00
Number of Obs.	3452		3452	
% of sign. Fisher	59		43	
Average R square	0.74		0.61	
Sum of coeff. test SC：3.04（p - value：0.00）			2.17（p - value：0.00）	
Hurlin Granger causality test H：4.73（p - value ：0.00）			1.65（p - value ：0.00）	
Panel B：Dependent variable：A_{it}				
	GMM		ML	
	coef	p - value	coef	p - value
T（-1）	0.001	0.00	0.003	0.00
A（-1）	0.051	0.00	0.037	0.00
Number of Obs.	3452		3452	
% of sign. Fisher	78		52	
Average R square	0.57		0.54	
Sum of coeff. test SC：0.12（p - value：0.00）			0.05（p - value：0.00）	
Hurlin Granger causality test H：3.41（p - value ：0.00）			2.69（p - value ：0.00）	

值得注意的是，本书采用的地方政府支出表征数据是地方财政一般预算内支出，而这样的支出在地级市层面很多情况下都反映了地方政府的运转成本或行政支出，具有适应性的竞争策略是符合常理的。正如 Binet（2003）指出的那样，

政府公共支出应该分为资本性的（Capital Expenditure）和运营性的（Operating Expenditure）。在实践中，地方政府主要是通过对服务业的资本性支出来吸引服务业投资的，运营性财政支出对服务业的吸引作用并不大。由于我国地方政府财政预算体制有内外之分，在正式的财政制度之外存在大量非正式的财政安排，地方政府对于大量存在的预算外收入具有事实上的决定权。在 1998 ~ 2008 年这段考察期间，预算外资金管理相对松散，地方政府对服务业进行支出竞争的大部分资金来源都是依靠预算外，而这样的数据恰恰是我们无法掌握的。

2. 服务业集聚与地方政府税率竞争

对服务业集聚与地方政府税率竞争的 Granger 因果检验结果如表 6 – 2 和表 6 – 3 所示，其中表 6 – 2 显示了实际税负与服务业集聚之间的关系，表 6 – 3 显示的是地税税负与服务业集聚之间的关系。GMM 和 ML 的拟合度均较好，且结果一致。实证结果表明，服务业实际税负水平和地税税负的一阶滞后对于服务业集聚（反映在服务业从业人数变化上）具有显著的正向影响，反映出地方政府税率的变化是税收竞争的结果，一期滞后的实际税负系数为 0.576，而地税税负的系数则达到了 0.601。这样的结果说明，地方政府在服务业税率上不仅具有竞争行为，还具有税率向上竞争的倾向，也就是说，目前存在地方政府为了吸引服务业投资而进行税收竞争的行为，地方政府通过税收手段进行公共服务融资、改善地区经济发展环境，促进了服务业的资本流入和集聚。而且，各地间服务业地税税负比实际税负显示出来的竞争态势更为明显，也更为激烈。

表 6 – 2 税收努力与服务业集聚：T 是 A 的格兰杰原因（实际税负）

Panel A：Dependent variable：T_{it}				
	GMM		ML	
	coef	p – value	coef	p – value
T（–1）	0.021	0.06	0.038	0.03
A（–1）	0.005	0.05	0.003	0.01
Number of Obs.	186		186	
% of sign. Fisher	61		49	
Average R square	0.81		0.59	
Sum of coeff. test SC：0.23（p – value：0.00）			0.16（p – value：0.00）	
Hurlin Granger causality test H：2.97（p – value ：0.00）			2.12（p – value ：0.00）	

续表

Panel B: Dependent variable: A_{it}				
	GMM		ML	
	coef	p－value	coef	p－value
T (－1)	**0.576**	0.03	0.417	0.01
A (－1)	0.007	0.02	0.005	0.02
Number of Obs.	186		186	
% of sign. Fisher	37		51	
Average R square	0.74		0.60	
Sum of coeff. test SC: 2.29 (p－value: 0.00)			1.78 (p－value: 0.00)	
Hurlin Granger causality test H: 5.42 (p－value: 0.00)			3.58 (p－value: 0.00)	

表 6－3 地税竞争与服务业集聚：T 是 A 的格兰杰原因

Panel A: Dependent variable: T_{it}				
	GMM		ML	
	coef	p－value	coef	p－value
T (－1)	－0.037	0.04	－0.041	0.08
A (－1)	0.010	0.02	0.016	0.05
Number of Obs.	186		186	
% of sign. Fisher	52		58	
Average R square	0.61		0.59	
Sum of coeff. test SC: 0.34 (p－value: 0.02)			0.27 (p－value: 0.03)	
Hurlin Granger causality test H: 1.95 (p－value: 0.00)			2.24 (p－value: 0.01)	
Panel B: Dependent variable: A_{it}				
	GMM		ML	
	coef	p－value	coef	p－value
T (－1)	**0.601**	0.01	**0.546**	0.03
A (－1)	0.015	0.00	0.021	0.01
Number of Obs.	186		186	
% of sign. Fisher	67		63	
Average R square	0.79		0.63	
Sum of coeff. test SC: 2.81 (p－value: 0.02)			2.37 (p－value: 0.00)	
Hurlin Granger causality test H: 4.75 (p－value: 0.00)			4.22 (p－value: 0.01)	

Zodrow 和 Mieszkowski（1986）、Wildasin（1988）及 Hoyt（1991）对地方政府策略性财政互动行为的研究指出，假定资本是流动的，而且地方通过对资本征税对公共产品进行筹资，地方政府遵从善意假设，目标函数是最大化社会福利，这样地方政府就参与到了为公共产品筹资而进行的吸引流动资源的税收竞争之中。综合 Granger 检验对于政府公共支出和税负水平的分析，可以看出，地方政府在服务业领域的税收竞争上（主要是税率竞争）确实采取了策略性竞争行为，也就是说，为了吸引服务业投资而进行的改变征税努力和征税策略的行为是确实存在着的。反过来看，服务业集聚水平的变化对于政府的征税努力程度影响不够显著，也就是说政府并未明显在征税努力上采取适应性竞争行为，而只是在运营支出方面做出了适应服务企业流入的支出改变。

三、本章小结

综合来看，地方政府税收竞争对服务业集聚的影响并不是很清楚，而且有可能产生反向的因果关系。为了厘清地方政府税收竞争与服务业集聚之间的互动逻辑，本部分首先用双变量 Moran's I 方法考察两者在空间分布中的相互联系。分析表明，地方政府税收与服务业集聚之间存在着正向的空间集聚，但这种空间相关关系并不显著；各服务行业与税率之间的共聚模式不同。服务业投资对服务业集聚的空间分布具有显著的正向影响，服务领域存在较多投资的地区都会与服务行业集聚水平较高的区域相契合。

从总体上看，既存在服务业集聚对地方政府税率空间分布的影响，也存在地方政府税率对服务业集聚空间分布的影响，且两者之间的空间互动关系具有时滞，也就是说，两者之间的相互影响，更多的是在未来体现出来的。在厘清两者空间共聚关系的基础上，为了更好地解析服务业集聚与地方政府税收竞争之间的互动逻辑，本书基于动态面板数据对两者进行了 Granger 检验，并探寻了地方政府在公共支出竞争和税率竞争上的策略选择。由于该领域现有的国内外文献通常采用估计地方政府税收之间反应函数斜率的研究方法，且仅仅将关注点置于地方政府税收竞争的存在性，使用 Granger 方法对两者因果关系进行实证研究，探讨地方政府税收竞争的效应，特别是对吸引服务业投资的影响是一个非常有益的尝试。本书用新方法对30个省及278个地级以上城市的面板数据分析结果表明，地方政府在税率竞争上更倾向于选择为吸引服务业投资而进行的策略性竞争行为，而不是被动地选择适应性策略，地方政府倾向于通过税收手段进行公共服务融资、改善地区经济发展环境，用以吸引服务业在本地的集聚；服务业集聚水平的变动对地方政府一般预算支出，即对政府运营支出的影响比较显著，也就是说，地方政府会对服务业投资的流入采取适应性策略，随着服务业从业人员的增加而增加一般预算支出，但服务业劳动力的流入对税收政策的影响并不明确。

第七章　服务业集聚与策略性税收竞争：基于反应函数的空间计量检验

传统税收竞争理论告诉我们，出于对流动资本的追逐，地方政府之间的税率设定存在策略性行为，因此会导致地方政府在税率设定上“竞次”结果的出现。那么，对于服务业投资来说，由于多数服务业的前期沉没成本不高，地方政府税收在服务业领域的策略性行为是否更加激烈？而正如第二章所提到的，经济地理学的诸多理论文献均指出，集聚的存在将使企业赢得一种集聚租金，这种租金将减少企业在集群中的流动性，也就是使企业具有了一定的区位黏性。基于此，地方政府就可以利用此种黏性，利用较高税率的形式来抽取一部分的租金，同时不用担心资本逃离。本书将对地方政府的服务业实际税收负担进行实证研究，特别是研究服务业集聚经济的存在（包括城市化经济和本地化经济）对地方政府实际税率竞争行为的影响。如果服务业集聚度较高地区，地方政府倾向于使本地服务业具有较高的税负，而且对其他地区的税收政策变化较少做出模仿行动，那么就说明地方政府之间在服务业税收竞争上采取了策略性行为，且这种竞争符合新经济地理学关于税收“向高处竞争”的假设。

一、引　言

自从 Marshall（1920）提出“经济行为倾向于集聚在同一地区，且这种集聚现象无法仅仅用自然资源等外生因素①来解释”的理论以来，经济活动的空间非

① 指的是地理构造，比如山川、海岸或自然资源等。

均衡分布始终是经济学家关注的兴趣点之一。新古典经济学理论认为，集聚经济的来源有三个方面——知识溢出、专业化的厚劳动力市场及投入—产出联系，而由于产业的地理集中对本产业中企业的影响与对其他产业中企业的影响是不同的，已有文献通常将产业集聚经济的外部性分为空间上的本地化经济和城市化经济。本地化经济指的是产业内部经济活动的集中效应（within Industry－agglomeration），即产业的专业化生产（Specialization），也就是“相互紧密联系的产业内部形成的综合体”为本地企业创造的生产合作优势，最早见于 Marshall（1920）和 Weber（1929）的研究，最主要的特点是同一产业的许多企业在特定区域内集聚，共享基础设施、专业化的厚劳动力市场和知识外溢，由此降低单个企业产品的平均成本，这类规模报酬递增对单个厂商来说是外部的，而对行业而言则体现为内部规模报酬递增。城市化经济又称“多样化经济”，指的是多种产业和市场的集中效应，Kaldor（1970）称之为“关联产业共同集聚”，即将规模报酬递增地方化解释为具有自我加强的循环累积过程，其实质是相互间有投入—产出关系的产业在空间上接近可以显著节省在途运输成本，其节省的运输成本转化为空间上的集聚效应，而后又被模型化为产业的前向和后向联系（Fujita et al.，1999）。除此之外，许多经济领域如新增长理论和新贸易理论都注意到了集聚经济的外部经济问题，而受上述研究启发，Krugman（1991）开创了新经济地理学解释经济集聚的先河，之后逐渐发展，形成了大量理论文献。近几年来，更涌现出许多将新经济地理学模型运用于研究公共经济问题的文章，特别是关注到了政府间的税收竞争问题，其中最著名的文献是 Andersson 和 Forslid（2003）、Ludema 和 Wooton（2000）、Baldwin 和 Krugman（2004）及 Borck 和 Pluger（2006）。目前，基于不同的国家、不同时间数据的大量文献结论虽然莫衷一是，但有一点基本上是可以达成共识的，即标准化的成熟产业往往较偏向于地方化经济，实现这类产品的专业化生产可以充分利用专业化所带来的规模报酬递增优势；而时装、金融、新兴制造业等不便于标准化的行业往往偏向于城市化经济，以充分享有知识交流与外溢带来的知识火花等好处。

对于产业集聚的经济影响，几乎所有研究都将关注点置于集聚对经济增长和劳动生产率的影响上，很少有学者关注集聚经济对地方政府竞争性行为的影响。传统上讲，许多关于资本税收竞争的理论文献都发现，大多数时候资本税率都低于正常水平，从而导致了地方公共产品的过低供给（Wilson，1999），这些研究假定，政府通过相对于其他地区的策略性税率设定行为吸引流动资本，从而得出了政府税率“竞次”的结果。与制造业资本投资相比，服务业资本流动性更强，因而更易受到政府间税收政策的影响而产生逃逸，然而在现实中，虽然各国和各地区对服务业流动资本的追逐普遍存在且愈演愈烈，服务业的资本税率却并未降至0，对服务业的征税依然存在。传统税收模型与实践的偏离，在于它没有认识到规模经济的存在，即资本流动带来的集聚效应及其产生的集聚经济（Hill，2008）。而作为一种基于新经济地理学的解释，许多文献研究发现，集聚经济将减弱资本的流动性，从而创造一种可用于课税的位置租金（集聚租），这样，地方政府间正向的税率差距就是可以容忍的，而不会立即触发资本流出；但这并不必然会抵消税收竞争的负效应。这就构成了本书的理论基础。

虽然从理论层面对集聚经济与地方政府税收竞争行为之间互动关系的论述已有不少，但集聚对于税率的影响却很少在实证研究中得到严密的证明。仅有的研究如 Bruettner（2001）运用面板数据分析了德国地方政府企业所得税的决定因素，发现拥有较大人口规模的地区倾向于设定较高的企业所得税率。Egger 等（2005）发现，拥有较大规模劳动力市场的国家税率往往较高。Charlct 和 Paty（2007）运用法国市级面板数据，评估了接近用户市场对于企业所得税率决策的效应，其中市场接近被定义为以距离为权重的各市收入，研究结果表明地方政府税收与市场接近因素之间存在正向关系。这些研究间接证实了可征收集聚租金（Taxable Agglomeration Rent）的存在，但理论模型推导出的政策结论依然缺乏直接的实证证据。特别地，Yao 和 Zhang（2008）最早关注到不同禀赋地区地方政府竞争行为的异质性，他们在考察中国县级政府策略性税收竞争的影响因素后发现，沿海地区拥有较大规模税基的地方政府倾向于降低税率以优化投资环境，也就是存在税率的“向下竞争”；而贫穷地区的政府财力短缺，决定了它们很难在吸引非农投资上与沿海地区抗衡，从而倾向于对现有企业征收较高的税收，也就是说，不发达地区反而会进入向上的税收竞争。虽然他们并没有直接考察集聚对税收竞争的影响，但他们的实证结果还是不免让我们对可征税的集聚租金在中国地方政府税收竞争中的存在性产生疑问。

Brueckner（2003）指出，地方政府之间经常出现类似策略互补的行为，在其他政府增加税率后，本地政府也通常倾向于这样做。在 Bruettner（2001）、Charlot 和 Paty（2007）研究的基础上，目前仅有 Koh（2009）、Hill（2008）的文章在解答集聚租金存在的前提下，政府的税率设定行为究竟受到了多大程度影响的问题上做出了有益的尝试。然而，Hill（2008）的研究仅注意到了本地化经济的影响，而忽略了产业集聚外部性的重要方面——城市化经济对于地方政府税收决策的影响，而且也没有解决潜在的由反向因果关系所带来的估计偏差问题。此外，在企业的区位决策研究方面，也有一些研究将关注点放在了企业税收与集聚效应的关系上，典型的研究如 Devereux 等（2007）与 Jofre – Monseny 和 Sole – Olle（2008）。他们的研究表明，在集聚经济存在的情形下，企业的区位决策对于企业税率变化敏感度较低，这些研究虽然也证实了新经济地理学可征税集聚租金的存在，但由于关注角度不同，他们并没有验证集聚经济对地方性企业税率确定是否施加了一个具有因果效应的影响。

Koh（2009）首次分别对本地化经济和城市化经济对地方政府税率设定行为的影响进行了研究。他将德国地方政府企业所得税作为研究对象[①]，研究城市化经济和本地化经济将从何种程度上影响德国地方政府企业所得税率的决策。在文章中，城市化经济被定义为某地所雇用的工人总数；而为了定义本地化经济，他首先用 Duranton 和 Overman（2005）的方法，辨识出具有较强空间集聚特征的特定产业，并据此构建出一系列影响本地化经济的变量，如本地某一特定产业从业人员数、产业地方化强度及该产业在总的本地从业人员中的比例等。此外，为了避免各地多样性引起的估计偏差，研究还将许多控制变量添加到了估计方程中，如要素禀赋（土壤质量，与河流、山川、湖泊、大海的距离）、人均收入水平、公共服务供给、财政情况及邻近地区的税率设定行为等。文章的实证结论显示，城市化经济和本地化经济均对地方政府的税率设定行为具有正向影响，特别地，某产业本地从业人员 10% 的增加（本地化经济）将使本地的企业所得税率具有 3% 的提升，而从业总人数（城市化经济）10% 的增加也将使本地企业所得税提升约 0.6 个百分点。此外，文章同时通过对工具变量的引入，对可能出现的反方向因果关系做出了解释，因为地方政府的税率选择也有可能同时对企业在某地的集聚造成影响。文章的结果表明，地方政府征收集聚租金的潜力取决于其自身的集聚特性与其相邻地区的比较，由于德国市的范围通常较小，企业的空间集聚通常会跨越行政边界而蔓延到其他市辖区范围内，在本地化经济和城市化经济相互接近的城市之间，地方政府征收集聚税的能力通常被减弱；而如果某一地方比相邻地方拥有规模大得多的集聚经济，它就将设定比相邻地区高得多的税率。

综上，从现有研究成果看，学者们一般均致力于研究城市化经济与地方化经

① 这种税收是由约 12000 个德国地方政府独立设置的。

济对于经济增长特别是劳动生产率的作用，对于产业集聚外部性对地方政府税率决策的影响，特别是将产业外部性分为本地化经济和城市化经济来研究地方政府在不同产业上的竞争行为，除了 Koh（2009）以外至今还没有见到，更不用说将此思路运用于发展中国家服务业的研究了。

二、一个简单的理论模型

Koh（2009）在 Haufler 和 Wooton（2009）研究的基础上，构建了集聚经济对可征税集聚租金影响的理论模型。假设一个城市由两个地区 a 和 b 组成，每个地区有 n_i 个不可流动的居民，且两地区争夺固定数量的可流动企业。每个地区拥有两种产业，一种是本地化的产业，另一种是其他行业。从事本地化产业的企业在不完全竞争条件下生产同质物品 x，从事其他行业的企业则在完全竞争条件下生产商品 z，两种商品都只需要劳动力这一唯一的投入要素。商品 x 会受到真实运输成本的影响，而商品 z 则可以实现无运输成本的自由交易，这也保证了工资率 w 在两个地区之间是相同的。两个地方的居民具有相同的偏好，描述如下：

$$u_i = \alpha x_i - \frac{\beta}{2} x_i^2 + z_i, \quad i \in \{a, b\} \tag{7-1}$$

每单位劳动力供给对于 x 产品部门或 z 产品部门都是无弹性的。而且，假设产生于地方企业所得税的总收入 T_i 将重新分配给 i 地的消费者。因此，每个居民的预算线就可以表示为：

$$\omega + \frac{T_i}{n_i} = z_i + p_i x_i$$

解代表性消费者的效用最大化问题，所有消费者产生的对产品 x 的全部市场需求为：

$$X_i = \frac{n_i(\alpha - p_i)}{\beta}$$

假设 k 个从城市区域外流动到本地 x 产业的企业，有意愿投资在 a 地或 b 地。每个想进入的企业都具有固定成本，表示为：

$$F_i \equiv f - \gamma h_i - \mu n_i$$

其中，f 在两个地区中都只包含了建立生产设施或者管理成本，以及没有在模型中讲明的各种成本。而且，假设如果新的市场进入者与同一个产业中的其他企业相互邻近，或者是位于经济行为比较活跃的地区（地区规模用n_i进行衡量），其建立成本将由于集聚经济的作用而降低。γh_i表示的是一个新企业由于位于同行业既有企业 h_i 的附近所获得的收益（地方化经济）；μn_i则代表由于整个地区经济活动的规模经济而带来的成本降低效应（城市化经济）。

根据 Brander 和 Krugman（1983）提出的互惠倾销模型（Reciprocal Dumping Model），企业将非合作性地分别选择每个市场的生产数量。因此，在 i 地的某一企业，其税前运营利润由下式决定：

$$\pi_i = (p_i - \omega) x_{ii} + (P_j - \omega - \tau) x_{ji} \quad i \neq j \tag{7-2}$$

其中，p_i表示本地的生产者价格，P_j表示其他市场的生产者价格，x_{ji}表示企业在 j 地所销售的商品 x 数量。用市场需求x_i求上式的最大化，将得出定位在 i 地的企业在每个市场的最优数量：

$$x_{ii} = \frac{n_i [\alpha - \omega + (k_j + h_j) \tau]}{\beta (1 + k + h)}, \quad x_{ji} = \frac{n_j [\alpha - \omega - \tau + (1 + k_j + h_j) \tau]}{\beta (1 + k + h)} \tag{7-3}$$

式（7－3）揭示了本地市场的最优产出水平将正向取决于其他地区企业的数量$(k_j + h_j)$，而这将减少本地市场的竞争效应。将式（7－3）中的最优产出水平和均衡消费者价格代入式（7－2），将得出在 i 地的企业的税前运行利润：

$$\pi_i = \frac{n_i [\alpha - \omega + (k_j + h_j) \tau]^2}{\beta (k + h + 1)^2} + \frac{n_j [\alpha - \omega - (1 + k_j + h_j) \tau]^2}{\beta (k + h + 1)^2} \tag{7-4}$$

其中，$k = k_i + k_j$；$h = h_i + h_j$，$i \neq j$，$i, j \in \{a, b\}$。在运输成本缺失的情况下，企业的区位并不重要，因为两个地区组成了一个统一的大市场。更多的企业（包括原来的企业和新进的企业）将增加竞争，从而使企业的运行利润下降。

所有的企业都将受到本地企业所得税率t_i的影响，而t_i则是本地政府施加的。k 个潜在的新进入企业将根据 a 地和 b 地的税后利润来决定在哪里建立生产企业，也就是：

$$\prod\nolimits_i \equiv \pi_i - t_i - F_i \tag{7-5}$$

区位平衡的条件是 $\prod_a - \prod_b = 0$，同时 $\Delta \equiv t_a - t_b$代表 a 地和 b 地之间的税率差异，从而我们可以解出 a 地新进入企业的平衡数量，由下式表示：

$$k_a^* = \frac{k - \psi^{loc}}{2} + \frac{\phi (2n_a - n)}{2n \tau} - \frac{\beta (1 + k + h) (\Delta - \mu \psi^{urb} - \gamma \psi^{loc})}{2n \tau^2} \tag{7-6}$$

其中，$\phi \equiv 2(\alpha - \omega) - \tau > 0$，且$\psi^{urb} \equiv n_a - n_b$指的是由于总的规模经济而产

生的 a 地的相对集聚优势；$\psi^{loc} \equiv h_a - h_b$反映了 a 地由于本地化经济而产生的特殊优势。与 b 地相比，a 地大量现存的企业h_a加剧了 a 地的竞争并且可以将流动企业挡在市场之外。而式（7－6）的第二个部分则表达了地区纯规模效益，如果两地市场规模一样，则这部分就将消失。两地在税率上的差别用 Δ 来表示，而这个税率差将直接影响企业的区位决策，但如果某地表现出在产业内部和整个市场规模上的集聚优势，则税率差的影响就将减小。如果某个地区在规模上比相邻地区占据绝对优势，而且在某个产业拥有大量本地企业，税收的差异就成为了企业区位选择中并不重要的决定因素。这样，上面的模型就对实践中集聚经济的存在将使企业对税收差异的敏感性降低这样的事实做出了相应的解释［典型的研究见 Devereux 等（2007）及 Jofre－Monseny 和 Sole－Olle（2008）］。

在第一个阶段，地方政府的税收博弈将通过征收在本地生产的企业所得税的方式，实现当地居民工资收入和利润最大化，也就是说，若每个政府的目标函数表示为 $W_i = t_i(k_i + h_i) + \frac{\omega}{n_i}$，则政府以此独立选择各自的税率。因此，考虑式（7－6）中企业数量的平衡，地方政府的纳什均衡税率为：

$$t_i^* = \frac{\gamma\psi_i^{loc} + \mu\psi_i^{urb}}{3} + \frac{\tau[3n\tau(k+h) + \phi(n_i - n_j)]}{3\beta(1+k+h)},\ i \neq j,\ i,\ j \in \{a,\ b\} \tag{7-7}$$

在这里，比较静态结果为：

$$\frac{\partial t_i^*}{\partial h_i} > 0,\ \frac{\partial t_i^*}{\partial n_i} > 0 \tag{7-8}$$

比较静态结果表明，城市化经济和本地化经济都会对地方政府的企业所得税税率选择施加正向的影响。当整个经济的绝对规模更大、产业层面的规模经济程度更高时，政府选择的均衡税率将会更高。

该模型同时揭示出政府对集聚租金征税的能力取决于本地是否比其他地区拥有更大的经济规模和产业内是否集聚更多的企业。上述结论可以用公式表达为以下的比较静态结果：

$$\frac{\partial t_i^*}{\partial \psi_i^{loc}} > 0,\ \frac{\partial t_i^*}{\partial \psi_i^{urb}} > 0 \tag{7-9}$$

由此，城市化经济和本地化经济将会对地方政府的税率选择产生一种正向影响，而且必须注意的是，不仅是本地的集聚水平将对企业所得税产生决定性影响，而且本地区与其他地区相比的相应条件也将产生较强影响。下文我们将运用中国服务业及典型服务行业的数据对这样的结论进行实证检验。

三、服务业集聚与地方政府策略性税收竞争：实证检验

（一）研究方法：CSDA 实证分析

在分析时间序列数据基础上发展起来的标准统计方法用于分析空间数据时存在两方面问题：其一，鉴于空间数据的多维多方向性，空间数据所包含的误差远比单一方向性的时间序列数据来得复杂，这使标准统计方法在处理空间数据时总是失误；其二，空间误差（Spatial Error）表征的空间自相关[①]（Spatial Autocorrelation）和空间非均质性（Spatial Heterogeneity）正是托布勒（Tobler，1970）的地理学第一定理所描述的地理空间依赖性（Spatial Dependence），由于地理系统变化过程取决于其影响因子，因此分析问题的过程中考虑这些因子的空间结构至关重要（Cliff and Ord，1981）。作为一种新生的统计方法，空间统计学不仅解决了标准统计方法在处理空间数据时的失误问题，更重要的是为测量这种空间联系及其性质并在建模时明白地引入空间联系变量以估算其贡献提供了全新的手段，其中证实性空间数据分析方法（Confirmatory Spatial Data Analysis，CSDA）就是一种以模型驱动、用空间数据检验的方法。本部分将利用 CSDA 技术研究服务业集聚与地方政府策略性税收竞争溢出的空间模式，首先简单介绍本章涉及的空间计量经济学模型——空间滞后模型（SLM）和空间误差模型（SEM）。

1. 空间滞后模型

空间滞后假定是空间自回归过程，可用以下方程表示：

$$y = \lambda Wy + X\beta + \mu \quad (7-10)$$

其中，y 是因变量，X 是自变量，W 是空间权重矩阵，β 是 X 的参数向量，

① Griffith（1987）把社会现象的地理相互作用称为“空间自相关”，当一个随机变量的相似值在一个地方集聚时空间自相关就会出现，而当一个随机变量不相似的值在一个明确的地方集聚时空间负相关就会发生。也就是说，当相邻地区随机变量的高值或低值在空间上出现集聚倾向时为正的空间自相关，当随机变量的高值（低值）地区被邻近的低值（高值）区域所包围时为负的空间自相关。

λ 是空间滞后项 Wy 的参数，μ 是白噪声干扰项。一个地区的因变量假定依赖于其附近的因变量，对空间滞后依赖的检验是为了检查一个地区的残差和来自该地区相邻近地区的因变量之间的关系。检验方法是两个拉格朗日乘数（Lagrange Multiplier）检验，即LM_{LAG}和稳健的LM_{LAG}（$R-LM_{LAG}$）。

2. 空间误差模型

空间误差自相关通常被假定为如下形式的残差自回归过程：

$$Y = X\beta + \varepsilon$$

$$\varepsilon = \rho W\varepsilon + \upsilon \tag{7-11}$$

其中，ε 是回归残差向量，W 是空间权重矩阵，ρ 是自回归参数，υ 是白噪声干扰项。一个地区的因变量假定依赖于其附近地区因变量中无法解释或无法预期的成分。对空间自相关进行检验就是检查一个地区的残差和来自该地区相邻近地区的残差之间的关系。同样，也有两个拉格朗日乘数（Lagrange Multiplier）检验：LM_{ERR}和稳健的LM_{ERR}（$R-LM_{ERR}$）。

（二）实证模型

如第六章所述，用实证模型检验政府间税收竞争的存在，通常使用反应函数的方法。其基本形式为：

$$t_{it} = \propto_0 + \propto_1 \sum_{j\neq i} \omega_{ij} t_{jt} + \propto_3 X_{it} + \varepsilon_{it}$$

其中，t_{it}表示地方 i 在 t 时点的税率，t_{jt}代表其他地区的税率，X_{it}是反映地方各种特征的控制变量，ε 是误差项。当地方政府税收政策之间存在对策性行为时，$\propto_1 > 0$。

为了反映产业集聚特别是集聚与税率的互动对政府税收竞争行为的影响，循着以上思路，Brueckner（2003）将实证模型形式修正为：

$$t_{it} = \propto_0 + \propto_1 \sum_{j\neq i} \omega_{ij} t_{jt} + \propto_2 A_{it} + \propto_3 \sum_{j\neq i} \omega_{ij} A_{jt} + \propto_4 \sum_{j\neq i} \omega_{ij} t_{jt} \times A_{it} + \propto_5 X_{it} + \varepsilon_{it}$$

然而，正如 Ronsenthal 和 Strange（2003）指出的，外部性往往在一个非常本地化的水平上发生，对于集聚经济的讨论通常在地理上显得范围过大。基于此，本章在反应函数基本形式下区分了产业外部性的两种不同类型——本地化经济及城市化经济，即：

$$t_{it} = \propto_0 + \propto_1 \sum_{j\neq i} \omega_{ij} t_{jt} + \propto_2 U_{it} + \propto_3 L_{it} + \propto_4 \sum_{j\neq i} \omega_{ij} t_{jt} \times L_{it} + \propto_5 X_{it} + \varepsilon_{it}$$

同上，当地方政府税收政策之间存在对策性行为时，$\propto_1 > 0$。这里U_{it}和L_{it}分别代表城市化经济和本地化经济。城市化经济U_{it}反映了 i 地区总的经济活动，这里用该地区的从业人数来代替，也就是是$U_{it}^{1}=EMP_{it}$，EMP_{it}在这里表示地区 i 在时点 t 的从业人数。假定企业在同一地区彼此靠近，如果集聚租金可以征税的话，拥有更大规模企业集群的地区就会在实际税率选择上呈现出一种正效应，也就是是$\propto_2>0$。

然而，正如理论模型部分指出的那样，地方政府对集聚租金征税的能力并不仅仅取决于企业的集聚程度，也依赖其相邻地区的集聚程度。如果相邻地区拥有相近或者更大的经济规模，流动性很强的服务业企业就会有可能选择其他地区，这将较大地限制地方政府对集聚租金征税的自由度。为了更好地反映地方政府的相对经济规模，将表示城市化经济的变量修改为：

$$U_{it}=\sum_{j=1}^{n}\left(\frac{EMP_{it}-EMP_{jt}}{DIST_{ij}}\right),i\neq j$$

其中，EMP_{it}和EMP_{jt}分别表示 i 地区和相近的 j 地区在 t 年的从业人数，$DIST_{ij}$代表两地之间的地理距离。如果上式中U_{it}结果为正，则说明此地区比别的地区拥有更大规模的劳动力，根据理论模型的推演结果，此时在城市化经济方面，政府就有能力对多出来的这部分集聚租金征税，也就是说，$\propto_2>0$。

第四章的研究表明，我国一些服务行业（如租赁和商务服务业、房地产业、交通运输、科研综合技术服务业等）已经呈现出较为明显的集聚。为了测度地区的本地化经济L_{it}，更为了避免本地化经济的测度与城市化经济测度出现自相关，这里我们首先根据第四章的结论，选择出几个在城市层面上比较具有代表性空间集聚形态的服务行业进行分析。由此，首先定义本地化经济$L_{it}=EMP_{imt}$，其中EMP_{imt}表示 t 年 i 地区 m 产业所雇用的人数。然而，由于一个区域对本地化经济征税的能力取决于该地区某产业就业所占比重，比重越高则该产业企业离开该区域的动力越小；因此，这里重新定义本地化经济$L_{it}=EMP_{imt}/EMP_{mt}$，将其定义为 i 地区 m 产业在 t 年的从业人数，与该行业在 t 年所有从业人员的比值。在此基础上，同城市化经济相类似，为了更好地说明相邻或相近地区对地方政府征收集聚税自由度的影响，我们将地理距离作为权值，将本地化经济重新表示为：

令

$$L_{ijt}=\frac{EMP_{imt}-EMP_{jmt}}{DIST_{ij}}$$

则

$$L_{it}=\sum_{j=1}^{n}\left(\frac{EMP_{imt}-EMP_{jmt}}{DIST_{ij}}\right)\quad i\neq j$$

其中，EMP_{jmt}表示 t 年 j 地区 m 产业所雇用的人数。

此外，模型中一个重要的自变量就是显示各地区特征的控制向量X_{it}，这里将初步包含地方政府对基础设施的投资、地方政府的预算平衡情况、从业人员平均工资、人均财政预算支出情况等变量，这些都将直接影响一个地区的税率决定及该地对服务企业的吸引力。根据 Overesch 和 Rincke（2008），相邻区域税负情况这个自变量可以表示为用距离加权的平均实际税负。ε_{it}表示随机误差项。

但上述方程存在两方面问题：其一，就像第六章 Granger 检验所显示的那样，税负的变化可能会影响流动企业在本地的集聚，同时集聚的产生又会使本地的实际税负决策产生变化。因此，上述模型可能会产生潜在的反向因果关系的问题。为了在模型中解决这样的反向因果问题，Koh（2009）指出，需要构造一个同时符合相关性和外生性的条件的工具变量，也就是说，工具变量必须与集聚变量具有相关性，而且可以通过 Sargan/Hansen 外生性检验，比如 Combes 等（2007）选择较长时滞的相对人口规模作为工具变量，其定义方式与U_{it}类似。其二，由于本研究假设地方政府税收政策制定显示出策略性特征，因而方程左边的变量具有内生性，普通最小二乘法（OLS）将会产生参数估计的不一致。鉴于本书的研究对象是产业集聚对于税率及其策略互动行为的影响，这里我们假定策略性互动行为发生具有时滞，并采用滞后一期的方法来解决同期反应函数的反向因果及因变量内生性问题。方程的具体形式如下：

$$t_{it} = \propto_0 + \propto_1 \sum_{j \neq i} \omega_{ij} t_{jt-1} + \propto_2 U_{it-1} + \propto_3 L_{it-1} + \propto_4 \sum_{j \neq i} \omega_{ij} t_{jt-1} \times L_{ijt-1} + \propto_5 X_{it} + \varepsilon_{it} \tag{7-12}$$

（三）数据来源

如第五章所述，由于中国的税权高度集中，因而各地的名义税率是大致相同的。然而，正如前面分析的那样，虽然名义税率无法自行确定，产业的实际税收负担却可以通过重点产业的选择、扶持力度和税收征管力度的选择（比如营业税起征点选择）等方式由地方政府在一定范围内进行调整。为了验证集聚经济及产业特性是否影响着地方政府对税率的选择，本书分别采用 2003～2008 年各省整个服务业及各服务行业地方税务局税收及 2000～2008 年四个典型服务行业（交通运输、批发零售、金融和房地产）企业所得税税收的实际税收负担作为考察对象，观察的基本单位是中国 31 个省。在自变量方面，我们将考察区域的居民平均收入、区域的财政情况（用滞后一期的人均一般预算结余表示），还有基础设施的投入情况和人均财政支出等，最后由于回归结果不显著，我们将基础设施投入情况变量从方程中去除。数据来自 2000 ~ 2008 年的《中国城市统计年鉴》及《中国税务年鉴》，省之间的相互距离取每个省省会城市之间的直线距离，这里用 Google Earth 软件测量得到。考虑到变量的一致性，我们采用前人研究的方法，使用解释变量的对数。变量的说明如表 7 - 1 所示。

表 7 - 1　变量说明

变量	指标	符号	计算方法
因变量	服务业税负	t	用服务业（或典型服务行业）税收收入与服务业增加值的比重表示，这里使用的分别为地税税负和企业所得税税负
自变量	空间邻接权重	ω_{ij}	矩阵元素，两地 i，j 空间相邻取 1，不相邻则取 0
	城市化经济变量	U_{it}	矩阵元素，i 城市在 t 时间的从业人数减去其他城市 t 时间的从业人数除以距离再加总
	本地化经济变量	L_{it}	矩阵元素，i 城市 t 时间 m 产业的从业人数减去其他城市 t 时间 m 产业的从业人数，再除以距离然后加总
	地理距离变量	DIST	矩阵元素，用两省省会城市之间的直线距离表示
		L_{ijt}	矩阵元素，本地 i 在 t 时间 m 产业的从业人数减去 j 地区 m 产业在 t 时间的从业人数，然后除以两地之间的距离
	集聚（本地化经济）与税率的互动变量	$\sum_{j\neq i}\omega_{ij}t_{jt-1}\times L_{ijt-1}$	矩阵元素，用 j 地的实际税率乘 L_{ijt}，滞后一期并赋空间邻接权重
控制变量	职工平均工资	X_1	用劳动工资项目中的职工平均工资代替
	财政预算结余	X_2	用财政金融项目中的财政预算内收入减去财政预算内支出
	人均财政支出	X_3	用财政金融项目中的财政预算内支出除以年末总人口

（四）实证结果

1. 税负的空间自相关性检验

本书使用 Moran's I 指数检验服务业地税税负的空间自相关性。从图 7 - 1 中可以看出，2003 ~ 2008 年，我国服务业各省地税税率存在着正向的空间自相关，这说明服务业税率在空间上的分布并不是处于完全的随机状态，而是受到其他具有相邻空间特征地区的税负水平的影响，在地理空间上存在着集聚现象。

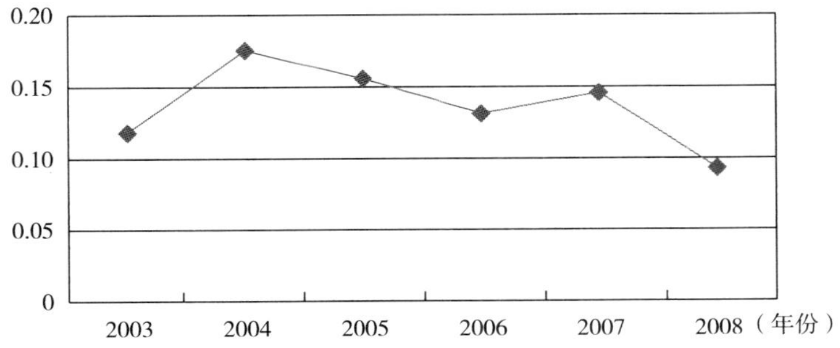

图 7－1 2003～2008 年服务业地税税率 Moran's I 指数变动情况

从具体行业来看，许多服务行业的税负水平在空间上都具有非常明显的相关性，如图 7－2 所示的交通运输仓储和邮政业、房地产的地税税负和所得税税负都在 1% 的显著性水平上存在着非常明显的空间自相关。

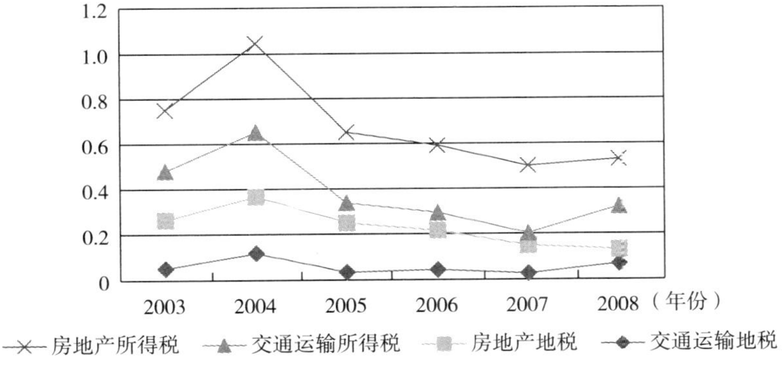

图 7－2 2003～2008 年服务业地税税率 Moran's I 指数变动情况

2. 空间面板计量结果

本书采用极大似然法（ML）对估计函数式（7－12）运用整个服务业和典型服务行业的地税税负和所得税税负分别进行估计。经 Hausman 检验，三类模型均需采用固定效应（Fixed Effects）模型①。其实，当样本随机取自总体时，选择随机效应模型比较恰当，而当回归分析局限于一些特定个体时，则应选择固定效应模型，对于本书按省级区域划分的税率计量分析而言，显然选择固定效应模型是恰当的。

表7-2、表7-3分别为地税税率建立的空间滞后模型和空间误差模型的估计结果。表中的（1）、（2）、（3）、（4）分别表示无固定效应（No Fixed Effects）、地区固定时间不固定效应（Spatial Fixed Effects）、时间固定地区不固定效应（Time Period Fixed Effects）、地区与时间均固定效应（Spatial and Time Period Fixed Effects）的估计结果。

表7-2 地税实际税率的SLM模型

变量	(1)	(2)	(3)	(4)	(1)	(2)	(3)	(4)
	模型1：服务业地税税负				模型2：交通运输业地税税负			
$W_{ij}t_{jt-1}$	0.079***	0.011**	0.059***	0.008*	0.067***	0.023*	0.071***	0.021**
	(10.60)	(2.01)	(7.48)	(1.78)	(6.49)	(1.89)	(6.32)	(2.47)
U_{it-1}	0.006	0.009**	0.011*	0.013***	0.009**	0.012**	0.015***	0.007*
	(1.45)	(2.29)	(1.86)	(2.96)	(2.313)	(2.003)	(3.451)	(1.807)
L_{it-1}	0.005	0.012*	0.009*	0.021**	0.022*	0.029**	0.031*	0.051**
	(0.78)	(2.01)	(1.86)	(2.54)	(1.93)	(2.45)	(1.82)	(2.29)
$\omega_{ij}t_{jt-1}\times L_{ijt-1}$	0.019	0.024*	0.011	0.048**	-1.09*	-0.719	-1.417**	-1.017**
	(0.87)	(1.97)	(1.15)	(2.44)	(-1.81)	(-1.71)	(-2.87)	(-2.21)
X_1	0.007***	0.012***	0.017***	0.009***	0.023***	0.036***	0.011***	0.056***
	(7.74)	(4.40)	(6.32)	(7.43)	(9.17)	(5.68)	(4.07)	(6.89)
X_2	-0.007***	-0.019***	-0.021***	-0.027**	-0.011***	-0.009***	-0.017***	-0.014***
	(-2.188)	(-5.456)	(-4.121)	(-6.086)	(-3.32)	(-5.07)	(-3.36)	(-4.87)
X_3	0.009*	0.011**	0.014**	0.013**	0.013**	0.009*	0.011	0.024**
	(1.81)	(2.56)	(2.45)	(2.34)	(2.31)	(1.99)	(1.09)	(3.21)
ρ	0.135***	0.312***	0.289***	0.357***	0.117***	0.219***	0.378***	0.512***
	(16.53)	(14.57)	(15.32)	(18.78)	(13.25)	(10.11)	(15.21)	(14.28)
adj-R^2	0.41	0.93	0.47	0.96	0.38	0.91	0.45	0.92
Log-likelihood	456.81	641.23	512.12	645.69	417.21	583.42	445.78	623.49

① 服务业及所有服务行业都在1%～10%水平上拒绝了原假设，证明存在固定效应模型。

续表

变量	（1）	（2）	（3）	（4）	（1）	（2）	（3）	（4）
	模型3：信息传输业地税税负				模型4：金融业地税税负			
$W_{ij}t_{jt-1}$	0.152***	0.056*	0.078***	0.031**	0.105***	0.078	0.097***	0.107
	(6.14)	(1.95)	(4.23)	(3.57)	(6.12)	(1.23)	(4.78)	(1.58)
U_{it-1}	0.011***	0.006*	0.023***	0.017	0.009*	0.011	0.023*	0.056*
	(4.12)	(1.81)	(6.17)	(1.51)	(1.82)	(1.72)	(2.14)	(2.24)
L_{it-1}	0.031	0.059*	0.024	0.041*	0.115*	0.133	0.082**	0.208*
	(0.89)	(1.87)	(1.11)	(1.91)	(1.89)	(1.71)	(2.12)	(1.94)
$\omega_{ij}t_{jt-1}L_{ijt-1}$	-1.492	-2.104	-3.21*	-1.54	3.71***	1.562	2.064*	2.783*
	(-1.46)	(-1.79)	(-1.91)	(-1.58)	(3.61)	(1.64)	(2.02)	(1.93)
X_1	0.014***	0.027*	0.051*	0.038**	0.018**	0.045	0.089	0.056
	(5.61)	(1.83)	(1.91)	(2.56)	(2.44)	(1.60)	(1.47)	(1.04)
X_2	0.008*	0.017***	0.036***	0.054***	0.026***	0.017*	0.023***	0.034**
	(1.80)	(6.12)	(4.41)	(6.17)	(4.10)	(1.89)	(4.40)	(2.40)
X_3	0.023	0.015*	0.026**	0.019**	0.011***	0.045***	0.027***	0.034***
	(1.33)	(1.81)	(2.76)	(2.38)	(4.29)	(3.31)	(2.55)	(4.81)
ρ	0.169***	0.147***	0.213***	0.189***	0.211***	0.167***	0.191***	0.143***
	(10.66)	(13.35)	(14.86)	(13.73)	(10.81)	(13.35)	(14.90)	(16.98)
$adj-R^2$	0.47	0.52	0.67	0.55	0.52	0.59	0.67	0.54
Log-likelihood	412.51	465.67	513.12	591.72	241.43	411.26	211.71	317.49
	模型5：房地产业地税税负				模型6：租赁和商务服务业地税税负			
$W_{ij}t_{jt-1}$	0.168***	0.145**	0.183***	0.145*	0.310***	0.211*	0.169***	0.096*
	(4.45)	(2.87)	(3.09)	(1.81)	(4.88)	(1.87)	(3.72)	(1.83)
U_{it-1}	0.007	0.015*	0.022*	0.016	0.026	0.045	0.037***	0.045*
	(1.78)	(1.89)	(2.02)	(1.58)	(1.79)	(1.64)	(3.28)	(2.27)
L_{it-1}	0.119	0.212*	0.115	0.29	0.313**	0.177	0.189*	0.131
	(1.41)	(1.88)	(1.56)	(1.72)	(2.89)	(1.48)	(1.99)	(1.65)
$\omega_{ij}t_{jt-1}L_{ijt-1}$	1.81***	0.704*	1.671**	0.871	1.15	1.345*	0.152	0.056
	(2.74)	(1.80)	(2.48)	(1.62)	(1.23)	(1.90)	(1.17)	(1.55)
X_1	0.036***	0.028***	0.049***	0.062***	0.024***	0.034	0.035***	0.027*
	(5.76)	(3.79)	(7.23)	(9.34)	(2.88)	(1.35)	(3.89)	(1.81)
X_2	0.016***	0.027***	0.045**	0.065***	0.015*	0.027***	0.037***	0.056***
	(4.345)	(8.886)	(5.537)	(7.568)	(1.85)	(3.71)	(5.17)	(3.67)
X_3	-0.018	-0.016	-0.021*	-0.009	0.056*	0.073**	0.068***	0.167***
	(-1.527)	(-0.165)	(-1.914)	(-0.788)	(1.91)	(2.43)	(3.95)	(2.89)

续表

变量	(1)	(2)	(3)	(4)	(1)	(2)	(3)	(4)
	模型5：房地产业地税税负				模型6：租赁和商务服务业地税税负			
ρ	0.317*** (10.52)	0.299*** (9.37)	0.378*** (6.93)	0.419*** (11.83)	0.313*** (10.15)	0.276*** (11.37)	0.365*** (14.56)	0.441*** (13.84)
adj - R^2	0.34	0.88	0.30	0.81	0.52	0.56	0.60	0.58
Log - likelihood	341.561	447.89	541.231	274.56	334.521	214.562	126.729	167.361

注：括号中为t统计量。***、**和*分别表示估计系数在1%、5%和10%水平上显著。

表7-3 地税实际税率的SEM模型

变量	(1)	(2)	(3)	(4)	(1)	(2)	(3)	(4)
	模型1：服务业地税税负				模型2：交通运输业地税税负			
$W_{ij}t_{jt-1}$	0.012* (1.89)	0.018** (2.33)	0.023** (2.76)	0.014** (2.47)	0.021 (1.45)	0.034 (1.26)	0.025* (1.86)	0.037 (1.69)
U_{it-1}	0.014** (2.45)	0.012 (1.45)	0.027*** (3.76)	0.043 (1.30)	0.011 (1.023)	0.026** (2.537)	0.078 (0.918)	0.049** (2.485)
L_{it-1}	0.021*** (4.18)	0.014** (2.76)	0.023*** (3.59)	0.027** (2.78)	0.021 (1.25)	0.042** (2.89)	0.056* (2.03)	0.075*** (3.80)
$\omega_{ij}t_{jt-1} \times L_{ijt-1}$	0.041 (1.54)	0.134*** (4.09)	0.216 (1.71)	0.177*** (3.39)	1.78*** (4.107)	0.903** (2.677)	2.308*** (4.67)	1.883*** (3.704)
X_1	0.014*** (8.83)	0.034*** (5.86)	0.067*** (4.16)	0.059*** (5.78)	0.034*** (9.50)	0.041*** (6.34)	0.024*** (4.15)	0.017*** (3.60)
X_2	0.056* (1.81)	0.025 (1.17)	0.037* (1.87)	0.027* (2.11)	0.009* (2.07)	0.021 (1.11)	0.035*** (3.03)	0.018 (1.62)
X_3	0.036*** (4.28)	0.027*** (3.17)	0.038*** (8.73)	0.051*** (4.29)	0.013*** (3.30)	0.022* (1.91)	0.070*** (3.01)	0.031** (2.23)
ρ	0.213*** (6.13)	0.580*** (23.46)	0.417*** (15.37)	0.658*** (21.46)	0.312*** (10.51)	0.147*** (3.16)	0.516*** (15.69)	0.215* (1.98)
adj - R^2	0.81	0.91	0.80	0.93	0.53	0.94	0.59	0.95
Log - likelihood	612.587	567.661	489.249	590.342	575.322	657.353	415.992	650.34
	模型3：信息传输业地税税负				模型4：金融业地税税负			
$W_{ij}t_{jt-1}$	0.015 (1.56)	0.022 (1.21)	0.017 (1.64)	0.027* (2.09)	0.015 (1.48)	0.009 (0.89)	0.024** (2.72)	0.027* (1.84)
U_{it-1}	0.009 (1.22)	0.006 (1.27)	0.011*** (4.33)	0.017* (2.13)	0.049* (1.92)	0.036 (1.517)	0.016* (1.863)	0.0021 (1.375)

续表

变量	(1)	(2)	(3)	(4)	(1)	(2)	(3)	(4)
	模型3：信息传输业地税税负				模型4：金融业地税税负			
L_{it-1}	0.015 (1.24)	0.027* (1.85)	0.056 (1.10)	0.067* (1.99)	0.031 (0.89)	0.103 (1.32)	0.045 (1.24)	0.141 (1.76)
$\omega_{ij}t_{jt-1}\times L_{ijt-1}$	0.718 (0.89)	2.419*** (3.670)	1.416* (1.819)	2.202* (1.816)	1.563*** (4.13)	1.034 (1.28)	1.692* (2.33)	1.371 (1.13)
X_1	0.032*** (3.16)	0.041* (1.84)	0.056 (1.24)	0.062* (1.88)	0.036*** (4.58)	0.028* (1.86)	0.019 (0.98)	0.024 (1.58)
X_2	0.023 (1.55)	0.045*** (3.78)	0.056*** (4.74)	0.048*** (4.71)	0.023*** (3.46)	0.011 (1.28)	0.025*** (3.68)	0.031** (2.55)
X_3	0.045 (1.76)	0.061* (2.15)	0.075** (2.89)	0.034* (1.87)	0.016*** (4.13)	0.022*** (2.98)	0.019* (1.92)	0.018*** (3.11)
ρ	0.081*** (3.47)	0.056* (1.91)	0.069 (1.22)	0.059* (1.96)	0.087*** (3.17)	0.056** (2.21)	0.089* (1.97)	0.142 (1.62)
adj - R^2	0.37	0.67	0.31	0.79	0.48	0.70	0.61	0.73
Log - likelihood	518.842	478.557	658.314	454.086	354.936	474.654	267.595	410.691
	模型5：房地产业地税税负				模型6：租赁和商务服务业地税税负			
$W_{ij}t_{jt-1}$	0.021 (1.57)	0.045* (2.26)	0.034 (1.67)	0.056* (1.95)	0.047 (1.76)	0.038 (1.35)	0.076* (1.89)	0.062* (2.33)
U_{it-1}	0.012** (2.60)	0.023 (1.45)	0.009** (2.52)	0.018* (1.84)	0.034 (0.98)	0.056 (1.26)	0.048** (2.40)	0.037 (1.56)
L_{it-1}	0.135* (2.06)	0.089 (1.26)	0.217 (1.76)	0.093 (0.98)	0.148* (2.03)	0.134* (1.97)	0.153 (1.62)	0.167* (2.03)
$\omega_{ij}t_{jt-1}\times L_{ijt-1}$	1.125** (2.35)	0.628 (1.32)	0.842* (2.05)	1.265* (1.94)	1.435 (1.76)	1.904* (2.25)	1.16* 1.83	1.56 (1.01)
X_1	0.014*** (5.47)	0.021*** (4.83)	0.015*** (4.34)	0.031*** (5.92)	0.017*** (2.79)	0.011** (2.62)	0.009** (2.19)	0.015** (2.95)
X_2	-0.019* (-2.077)	-0.021*** (-3.424)	-0.014** (-2.529)	-0.037*** (-4.032)	0.024* (1.93)	0.018 (1.43)	0.023*** (3.82)	0.017* (2.05)
X_3	0.012 (1.27)	0.024* (1.86)	0.019 (0.98)	0.026 (1.42)	0.036 (1.76)	0.049* (2.05)	0.025*** (3.81)	0.067** (2.62)
ρ	0.045 (1.35)	0.083*** (3.37)	0.071* (2.10)	0.142*** (5.12)	0.041 (1.18)	0.046* (1.90)	0.034 (1.61)	0.029* (1.87)
adj - R^2	0.61	0.72	0.84	0.95	0.61	0.72	0.79	0.83
Log - likelihood	312.177	367.305	266.279	287.233	125.622	109.862	219.302	198.82

注：括号中为t统计量。***、**和*分别表示估计系数在1%、5%和10%水平上显著。

根据调整后的 R^2 和 σ^2 判断，模型 1 至模型 4 对于不同产业均显示了较好的拟合度，表明式（7-12）可以较好地解释各地服务业地税税率设定的机理。从整体上看，除了信息服务业和金融业的 SLM 模型以外，模型 2 的拟合度均优于模型 1、模型 3 和模型 4，因此，本书后续讨论基本上依照模型 2，并参考模型 1、模型 3、模型 4 进行。其实，无固定效应影响的估计（1）假定地区之间具有相同的实际税率水平，时间固定地区不固定影响的估计（3）中仅考虑了时间的影响，而中国巨大的区域差异决定了地区固定效应的重要性，忽略地区之间在税率水平上的结构性差异必然会导致结果产生不同程度的偏差。地区固定效应反映了随区位变化的背景变量对稳态的影响，时间固定效应则反映了随时间变化的背景变量对稳态的影响，在对地方税率影响因素的分析中，由于考察的时间周期较短，地区固定效应反映出经济结构和自然禀赋的影响通常在短期就会显现，而时间固定效应反映出的经济周期、突发事件等随时间变化的影响，不仅表现在当期，在若干时期后还将具有影响与辐射的作用（李婧等，2010），因此模型 2 的结果会更优于模型 3 和模型 4 的结果。

综合表 7-2、表 7-3 的结果可以看出，地方政府对服务业的征税能力将受到周边地区的税率水平，以及本地城市化经济的相对规模、本地化经济的相对规模、周边地区税率与本地化产业规模的互动这四个要素的共同影响。具体来说：

其一，地方政府在税率上与周边地区的竞争是存在的，地方政府征税具有策略性行为特征，与周边邻近区域的税率变动呈同向变化，这与许多关于税收竞争存在性的实证研究文章是不谋而合的（如 Brueckner and Saavedra，2001；Heyndels and Vuchelen，1998）。

其二，本地城市化经济的相对规模对地方政府的征税能力具有显著影响。相对于其他地区特别是距离较近的地区来说，本地的城市化经济规模越大，地方政府提升税率的自由度越高。正向影响表明，作为外部性的源泉之一，企业将受益于城市化经济；地方政府可以从企业的收益中抽取一部分，作为城市化经济的租金，而不会使企业流失。也就是说，新经济地理学中所谓的“集聚租金”是存在着的，而且，政府征收集聚租金的能力与该地给予企业城市化经济溢出的规模成正比。

其三，城市中本地化产业的集聚也会对地方政府在税收上的策略性行为产生影响。正向影响表明，产业集聚的存在将使本行业企业的流动性变差，从而产生“区位黏性”，地方政府可以不必随时紧跟周边其他地区的税率变化。本地产业集聚与邻近地区相比规模越大，可征收集聚租金的规模也就越大，地方政府在税收上的策略性行为也就越少。正如新经济地理学指出的那样，传统理论中“竞次”的税率竞争行为在集聚经济存在的情况下将会弱化。

其四，本地产业集聚与周边地区税率的互动也会对地方政府的征税行为产生影响，但这种影响并不非常显著。两者交乘项的系数为负表明，如果本地产业集聚由于周边地区税率降低而集聚度降低，也就是使本地化经济规模下降，本地政府也将采取策略性的竞争行为，也就是将本地的税收水平相应降低。在这时，地方政府的征税行为同传统税收竞争模型所显示的一样是彼此互补的，也就是说，由于周边地区税收竞争行为而引起的本地化经济超越边境的扩散会使本地政府征收集聚租金的能力有所降低。但如果周边地区的税率行为没有对本地产业集聚产生影响，地方政府是不会做出反应的，这与 Rork（2003）的研究结论一致，但与 Luna（2004）和 Hill（2008）的研究结论相反。

其五，职工平均工资和人均财政支出对地方政府的税率征收行为会产生正向影响，而财政预算盈余的影响则是负向的。该结果表明，人均收入较高、人均财政支出负担较大的地区，税率倾向于较高；财政盈余度越高的地区，越有可能采取较低的税率。

其六，对于不同服务行业来说，城市化经济和本地化经济对地方政府征税行为的影响强度是不同的。对交通运输业、批发零售业的征税行为较多地受到了本地化经济的影响，而房地产、信息传输业税收受城市化经济的影响更强。地方政府对金融业、租赁和商务服务业的征税行为受本地化经济和城市化经济的影响不显著，但从所得税征税行为的结果看，金融业较多地受到了城市化经济的影响（见表 7－4 和表 7－5）。

表 7－4　所得税实际税率的 SLM 模型

变量	(1)	(2)	(3)	(4)	(1)	(2)	(3)	(4)
	模型 1：交通运输业所得税税负				模型 2：批发零售业所得税税负			
$W_{ij}t_{jt-1}$	0.041 (1.41)	0.056 (0.79)	0.070** (2.50)	0.061 (1.37)	0.234*** (6.79)	0.076** (2.13)	0.126*** (4.42)	0.109*** (3.09)
U_{it-1}	0.023*** (4.68)	0.014* (1.95)	0.013*** (4.85)	0.021** (2.46)	0.048 (1.77)	0.0751 (0.80)	0.009 (0.69)	0.006 (1.34)
L_{it-1}	0.023*** (3.65)	0.011*** (2.75)	0.032*** (3.67)	0.019*** (4.12)	0.047 (1.11)	0.026** (2.34)	0.083** (2.11)	0.011*** (3.12)

续表

变量	(1)	(2)	(3)	(4)	(1)	(2)	(3)	(4)
	模型1：交通运输业所得税税负				模型2：批发零售业所得税税负			
$\omega_{ij}t_{jt-1} \times L_{ijt-1}$	1.92**	2.13***	1.63***	1.97***	0.131	0.432*	0.128	0.497*
	(2.61)	(4.12)	(3.78)	(4.82)	(0.81)	(1.92)	(1.56)	(1.90)
X_1	0.003	0.011*	0.011	0.007	0.034	0.071**	0.067*	0.045
	(1.78)	(1.98)	(0.67)	(0.49)	(1.66)	(2.26)	(1.81)	(1.33)
X_2	0.013	0.011	0.009	0.017*	0.015	0.021*	0.027*	0.018**
	(1.13)	(0.76)	(1.45)	(1.92)	(0.60)	(1.92)	(2.01)	(2.38)
X_3	0.021*	0.016	0.014	0.023	0.009***	0.011**	0.017***	0.032***
	(1.81)	(0.98)	(1.56)	(1.15)	(4.39)	(2.73)	(3.11)	(3.74)
ρ	0.328***	0.376***	0.287***	0.412***	0.341***	0.281***	0.432***	0.368***
	(11.35)	(10.78)	(9.78)	(12.56)	(12.51)	(11.78)	(13.81)	(14.37)
$adj-R^2$	0.48	0.52	0.42	0.47	0.69	0.82	0.91	0.87
Log - likelihood	537.91	648.23	503.21	618.9	456.67	646.7	512.38	509.9
	模型3：金融业所得税税负				模型4：房地产业所得税税负			
$W_{ij}t_{jt-1}$	0.031**	0.013	0.009	0.011*	0.14***	0.167***	0.141***	0.227***
	(2.340)	(1.160)	(0.586)	(1.853)	(3.84)	(2.94)	(2.83)	(3.06)
U_{it-1}	0.003	0.014	0.008	0.011	0.034	0.078	0.091*	0.062*
	(1.235)	(0.639)	(1.560)	(1.089)	(1.12)	(1.45)	(1.88)	(1.93)
L_{it-1}	0.031	0.042*	0.029**	0.027*	0.051**	0.026**	0.047	0.073*
	(1.337)	(1.830)	(2.790)	(2.030)	(2.52)	(2.44)	(1.68)	(1.89)
$\omega_{ij}t_{jt-1} \times L_{ijt-1}$	0.104	0.267*	0.309	0.412*	0.036	0.089	0.102	0.075*
	1.374	1.938	1.686	1.821	(1.04)	(0.83)	(1.12)	(1.83)
X_1	0.031***	0.054***	0.061***	0.039***	0.045	0.186	0.058	0.138
	(5.845)	(3.767)	(4.119)	(4.825)	(2.51)	(3.11)	(3.58)	(4.20)
X_2	0.067**	0.084**	0.121***	0.109**	0.078	0.151	0.148	0.064
	(2.430)	(2.110)	(3.110)	(2.090)	(1.24)	(1.57)	(1.35)	(0.89)
X_3	0.024***	0.031**	0.017	0.02**	0.121***	0.089***	0.145	0.164**
	(3.228)	(2.233)	(1.227)	(2.626)	(4.15)	(2.93)	(1.17)	(2.34)
ρ	0.412***	0.305***	0.367***	0.321***	0.396***	0.330***	0.413***	0.378***
	(11.01)	(9.27)	(10.32)	(13.31)	(9.91)	(11.28)	(10.67)	(12.36)
$adj-R^2$	0.43	0.47	0.51	0.67	0.45	0.48	0.54	0.61
Log - likelihood	502.59	513.89	489.02	513.79	482.19	512.89	487.79	530.89

表 7-5　所得税实际税率的 SEM 模型

变量	(1)	(2)	(3)	(4)	(1)	(2)	(3)	(4)
	模型 1：交通运输业所得税税负				模型 2：批发零售业所得税税负			
$W_{ij}t_{jt-1}$	0.018	0.028	0.047*	0.019	0.038*	0.056**	0.049***	0.071***
	(1.19)	(1.43)	(2.13)	(1.24)	(2.19)	(2.75)	(3.41)	(4.04)
U_{it-1}	0.009**	0.011	0.018**	0.026	0.045*	0.039**	0.028	0.031**
	(2.43)	(1.48)	(2.68)	(1.74)	(1.98)	(2.29)	(1.67)	(2.61)
L_{it-1}	0.017***	0.034***	0.027***	0.039***	0.015	0.031*	0.027*	0.062**
	(4.19)	(3.13)	(4.29)	(3.56)	(1.54)	(2.05)	(1.91)	(2.49)
$\omega_{ij}t_{jt-1}\times L_{ijt-1}$	1.452***	1.281**	0.929**	1.067**	0.036	0.051	0.122*	0.148*
	(4.01)	(2.87)	(2.35)	(2.20)	(0.88)	(1.34)	(2.01)	(1.99)
X_1	0.013*	0.024*	0.031	0.027	0.101	0.087**	0.091*	0.067**
	(1.87)	(1.80)	(1.44)	(1.10)	(1.13)	(2.34)	(1.93)	(2.68)
X_2	0.038	0.045**	0.017*	0.041**	0.034	0.062**	0.112	0.088**
	(1.69)	(2.29)	(1.87)	(2.35)	(1.46)	(2.32)	(1.44)	(2.59)
X_3	0.023***	0.045	0.056*	0.037*	0.101**	0.078***	0.066**	0.841***
	(3.21)	(1.24)	(1.96)	(1.96)	(2.65)	(4.01)	(2.51)	(4.42)
ρ	0.491***	0.312***	0.361***	0.672***	0.138***	0.142***	0.143***	0.187***
	(10.81)	(11.73)	(12.34)	(11.92)	(8.71)	(10.96)	(9.98)	(9.67)
adj - R^2	0.43	0.55	0.60	0.65	0.41	0.53	0.65	0.70
Log - likelihood	549.02	664.53	458.97	590.15	522.32	646.95	542.44	569.26
	模型 3：金融业所得税税负				模型 4：房地产业所得税税负			
$W_{ij}t_{jt-1}$	0.0190	0.021**	0.0390	0.046**	0.019	0.072*	0.101*	0.098**
	(1.74)	(2.45)	(1.71)	(2.28)	(0.71)	(1.82)	(1.89)	(2.49)
U_{it-1}	0.026	0.042*	0.066**	0.061*	0.078	0.081**	0.103**	0.143
	(1.27)	(2.06)	(2.34)	(1.85)	(1.61)	(2.23)	(2.27)	(1.37)
L_{it-1}	0.085*	0.0645**	0.045*	0.061	0.045**	0.065	0.121**	0.087**
	(1.87)	(2.30)	(1.88)	(1.68)	(2.45)	(1.26)	(2.21)	(2.55)
$\omega_{ij}t_{jt-1}\times L_{ijt-1}$	0.037	0.252**	0.082	0.464**	0.102	0.314*	0.228**	0.411
	(1.24)	(2.44)	(1.51)	(2.42)	(1.23)	(1.84)	(2.41)	(1.76)
X_1	0.045***	0.076***	0.104***	0.117***	0.057	0.104**	0.084**	0.069***
	(3.43)	(4.23)	(3.41)	(4.56)	(1.76)	(2.21)	(2.67)	(3.35)
X_2	0.065	0.031*	0.147	0.113*	0.111*	0.982**	0.105**	0.893***
	(1.49)	(2.06)	(1.68)	(1.98)	(1.97)	(2.41)	(2.32)	(3.46)

续表

变量	(1)	(2)	(3)	(4)	(1)	(2)	(3)	(4)
	模型3：金融业所得税税负				模型4：房地产业所得税税负			
X_3	0.078** (2.63)	0.116*** (3.43)	0.087* (1.86)	0.092** (2.76)	0.231*** (4.41)	0.145*** (3.38)	0.0951** (2.28)	0.114** (2.93)
ρ	0.345*** (8.59)	0.397*** (9.32)	0.451*** (10.71)	0.582*** (11.59)	0.145*** (8.79)	0.136*** (10.87)	0.217*** (7.90)	0.374*** (8.31)
adj - R^2	0.41	0.44	0.52	0.58	0.49	0.50	0.52	0.63
Log - likelihood	502.53	463.6	510.428	437.92	416.32	510.67	487.98	445.60

其七，在不同服务领域，地方政府的税收竞争强度也有所区别。从实证结果来看，目前地方政府在房地产、租赁和商务服务业、信息传输业等现代服务业领域的税收竞争明显强于在交通运输领域的税收竞争；从所得税税收来看，房地产业领域的税收竞争比起交通运输领域的税收竞争更为激烈，这反映出地方政府对现代服务业的重视和保护。此外，没有明显证据证明地方政府在金融领域的税收竞争行为存在。目前，我国金融业的从业人员当中，银行业、证券业、保险业和其他金融活动从业人员的比重分别是55.36%、2.91%、37.39%和4.34%，地方政府虽然对金融业尤为重视，但由于我国特殊的带有垄断性质的金融业企业规模结构，金融企业的区位决策在某种程度上并不受到当地税收政策的影响，地方税率对金融业在某地的入驻和退出作用较小，基于此，地方政府在该领域并不主要以税收手段进行有效的对金融流动资本的竞争。

四、本章小结

本章为产业外部性经济之于地方政府税收竞争行为的正向影响提供了实证证据。利用2000~2008年省级服务业税收数据，本章在对我国14个服务行业集聚进行辨识的基础上，选取了具有代表性的典型服务行业，分析了集聚经济对地方政府税收征收行为的影响。研究结果表明，行政区内服务业本地化经济和城市化经济的存在对该服务行业在本地的实际税负将产生正向影响，而且集聚经济的影响从程度上来看也是非常显著的。研究结果还表明，许多因素影响或决定着地方政府对集聚租金征税的能力，比如，与周边地区相比，拥有较强经济基础的地区倾向于设定较高的税率；本地化经济超越边界的扩散也将降低某地政府攫取集聚租金的能力。

传统的税收竞争理论指出，地方政府倾向于竞次的税收竞争，税收竞争的结果将导致对最优税率的偏离和地方公共产品的偏低供给。然而，本书的实证研究表明，在集聚经济存在且满足某些条件下，地方政府完全可以调整策略，提高产业在本地的实际税负而不必担心引起资本逃逸；而且，地方政府对集聚租金征税的能力，不仅取决于自身集聚经济的特点，更取决于周边其他地区集聚经济的特性。随着交通和通信成本的降低、区域一体化的不断深入，特别是各级政府对服务业发展的重视日益加强，地方政府对税率竞次的担心不断加剧。基于此，本书将为地方政府税收政策制定提供全新的视角和有益参考。

第八章　新时期我国服务业集聚发展的趋势及建议

与产业结构相比，空间结构更能体现趋势性的影响，因而对地方发展的意义也更为长远；同时，对产业空间布局的谋划也是政府宏观调控职能的重要抓手和集中体现。“十二五”期间，我国服务业空间格局面临着区域功能布局和分工不合理、分散性布局导致同质化凸显、中心城市集聚辐射能力偏弱等突出问题。中央城市工作会议强调，“应统筹空间、规模、产业三大结构，强化大中小城市和小城镇产业协作协同，逐步形成横向错位发展、纵向分工协作的发展格局”；国家发改委《关于“十三五”市县经济社会发展规划改革创新的指导意见》中明确指出了“十三五”规划改革创新的主要任务，即是“要强化空间布局，优化产业发展的空间结构，将经济社会发展与优化空间布局融为一体”。这不仅对新时期服务业发展空间布局的顶层设计提出了新的更高要求，也有望从根本上改变以往服务业发展中将时序与空间、发展与布局割裂甚至对立的情况。

本书的研究表明，服务业的地理集聚和空间模式同制造业相比有较大差别，服务业更依赖于信息外部性和面对面的交流，因而空间模式对于服务业增长非常重要。“十三五”期间，不仅要强调对服务业发展方向的引导，更需要在正确认识城市发展规律的基础上，强化对服务业空间布局的导向和约束，优化服务业发展的空间结构，科学谋划总体布局。基于此，本章在前述研究的基础上，结合新的发展阶段对我国服务业空间格局产生重大影响的区域性战略和发展主线，提出新的发展时期有利于我国服务业在集聚中走向平衡，从而形成层次分明、功能协调空间发展结构的政策建议。

一、新形势下我国服务业集聚发展的基本区域背景

从“十二五”期间国务院批复的各项区域规划来看，我国区域发展四大板块加特殊问题区域的空间架构已经基本形成。同过去的五年相比，新的历史时期，我国服务业发展依托的基本区域背景预期将有如下六方面重大转变，并将引发服务业空间格局的相应调整。

第一，有别于以往遍地开花的区域经济发展战略，伴随京津冀一体化、丝绸之路经济带、21 世纪海上丝绸之路和长江经济带等的实施，四大规划惠及地区无疑将成为未来我国服务业集聚发展与扩大开放的增长热点和战略重心。

第二，有别于以往区域内部相向发展和同构化竞争的格局，基于分工基础上的区域城市间协调和共赢将成为产业发展的主旋律。适应此种变化，进一步优化空间组织模式，依托城市群形成服务业的空间梯度发展和网络化布局，将成为新时期服务业空间格局的基本框架和主线。

第三，有别于以往空间依赖的粗放式发展方式，土地指标控制的层层趋紧及对城市新区建设的规模控制将成为常态，服务业发展重点依托的发达地区特别是区域中心城市将着重加快工业土地二次开发，努力实现土地重整基础上的精明增长将成为新时期城市发展的主流。适应此种变化，服务业空间布局和载体规划的重点也将由片面强调做大增量向优选增量和提升存量相结合转变；中心城区作为服务业的主要集聚地，其区位价值也将通过“退二进三”等方式得到重新释放和挖掘。

第四，有别于以往以重大项目招商引资为主的投资驱动模式和片面追求高大上的城市产业发展倾向，随着经济进入新常态、地方政府投资趋于谨慎，产业规划将以真实的市场需求为导向，更加强化微观主体在产业发展中的主导作用。为适应此种变化，服务业在发展动力上应努力实现从政府投资拉动向市场需求驱动、企业创新带动转变，服务业重点领域选择需更加突出城镇化、消费结构升级、产业融合的趋势要求，更加有利于实现可持续、包容性增长。

第五，有别于以往资源向重点区域倾斜、开发区片面侧重生产功能的产业发展倾向，“十三五”期间重点区域发展将从单一性的生产空间向多元复合型的空

间形态转变，政府职能重心也将从项目开发建设向社会管理服务转型。适应此种变化，服务业布局也应注重在人口集聚基础上的合理均衡配置，特别重视发挥居民服务、医疗健康、教育培训等服务业在调和各种发展主体、完善政府职能、促进产城融合过程中的重要作用。

第六，有别于以往依托四个自贸区和一个服务业扩大开放综合试点城市为主的服务业“点状式”对外开放空间格局，“一带一路”倡议的深入推进，将在新的历史时期为相关城市服务业发展开辟广阔的想象空间，使我国的服务业对外开放格局形成沿海与内陆边境两个维度。这种变化必将指引所涉及区域内的城市以跨区域、跨国界市场的视野重新布局本地服务业发展，从而极大地推动沿线地区服务业的开放进程，有利于形成带状的多元开放格局。

二、服务业空间格局：在集聚中走向平衡

从生产性服务业发展的外部环境看，随着全球化的深入推进、我国经济总量的增长和国际地位的进一步提升，特别是“一带一路”倡议和各项多边双边自由贸易安排的实施，客观上会为国家级服务业中心城市在更大空间范围内配置各种要素提供有利条件，使其逐渐向全球城市体系顶端移动。因此，“十三五”期间，具有国际金融、贸易、科技创新、商务服务枢纽和文化交流门户等综合服务或专业化功能的全球服务业中心城市，有望在北京、上海、广州、深圳等国家中心城市加速形成，从而在不断提高自身服务业集聚度的同时，整体提升我国在世界服务网络中的引领和控制能力。与此同时，国际空港、陆港门户和能源设施的兴建，加之相对均衡城镇化发展战略的实施、内陆开放型经济试验区的获批及战略性互联互通等重大项目的启动，将引导服务要素、创新要素和信息要素在这些区域的集中，一方面有利于面向新亚欧大陆桥、中蒙俄、中国—中亚—西亚、中国—中南半岛、中巴、孟中印缅等国际次区域的边境省区中心城市和口岸城镇，发展成为新的交通枢纽和贸易中心；另一方面有望给位于国际经济合作走廊上的内地空港陆港门户城市带来发展机遇，形成新的国际商贸物流网络中心；加之“十三五”时期是国家全面推进产业结构调整、推动“大众创业、万众创新”关键时期，一些科研实力较强的内地城市有望适应国际产业研发转移趋势，形成具

有较强科技能力的国际创新服务中心。上述变化都将使服务业在高端集聚的同时，形成沿海与内地、发达与欠发达地区平衡协调、纵深联动的服务业增长格局。

已有研究表明，到大城市的通达性和接近性，意味着更加靠近集聚经济带来的种种便利，与工业化、城市化等传统因素相比，在促进腹地城市服务业增长中的地位也更加重要①。从生产性服务业发展的内部条件看，一批重大区域性综合交通枢纽设施的兴建，特别是高速铁路、城际铁路的加快建设将大大缩短城市间服务递送成本，不仅有利于进一步深化服务要素的对接和流动，还将从根本上改变城镇体系中节点城市的分工协作地位，从而改变我国服务业的空间发展格局。在城市群内部，随着城镇体系的理顺和组团分工的形成，加之规模经济、贸易成本和需求规模等因素的多方影响，高等级城市特别是城市中心在集聚高端服务业和生产性服务业方面的核心地位有望进一步强化，依托城市群以“生产性服务业—制造业”为内涵的新核心—边缘结构有望在“十三五”期间加速形成；与此同时，纳入中心城市产业协作体系的周边及腹地也有望通过新功能平台的建设，如城市综合体、科技园、微型 CBD、专业市场、大学城、会展中心、物流园区、生态岛、文化创意园区等，促进生产性服务业在局部的集聚和增长，从而实现生产性服务业在区域间分工协作基础上的正向空间溢出，形成“大区域分散、小区域集聚”的多极化空间发展格局。

“十三五”时期是我国城镇化继续深化的时期，截至 2015 年底，我国城镇化率已达到 56%，城镇化发展会在“十三五”期间进入高速增长的中后期阶段，也就是从农村人口进入城市的非农化阶段过渡到迁移流动人口市民化的阶段。农民工市民化和就地城镇化引发的对公共服务、社会保障及政府管理体系城乡平衡、区域平衡内在要求，加之消费结构升级、服务企业模式创新和老龄化结构深化等因素的共同作用，个人型服务业和社会型服务业在“十三五”期间的重要性将极大凸显，也将使其空间布局在总体上更加分散。在此基础上，随着长江中游地区、黄河中下游地区、成渝地区等区域在“十三五”时期形成新的人口集聚中心，由此带来的商贸物流、教育文化、健康服务、休闲旅游等服务需求也将引发生活服务业在这些热点地区的集中布局。

① Liu Yi, 2013. Centric Drive, Spatial Spillover and Service Sector Growth: An Empirical Study of China. Working Paper of CASS – FU International Conference on “Changing Economies”, Adelaide, Australia.

三、适应服务业空间格局变化的政策调整

在新的历史时期谋划服务业发展、筹划空间，不仅需要顶层设计，更需要相关政策体系的配合。为更好适应内外部发展环境的变化，促进服务业尽快形成布局科学、分工合理的区域空间发展格局，以下政策需做出相应调整：

其一，以整合区域空间和创新区域一体化政策为前提，以都市区空间协调管制和战略性服务设施布局为抓手，加快区域产业空间结构转型，不断完善区域中心城市的服务功能，积极推进以都市圈、城市带为依托的区域服务业发展格局，使服务业从分散的地方性自主发展逐渐转向都市区网络化整合发展。

其二，应依托京津冀一体化、丝绸之路经济带和长江经济带等主要区域发展规划，结合深化改革、扩大开放、转型升级、“互联网 +”、创业创新等“十三五”重大国家战略，继续在各地方聚焦重点领域、搭建优势平台，扩大范围、深入推进服务业综合改革试点工作。在详细总结前期试点先进经验的基础上，应更加注重示范经验和发展模式的推广和复制，以及国家层面体制机制和配套政策的突破。通过采取先行先试、集成政策、重点支持等方式，以点上的突破带动面上的创新，着力引导服务业领域的理念创新、技术创新、业态创新和管理创新。

其三，改革完善服务业用地管理制度，推动土地差别化管理与引导服务业供给结构调整相结合，在适当提高服务业用地规模和比例的基础上，加大城市土地盘活力度，加强对服务业用地出让合同履约管理，严控打着产业名义炒作房地产或圈地的行为。

其四，研究制定挖潜盘活城镇存量土地和城乡建设用地的政策措施，特别需适应中心城市产业转型升级和产业融合发展的要求，尽快制定支持综合用地“功能混合、一地多用”相关配套政策及土地出让金管理机制。

其五，编制和调整土地利用总体规划和城乡规划时，应在程序上将产业规划论证前置，破除城市规划在服务业发展上的“黑箱”效应，在科学研究的基础上确定城市各服务行业的空间布局；同时，应在相关规划中充分考虑服务业项目、设施的建设用地需求。

其六，为适应全球服务业中心城市建设，不断强化中心城市对全球资源的配

置能力，应进一步扩大服务业对外开放领域，暂停或取消在金融、商贸、商务、社会服务业等领域对投资者资质、股比、经营范围的要求，重点发展提供全球性服务的生产性服务业；不断完善市场准入制度，在产业融合的大背景下，探索建立跨界行业的准入及监管机制。构建与国际惯例接轨的税收体系，尽快形成鼓励离岸业务发展和境外股权投资的税收政策；健全人才制度和知识产权保护制度，加快形成创新要素集聚、资源优化配置的科技创新体制机制；扩大人民币跨境服务功能，加快实施以负面清单为主体的外汇管理模式、以事中事后监管为主的金融监管体制；积极发展平台经济，加快建立一批具有国际定价影响力和全球资源配置能力的国际化交易市场。

第九章　结束语

经典的经济学理论认为，具有较高运输成本的产业才会选址在与其客户邻近的地区；对于面对面的互动服务来说，较高的运输成本使服务业无法形成地理集聚发展态势（Kim，1995）。然而，近年来越来越多的研究表明，服务部门正在走向地理集中或集聚，"在今天的世界，最突出的地方化的例子事实上是基于服务业的，而不是制造业的……技术正朝着促进服务更加地方化的方向发展"（克鲁格曼，2000）。然而，由于服务业的构成极其庞杂，既包括传统"纯劳动"型服务，也包括资金、设备和技术高度密集的服务；既包括具备完全竞争性质的服务，也包括具备自然垄断性质的行业（江小涓，2011），目前从服务业区位选择和集聚发展的理论体系来看，相关文献几乎都是基于城市内部空间结构做出的，且均是在地理学研究框架内对现状的描述和数学模型建构，而已有的对于服务业集聚的形成机理的理论解释如知识外溢、集体学习、接近全球网络等则更多带有事后追溯的味道。从宏观层面研究服务业区位选择的成因，以及服务业地理集中与集聚的演化、特征和规律，特别是对服务业集聚形成机理及其效应进行系统梳理和实证分析的文献非常缺乏。新经济地理学运用内部收益递增来解释经济集聚现象，通过建立一系列的一般均衡模型（Krugman，1991）研究规模报酬、产品差异化和运输成本对产业区位的影响，现已成为解释产业集聚的主流理论。然而，该研究领域却长期缺乏对服务产业的应有关注。基于此，本书尝试将服务业嵌入新经济地理学研究框架，用以解释服务业集聚的形成机理和演化机制。

特别地，改革开放以来，财政分权使中国具有浓厚的财政联邦主义色彩，地方独立性大大增强，各级、各地政府间的利益界限日益清晰，财税竞争日趋激烈。在这样的背景下，地方政府的财税政策对服务业集聚形成的影响就是一个不能忽略的考察维度。从现实来看，作为发展服务业的重要载体和战略抓手，服务业集聚区近年来受到地方政府的高度重视，上至省级政府、下至县级政府都规划建设了一大批服务业集聚区，并且在财税政策层面不断加大引导和扶持力度。基于上述考虑，本书力图将政府税收竞争这个被长期忽略的研究维度纳入研究范围，作为对新经济地理学的扩展和补充，本书运用空间计量方法，检验了地方政府税收竞争的存在性及其在服务业集聚形成中的作用，同时探讨了服务业集聚的形成对地方政府税收竞争策略会产生怎样的影响。

在以上思路的指导下，本书主要做了以下三方面研究工作：一是在对服务业集聚的特征和规律进行梳理总结的基础上，彻底摸清了我国各服务行业的集聚状况和演变趋势，特别是探讨了产业尺度和空间尺度对研究我国服务业集聚的影响，并分析了不同服务行业集聚的空间联系模式；二是检验了我国省际服务业实际税率的演进趋势和区域空间关联；三是通过空间计量方法实证分析了服务业集聚与地方政府税收竞争之间的互动联系，对服务业集聚与地方政府税收空间分布关联性及互动逻辑进行动态面板数据的格兰杰检验，在此基础上用反应函数对服务业集聚之于地方政府税收竞争格局的影响进行空间计量检验。

一、主要发现

通过前面八章的分析，本书的主要发现如下：

（1）虽然服务业涵盖了多样性很强的一系列行业，但作为一个整体，除了其产出是无形的之外，服务行业确实拥有将其同制造业区别开来的一些共同性质，而这些性质恰恰影响了行业的地理集聚和区位模式选择：其一，服务业并不像制造业那样依赖于自然资源投入。其二，服务业比制造业消耗更少的土地资源，这就使服务企业在地理空间上可以比制造业更加靠近。其三，服务业和制造业的运输成本是完全不同的。制造业产出的运输成本将随着距离的增加而呈线性增长，而且无论距离长短，制造业运输总会产生固定成本；由此，制造企业会发现，与其贸易伙伴之间在一个很小的地理范围内的集聚带来的成本降低效益很小，而一旦超过了某一半径范围，制造企业则更愿意与其贸易伙伴接近，制造业的集聚也会在较大的地理水平上出现。而作为服务业来说，上述的运输成本结构及变化规律是不成立的。比如对于私人服务业服务来说，运输的不是货物而是

“人”，服务的运输成本相当于通勤者时间的机会成本，而这种运输成本与距离的关系并不是简单线性的。当面对面交流必需且可能时，服务的运输成本在短距离内随着距离的增加而上升；一旦超过面对面服务的距离之后，服务的运输成本相对于距离来说差别就小多了，此时服务的成本在各地之间基本变得“平坦”。另外，对于数据处理等可以用电子方式递送的服务来说，运输成本几乎为零，且与运输距离没有联系。在一定的半径范围内，服务企业将从与其服务对象接近的选址行为中获益，服务业将在较小的地理范围内显示出集聚的特征；而超过这一半径范围后，企业对于接近其服务对象将变得相当不敏感，也就是说在更大地理水平上的集聚是较不易被发现的。

（2）“集聚”是一个带有宽泛含义的词组，集聚通常与研究者所选择的空间范围和产业层次相联系，然而在现有的实证研究中，对于集聚力发挥作用的地理空间的范围依然存在较多争论。囿于数据的可得性，目前几乎所有宏观层面上关于我国服务业地理集中和集聚的计算都是基于省际空间尺度的，在产业尺度上，通常选择的是 14 个行业的服务业大类口径，如此粗线条的研究方法很可能掩盖更小的地理空间尺度所隐含的有关服务业地理集聚的有用信息，更有可能埋没中类服务行业之间地理集中和集聚的空间差异。从行业中类看我国服务业的地理集中度可以发现，行业划分越细，服务业在各空间层次越集中。从总体趋势来看，二位数行业反映的我国服务业地理集中的程度更高；从各行业来看，行业中类反映出的我国各服务行业地理集中态势比行业大类更加明显；从集聚演化上看，二位数行业反映出的我国服务业变动幅度更大，集中趋势也更为明确。从结果上看，在地理上集中度较高的二位数行业主要受到以下因素影响：①具有垄断性质的服务行业，比如铁路运输业、航空运输业、证券业、管道运输业、社会保障业；②受自然条件影响较大的服务业，如水上运输业；③知识密集、智力密集型服务业，如软件业、计算机服务业、研究与试验、科技交流与推广；④同城市等级和人口密度高度相关的服务行业，如商务服务业、其他服务业、城市公共交通业等。与之相对，集聚程度低的服务行业几乎都是具有公共产品或半公共产品性质的服务行业，如卫生、水利管理、广播电视、电信、文化艺术、公共设施管理等。而从地级数据看我国服务业的地理集中度可以发现，随着空间尺度逐渐缩小，服务业在空间上呈现出集中度越来越强的特点。从总体集聚水平上看，运用地级层面数据计算的我国服务业地理集中度比省级尺度数据高许多；从变动趋势看，在地级层面服务业的集聚态势比在省级层面更加明显；从各行业集中程度看，各个行业在地级层面均更加集中，行业差异也更大。综合空间尺度和产业尺度对我国服务业地理集中现状及演化的影响可以看到，服务业在更细的行业尺度、更小的空间尺度上不但更加集中，且逐步趋于集中的演化态势也更加明显。也就是说，出于服务业面对面的交流需求、特殊的交易成本结构及更加本地化的集聚形成机制，服务业空间集聚更多地表现为较小地理空间内部、较细分行业内的集中，以往对于我国服务业集聚现状和演进的宏观研究几乎全部基于省级层面、利用行业门类数据，从本书的分析来看，这些在大空间尺度针对大的行业分类得出的研究结论，可靠性确实值得商榷。此外，由于空间尺度和产业尺度的选择还会影响到各服务行业的集聚程度和集聚位次，以往基于省级数据的研究对某些行业集聚度较高的论断往往很难成立。

（3）本书采取将空间基尼系数与解释性空间数据分析相结合的方法，对我国各服务行业的区位分布和空间联系模式进行分析和辨识。研究发现，服务业的空间集聚可以体现为三个层次、三种模式。第一种模式不但在地理空间内部具有较强的集聚程度，而且跨区域蔓延，在地图上表示为集聚程度高的地区连接成片，显示出很强的空间溢出，典型的行业如信息传输、计算机服务和软件业，批发和零售业，房地产业。第二种模式虽然在城市内部集聚度较强，但跨边界的空间溢出较小，在地图上体现为孤立的、分布均匀的集聚中心，典型的行业如居民和其他服务业，科研综合技术服务业，交通运输、仓储和邮政业等。第三种模式表现为行业在城市内部集聚程度较低，但跨边界连接成片，从而在地图空间上形成大片集聚，但这种集聚在整个研究区域内分布较为均匀，典型的行业如公共管理和社会组织、教育文化广播影视业等。而这样分层次体现出来的服务业集聚信息用传统产业集聚衡量手段是没有办法得到的。在此基础上，本书还引入了 Moran's I 散点图方法，用可视化的空间工具辨识我国典型服务行业集聚的空间模式及其异同。

（4）运用基尼系数对我国服务业税收竞争演进趋势与行业差异的研究表明，2003～2008 年，我国各省的服务业税负整体水平小幅上升，且各省之间服务业的税负差异有所下降。基于 ESDA 方法对各服务行业税收竞争的区域空间关联模式的分析表明，省际在服务业税负上呈现微弱的空间正相关，也就是说，税率水平相近的地区聚集在一起，呈现出微弱的税收竞争形态。具体到各服务行业，各省交通运输、仓储和邮政业与房地产业税率的空间正相关非常显著，显示出各省之间在这两个服务产业的税率上存在着非常明确的税率竞争行为；批发和零售业、住宿和餐饮业与金融业的全局 Moran's I 均为正，显示这三个行业在税率上的空间相互作用也是存在的。较之服务业税率，各省在服务业投资上的空间相关更加明显。研究表明，越来越多的地方开始位于高税率的集聚中，越来越少的政府位于低值集聚中，我国税率高值集聚的趋势近十年中在京津冀地区和长三角地区有所强化，局部空间自相关值不显著的省市正在不断地减少，税率水平在空间上的极化效应有所增强。也就是说，在服务业的税率竞争上，越来越少的地方政府选择了"向下竞争"，而越来越多的地方政府正在选择"向上竞争"。

（5）从总体上看，既存在服务业集聚对地方政府税率空间分布的影响，也存在地方政府税率对服务业集聚空间分布的影响，且两者之间的空间互动关系具有时滞。基于动态面板数据对两者进行的 Granger 检验表明，地方政府在税率竞争上更倾向于选择为吸引服务业投资而进行的策略性竞争行为，而不是被动地选择适应性策略，地方政府倾向于通过税收手段进行公共服务融资，改善地区经济发展环境，用以吸引服务业在本地的集聚；服务业集聚水平的变动对地方政府一般预算支出，也就是政府运营支出的影响比较显著，也就是说，地方政府会对服务业投资的流入采取适应性策略，随着服务业从业人员的增加而增加一般预算支出，但服务业劳动力的流入对税收政策的影响并不明确。

（6）行政区内服务业本地化经济和城市化经济的存在对该服务行业在本地的实际税负将产生正向影响，而且集聚经济的影响从程度上来看也是非常显著的。许多因素将影响或决定地方政府对集聚租金征税的能力，比如，与周边地区相比拥有较强经济基础的地区，倾向于设定较高的税率；本地化经济超越边界的扩散也将降低某地政府攫取集聚租金的能力。在集聚经济存在且满足某些条件下，地方政府完全可以调整策略，提高产业在本地的实际税负而不必担心引起资本逃逸；而且，地方政府对集聚租金征税的能力，不仅取决于自身集聚经济的特点，更取决于周边其他地区集聚经济的特性。

（7）虽然新经济地理学 $2\times2\times2$ 模型分析框架是针对制造业搭建起来的，但仍然可以尝试通过产业之间的投入—产出关系，特别是通过与制造业之间的产业联系将服务业引入模型，并且针对服务业特性做出适当修正。本书发现，服务业游离于新经济地理学的模型之外的原因，并不是其不符合行业垄断竞争、厂商追求规模经济和消费者多样化需求的基本假设，主要是源于服务业特殊的贸易成本结构。作为新经济地理学的经典假设之一，Krugman 使用的冰山贸易成本模型得到广泛应用，并构成了制造业前向后向联系及循环累积效应产生特别是制造业产业集群形成的基础，而服务业的贸易成本结构却很难以同距离的线性关系加以量化。然而本书的实证研究却发现，绝大部分服务行业都具有适应新经济地理学范式的特性和基础。基于此，可以考虑通过以下两种方式使其适应新经济地理学的理论分析框架：一方面，作为需求方，制造业中间投入对服务业的区位选择会产生较大影响。通过与制造业中间投入建立前向联系，可以使服务业产生节省贸易成本的激励，从而适应冰山贸易成本的假设。另一方面，作为供给方，制造业对服务业的中间需求也会对服务业区位产生显著影响。通过与制造业的中间需求建立后向联系，加上制造业对服务业面对面服务的要求，可以使服务业产生本地化服务的激励。通过上述修正和简化，服务业这个长期游离于新经济地理学 2 × 2 × 2 分析模式之外的“第三部门”也有望进入新经济地理学的理论分析框架。

二、可能的启示

对于政策效应分析来讲，传统的做法是注重单个经济政策本身的分析，如税收政策、贸易政策对财政收入、国民收入的影响等；但新经济地理学与新古典理论不同，它警告我们这种只考虑某种政策本身的研究很有可能把研究引向歧途，比如产业的空间分布不同，相同的经济政策的效应也是不同的（安虎森，2009）[①]。本书可能存在以下几方面的政策启示：

（1）在市场经济条件下，公共产品主要利用纳税者的税收来进行生产，因此区际公共产品竞争也主要表现为区际税收竞争。本书的研究结果证明了新经济地理学“可征税集聚租金的存在”，这意味着，聚集区独立制定税率的空间较大，而这种非对称状态不利于服务集聚程度较低的地区，使其无法提供更多的公共产品。聚集租金的政策含义很明确，即当整个经济系统处于稳定的核心—外围均衡时，政策的边际变动不会带来经济状况的变化，任何强化聚集的力量都存在把服务产业锁定在核心区的趋势，这也就赋予了核心区在对流动要素征税方面更

① 如果产业分散在几个区位上（此时没有出现产业的聚集），若降低贸易成本，那么企业变得更加自由，各种税收、补贴、基础设施、贸易和研发等政策具有正向效应。相反，如果经济高度集中在某一区位，那么因为存在着驼峰状聚集租金，贸易成本的降低对边缘区的经济增长产生负面影响，因为企业变得更加自由，进而被核心区所吸引，边缘区的产业份额减少。因此，在不同的经济环境下，同一种政策的效应是大不相同的。

大的自由度。而且，由于更大的区域拥有更大的税基来支撑更多的公共产品，而大量拥有高质量公共产品的区域对服务业可流动要素的吸引力本身就很大，因此税收竞争和公共产品对服务业意味着一种聚集力量。

（2）出于制造业的空间黏性和人口规模分布不平衡所形成的正反馈，服务业在东部地区的集聚趋势几乎不可避免，而东部省份之间由于制造业同构通过本地市场效应而引发的服务业同构化发展趋势，从全国层面上看也会降低服务业的地区专业化水平。为了实现服务业地区间的平衡发展，除了要注重培育本地区的内部市场需求（包括最终需求和产业中间需求）之外，还应非常重视公共部门对本地产业的偏向性支出，特别是对教育、医疗、社会福利方面的支出在促进服务业集聚中的重要作用。而且，服务业区域发展不平衡的趋势并不是不可避免，一些研究也表明，在考虑了邻近省区效应的情况下，本地市场效应有明显的下降倾向，这也为我国通过建立主体功能区促进区域一体化发展的决策提供了理论支持。而虽然许多研究如 Picard 和 Toulemonde（2006）表明本地市场效应只会使大国受益、小国受损，但一些研究如 Head 和 Ries（2001）运用国家产品差异化不变规模报酬模型发现了逆向本地市场效应，而且贸易自由化将会促使小国制造业增加产出份额，原因在于小国企业增加了对大国市场的准入而获益。所以，某些制度安排比如区域一体化、增加对发达地区的市场准入等方法可能也会对减少区域服务业发展差距产生正向影响。此外，从现有服务产业中分辨出哪些产业具有本地市场效应，并据此制定相应的国内产业政策也是非常有必要的。

（3）简单的地方政府间税收协调政策，其必要性值得探讨。当集聚力存在时，企业在均衡状态下不会轻易改变其区位，也就是说，集聚经济使资本从完美流动变成了部分固定的要素，由此税收博弈的结果就不是传统税收模型所描述的“竞次”那么简单了。对于较不发达的边缘地区而言，发达的中心区域更像是具有部分定价权的专利拥有者，所以经济一体化并不必然导致税率下降，而简单的税收协调也就是采取统一税率的行动将至少会对一国造成损害，两区域税率若提高到某一相同水平，将提高规模较大区域的福利水平同时降低较小区域的福利水平；而如果以某一区域初始税率作为共同税率，则两区域的福利水平都受到损害。基于此，实行简单的单一税率协调需要慎之又慎。

然而总体上看，由于采用的模型不同，新经济地理学研究得出的结论也有一定的差异，其政策含义在很大程度上也可能受制于模型的假设条件，加上目前这类研究还比较少，因此运用于政策分析的有效性还有待进一步深入考察。

三、研究展望

在今后的研究中，可以考虑将贸易成本维度加入研究范围。《经济地理与公共政策》一书明确指出，贸易自由化程度将直接影响税收政策，但到目前为止几乎没有研究关注贸易成本对税收竞争的影响，也就是说，目前的研究都抛弃了一个极其重要的影响因素；对新经济地理学循环累积因果关系这种内生过程而言，区内区外贸易自由度的大小也起着很重要的作用。虽然新经济地理学文献大多针对的是国家之间或国际组织内部的经济关系，其实对一国内部例如像我国这样幅员辽阔的大国内部不同区域也具有很强的适用性，特别是在市场化或一体化程度还不够高的情况下，国家内部不同区域的地方保护、地区封锁或地区分割、行政区边界、户籍制度等因素也起到与国家间的关税和贸易壁垒、边境阻隔等类似的作用。然而，由于缺乏国内各省市之间服务的贸易流动数据，本书并没有对各省之间的市场分割和地方保护主义行为进行探讨，也没有考虑省际贸易成本，这些因素需要在以后的研究中考虑弥补。

知识关联模型可能成为将服务业特别是知识密集型服务业纳入新经济地理学的希望。目前，新经济地理学模型主要有两大类、三种类型：两大类主要指“经济关联”（E－Linkages）和“知识关联”（K－Linkages）；三种类型是指把经济关联模型再划分为第一类经济关联模型和第二类经济关联模型。第一类经济关联模型仍沿用克鲁格曼的核心—边缘模型思路，没有摆脱迪克希特—斯蒂格利茨的垄断竞争一般均衡理论分析框架，消费者偏好用两个层面的效用函数（柯布—道格拉斯型效用函数和不变替代弹性（CES）效用函数）来表示，同时利用“冰山”型交易技术假设。第二类经济关联模型可以称为线性模型，它利用准线性二次效用函数及线性运输成本，并把这种假设与第一类经济关联模型结合起来，从而摆脱了困扰核心—边缘模型的非线性关系。然而，目前看来最有希望将服务业特别是知识密集型服务业纳入新经济地理学理论研究范式的模型来自 Berliant 和 Fujita（2006，2007），该模型描述了人与人及区域之间的知识关联过程，分析了合作创新行为的时间、方式和效率，从而解释了知识创新和传递如何进行及其产生的影响。模型的核心视角是强调知识分子的空间分布状态与区域经济增长方式、经济增长效率及经济福利之间的动态变化关系。除了叠加区和预期的自我实现这一特征之外，该模型具有核心—边缘模型其余六个特征，同时还具有一些其他模型所不具备的新特征：一是强调“文化”对经济活动的作用，二是强调以知识创新为基础的内生增长，三是从原来的静态分析转向了动态分析，四是关注效率与公平之间的关系。所以，作为对本书内容的延伸和补充，未来可以考虑从知识关联模型入手，对本书的实证结论做进一步探讨。

参考文献

[1] Aiginger K., M. Pfaffermayr. The Single Market and Geographic Concentration in Europe. Review of International Economics, 2004, 12 (1): 1-11.

[2] Amiti M. Specialization Patterns in Europe. Review of World Economics, 1999, 135 (4): 573-593.

[3] Anderson T. W., Hsiao C. Formulation and Estimation of Dynamic Models Using Panel Data. Journal of Econometrics, 1982, 18 (1): 47-82.

[4] Andersson F., Forslid R. Tax Competition an Economic Geography. Journal of Public Economic Theory, 2003, 5 (2): 279-303.

[5] Anselin L. Spatial Econometrics: Methods and Models. Kluwer Academic, Dordrecht, 1988.

[6] Anselin L. Spatial Effects in Econometric Practice in Environmental and Resource Economics. American Journal of Agricultural Economics, 2001, 83 (3): 705-710.

[7] Anselin L. The Moran Scatterplots as an ESDA Tool to Assess Local Instability in Spatial Association, In Fischer M., Scholten H., Unwin D. (eds) Spatial Analytical Perspectives on GIS. London: Taylor and Francis, 1996.

[8] Antonietti R., G. Cainelli. The Role of Spatial Agglomeration in a Structural Model of Innovation, Productivity and Export: A Firm-level Analysis. The Annals of Regional Science, 2011, 46 (3): 577-600.

[9] Anwar S. Commercial Policy and International Factor Mobility in the Presence of Monopolistic Competition. Journal of Economics, 2001, 74 (3): 259-281.

[10] Arellano M., S. Bond. Some Tests of Specification for Panel Data: Monte

Carlo Evidence and an Application to Employment Equations. Review of Economic Studies, 1991, 58 (2): 277 -297.

[11] Bahl Roy, S. Wallace. Fiscal Decentralization: The Provincial - local Dimension. In J. Alm and J. Martinez - Vazquez. Public Finance in Developing and Transition Countries, Northampton, MA: Edward Elgar, 2003.

[12] Baldwin R., R. Forslid, M. Philippe, G. Ottaviano, F. Robert - Nicoud. Economic Geography and Public Policy, Princeton University Press, 2003.

[13] Baldwin R. E. Non - Tariff Distortions of International Trade. Washington, D. C.: The Brookings Institution, 1970.

[14] Baldwin R. E., P. Krugman. Agglomeration, Integration and Tax Harmonisation. European Economic Review, 2004 (48): 1 -23.

[15] Bardhan P. Decentralization of Governance and Development. Journal of Economic Perspectives, 2002, 16 (4): 185 -205.

[16] Benassy - Quere A., M. Coupet, T. Mayer. Institutional Determinants of Foreign Direct Investment. The World Economy, 2007, 30 (5): 764 -782.

[17] Berliant M., M. Fujita. Dynamics of Knowledge Creation and Transfer: The Two Person Case, MPRA Paper 4973, University Library of Munich, Germany, 2007.

[18] Besley T. J., H. S. Rosen. Sales Taxes and Prices: An Empirical Analysis. NBER Working Paper No. 6667, July 1998.

[19] Besley T., A. Case. Incumbent Behavior: Vote - Seeking, Tax - Setting, and Yardstick Competition. American Economic Review, 1995, 85 (1): 25 -45.

[20] Bhagwati J. Splintering and Disembodiment of Services and Developing Countries. The World Economy, 1984 (7): 133 - 143.

[21] Binet M. E. Testing Fiscal Competition among French Municipalities: Granger Causality Evidence in a Dynamic Panel Data Model, Regional Science, 2003 (82): 277 -289.

[22] Boadway R. The Theory and Practice of Equalization. CESifo Economic Studies, 2004 (50): 211 -254.

[23] Borck R., H. J. Koh, M. Pfluger. Ineffcient Lock - in and Subsidy Competition. International Economic Review, 2012, 53 (4): 1179 - 1204.

[24] Borck R., M. Pfluger. Agglomeration and Tax Competition. European Eco-

nomic Review, 2006, 50 (3): 647 -668.

[25] Brakman S., H. Garretsen, C. van Marrewijk. Locational Competition and Agglomeration: The Role of Government Spending. Research Report 02C75, University of Groningen, Research Institute SOM (Systems, Organisations and Management), 2002.

[26] Braunerhjelm P., B. Borgman. Geographic Concentration, Entrepreneurship and Regional Growth: Evidence from Regional Data in Sweden, 1975 - 1999. Regional Studies, 2004, 38 (8): 929 -947.

[27] Brennan G., J. Buchanan. The Power to Tax. Cambridge University Press, 1980.

[28] Bretschger L., F. Hettich. Globalisation, Capital Mobility and Tax Competition: Theory and Evidence for OECD Countries. European Journal of Political Economy, 2002, 18 (4): 695 -716.

[29] Brett C. and J. Pinske. The Determinants of Municipal Tax Rates in British Columbia. The Canadian Journal of Economics, 2000 (33): 695 -714.

[30] Browning H., J. Singelmann. The Emergence of a Service Society: Demographic and Sociological Aspects of the Sectoral Transformation of the Labor Force in the USA. Springfield: National Technical Information Service, 1975.

[31] Brueckner J. K. Strategic Interaction among Governments: An Overview of Empirical Studies. International Regional Science Review, 2003, 26 (2): 175 -188.

[32] Brueckner J. K., L. A. Saavedra. Do Local Governments Engage in Strategic Property - Tax Competition? National Tax Journal, 2001, 54 (2): 203 -229.

[33] Brulhart M., F. Trionfetti. Public Expenditure, International Specialization and Agglomeration. European Economic Review, 2004, 48 (4): 851 -881.

[34] Bryson J. R. Lone Eagles and High Flyers: Rural - based business and Professional Service Firms and Information Communication Technology. Collected in Rusten, G. and S. Skeratt, Information and Communication Technology in Rural Society: Being Rural in a Digital Age. Routledge Press, 2007: 36 -60.

[35] Brülhart M., R. Traeger. An Account of Geographic Concentration Patterns in Europe. Regional Science and Urban Economics, 2005, 35 (6): 597 -624.

[36] Buettner T. Local Business Taxation and Competition for Capital: The Choice of the Tax Rate. Regional Science and Urban Economics, 2001, 31 (2 -3): 215 -245.

[37] Burbidge J., K. Cuff. Capital Tax Competition and Returns to Scale. Regional Science and Urban Economics, 2005, 35 (4): 353 -373.

[38] Cai H., D. Treisman. Does Competition for Capital Discipline Governments? Decentralization, Globalization, and Public Policy. American Economic Review, 2005, 95 (3): 817 -830.

[39] Casanova M. Social Strategies Building the City: The Re - conceptualization of Social Housing in Latin America. LIT Verlag Press, 2019.

[40] Case A. C., H. S. Rosen, J. R. Hines Jr. Budget Spillovers and Policy Interdependence: Evidence from the States. Journal of Public Economics, 1993, 52 (3): 285 -307.

[41] Charlot S., S. Paty. Do Agglomeration Forces Strengthen Tax Interactions. Urban Studies, 2010, 47 (5): 1099 -1116.

[42] Charlot S., S. Paty. Market Access Effect and Local Tax Setting: Evidence from French Panel Data. Journal of Economic Geography, 2007 (7): 247 -263.

[43] Charney A. H. Intraurban Manufacturing Location Decisions and Local Tax Differentials. Journal of Urban Economics, 1983, 14 (2): 184 -205.

[44] Chipman J. S. External Economies of Scale and Competitive Equilibrium. Quarterly Journal of Economics, 1970 (84): 347 -385.

[45] Combes F., L. M. Yong, M. Bureau. Molecular Gas and Star Formation in the Sauron Early - type Galaxies. Monthly Notices of the Royal Astronomical Society, 2007, 377 (4): 1795 -1807.

[46] Combes P., H. G. Overman. The Spatial Distribution of Economic Activities in the European Union. Collected in J. V. Henderson and J. F. Thisse, Handbook of Regional and Urban Economics, 2004: 2845 -2909.

[47] Cook G., N. Pandit, P. Swann. The Dynamics of Industrial Clustering in British Broadcasting. Information Economics and Policy, 2001, 13 (3): 351 -375.

[48] Crabbe K., H. Vandenbussche. Are Your Firm's Taxes Set in Warsaw? Spatial Tax Competition in Europe. Katholieke Universiteit Leuven, LICOS Discussion Paper No. 216/2008.

[49] Czamanski S., L. Ablas. Identification of Industrial Clusters and Complexes: A Comparison of Methods and Findings. Urban Studies, 1979, 16 (1): 61 -80.

[50] Daniels P. W. On Service and Economic Geography, Collected in Economic Geography: Past, Present and Future, edited by S. Bagchi - Sen and H. Smith, Routledge Press, 2006.

[51] Daniels P. W. Service Industries: A Geographical Appraisal. Routledge Press, 1985.

[52] Dd Dominicis L., G. Arbia, H. De Groot. Spatial Distribution of Economic Activities in Local Labor Market Areas: The Case of Italy. Working Paper at the ERSA Conference, 2006.

[53] Desmet K., M. Fafchamps. Changes in the Spatial Concentration of Employment across US Counties: A Sectoral Analysis 1972 - 2000. Journal of Economic Geography, 2005, 5 (3).

[54] Devereux M. P., B. Lockwood, M. Redoano. Horizontal and Vertical Indirect Tax Competition: Theory and Some Evidence from the USA. Journal of Public Economics, 2007, 91 (3 - 4): 451 - 479.

[55] Devereux M. P., R. Griffith. Evaluating Tax Policy for Location Decisions. International Tax and Public Finance, 2003, 10 (2): 107 - 126.

[56] Dipasquale D., W. C. Wheaton. Urban Economics and Real Estate Markets. Englewood Cliffs, NJ: Prentice Hall, 1996.

[57] Dixit A. K, Stiglitz J. E. Monopolistic Competition and Optimum Product Diversity. American Economic Review, 1977 (67): 297 - 308.

[58] Dobkins H., Y. Ioannides. Spatial Interactions among U. S. Cities: 1900 - 1990. Regional Science and Urban Economics, 2001, 31 (6): 701 - 731.

[59] Duranton G., H. G. Overman. Testing for Localization Using Micro - Geographic Data. The Review of Economic Studies, 2005, 72 (4): 1077 - 1106.

[60] Duranton G., H. G. Overman. Detailed Location Patterns of UK Manufacturing Industries. Processed, London School of Economics, 2005.

[61] Edmark K., H. Ågren. Identifying Strategic Interactions in Swedish Local Income Tax Policies. Journal of Urban Economics, 2008, 63 (3): 849 - 857.

[62] Egger H., J. Falkinger. The Role of Public Infrastructure and Subsidies for Firm Location and International Outsourcing. European Economic Review, 2006, 50 (8): 1993 - 2015.

[63] Egger P., M. Pfaffermayr, H. Winner. An Unbalanced Spatial Panel Data Approach to US State Tax Competition. Economic Letters, 2005, 88 (3): 329-335.

[64] Ehrlich-Treuenstatt M., P. H. Egger, D. R. Nelson. Public Input Competition and Agglomeration. Regional Science and Urban Economics, 2009 (39).

[65] Ellison G., E. Glaeser. The Geographic Concentration of Industry: Does Natural Advantage Explain Agglomeration? American Economic Review, 1999, 89 (2): 311-316.

[66] Ellison G., E. L. Glaeser. Geographic Concentration in U. S. Manufacturing Industries: A Dartboard Approach. Journal of Political Economy, 1997, 105 (5): 889-927.

[67] Exbrayat N., T. Madiès, S. Riou. International Tax Competition: Do Public Good Spillovers Matter? International Tax and Public Finance, 2010, 17 (5): 479-500.

[68] Feld L. P., G. Kirchgässner. The Impact of Corporate and Personal Income Taxes on the Location of Firms and on Employment: Some Panel Evidence for the Swiss Cantons. Journal of Public Economics, 2003, 87 (1): 129-155.

[69] Fenge R., M. von Ehrlich, M. Wrede. Fiscal Competition, Convergence and Agglomeration (August 2007). CESifo Working Paper Series No. 2084.

[70] Fernandez G. E. A Note on Tax Competition in the Presence of Agglomeration Economies. Regional Science and Urban Economics, 2005, 35 (6): 837-847.

[71] Feser E., S. H. Sweeney. Theory, Methods, and a Cross-Metropolitan Comparison of Business Clustering. collected in McCann, P. Industrial Location Economics, Elgar Press, 2002.

[72] Fischel W. A. Fiscal and Environmental Considerations in the Location of Firms in Suburban Communities. In Mills E. S. and W. E. Oates. Fiscal Zoning and Land Use Controls. Lexington, Mass.: Heath-Lexington Books, 1975.

[73] Florax R., H. Folmer, S. J. Rey. A Comment on Specification Searches in Spatial Econometrics: The Relevance of Hendry's Methodology: A Reply. Regional Science and Urban Economics, 2006, 36 (2): 300-308.

[74] Friedmann J., G. Wolff. World City Formation: An Agenda for Research and Action. International Journal of Urban and Regional Research, 1982, 6 (3):

209 – 344.

[75] Fujita M., P. Krugman, A. Venables. The Spatial Economy: Cities, Regions, and International Trade. The MIT Press, 2001.

[76] Fujita M., J. F. Thisse. Economics of Agglomeration. Cities, Industrial Location, and Regional Growth. Cambridge University Press, 2002.

[77] Fujita M., P. Krugman. The New Economic Geography: Past, Present and the Future. Regional Science, 2004, 83 (1): 139 – 164.

[78] Gabe T. M., K. P. Bell. Tradeoffs between Local Taxes and Government Spending as Determinants of Business Location. Journal of Regional Science, 2004, 44 (1): 21 – 41.

[79] Gaspar J., E. Glaeser. Information Technology and the Future of Cities. NBER Working Paper No. 5562, 1996.

[80] Goodspeed T. Tax Competition and Tax Structure in Open Federal Economies: Evidence from OECD Countries with Implications for the European Union (March 1999). ZEW Discussion Paper No. 99 – 40.

[81] Gordon R. H. An Optimal Taxation Approach to Fiscal Federalism. Quarterly Journal of Economics, 1983 (98): 567 – 586.

[82] Guillain R., J. L. Gallo. Measuring Agglomeration: An Exploratory Spatial Analysis Approach Applied to the Case of Paris and Its Surroundings. 2006, https://pdfs.semanticscholar.org/fdf3/2c536bf19ad87ea0fa80e2de63cccb218382.pdf.

[83] Haufler A., Wooton I. Country Size and Tax Competition for Foreign Direct Investment. Journal of Public Economics, 1999, 71 (1): 121 – 139.

[84] Hayashi M., R. Boadway. An Empirical Analysis of Intergovernmental Tax Interaction: The Case of Business Income Taxes in Canada. The Canadian Journal of Economics, 2001, 34 (2): 481 – 503.

[85] Head K., T. Mayer. The Empirics of Agglomeration and Trade. Collected in Henderson, J. V. and J. F. Thisse (ed.), Handbook of Regional and Urban Economics, Elsevier, 2004, 4 (59): 2609 – 2669.

[86] Head K., J. Ries. Increasing Returns versus National Product Differentiation as an Explanation for the Pattern of U. S. – Canada Trade. American Economic Review, 2001, 91 (4): 858 – 876.

[87] Henderson J. V. Marshall's Scale Economies. Journal of Urban Economics, 2003, 53 (1): 1 -28.

[88] Henderson J. V. Efficiency of Resource Usage and City Size. Journal of Urban Economics, 1986, 19 (1): 47 -70.

[89] Heyndels B., J. Vuchelen. Tax Mimicking among Belgian Municipalities, National Tax Journal, 1998, 51 (1): 89 -101.

[90] Hill B. C. Agglomerations and Strategic Tax Competition, Public Finance Review, 2008 (36): 651.

[91] Hindriks J., S. Peralta, S. Weber. Fiscal Competition, Revenue Sharing, and Policy - Induced Agglomeration. CORE Discussion Paper No. 2005/93.

[92] Hohenberg P., L. H. Lees. The Making of Urban Europe (1000 - 1950). Cambridge (MA), Harvard University Press, 1985.

[93] Holmes T., J. Stevens. Geographic Concentration and Establishment Scale. The Review of Economics and Statistics, 2002 (84): 682 -690.

[94] Hoyt W. H. Property Taxation, Nash Equilibrium, and Market Power. Journal of Urban Economics, 1991 (34): 123 -131.

[95] Illeris S. The Service Economy: A Geographical Approach. Chichester: Wiley Press, 1996.

[96] Illeris S., Philippe J. Introduction: The Role of Services in Regional Economic Growth. In P. Daniels, The Geography of Services. London: Frank Cass, 1993: 3 -11.

[97] Janeba E., G. Schjelderup. Why Europe Should Love Tax Competition - and the U. S. Even More So. NBER Working Paper No. 9334, November 2002.

[98] Jennequin H. The Evolution of the Geographical Concentration of Tertiary Sector Activities in Europe. Service Industries Journal, 2008, 28 (3): 291 -306.

[99] Jin H., Y. Qian, B. Weingast. Regional Decentralization of Fiscal Incentives: Federalism, Chinese Style. Journal of Public Economics, 2005, 89 (9 - 10): 1719 -1742.

[100] Jofre - Monseny J., A. Sole - Olle. Which Communities Should be Afraid of Mobility? The Effects and Agglomeration Economies on the Sensitivity of Employment Location to Local Taxes. Regional Science and Urban Economics, 2012, 42 (1 -2):

257 – 268.

[101] J. A. Brander, P. Krugman. A "Reciprocal Dumping" Model of International Trade. NBER Working Papers 1194, National Bureau of Economic Research, 1983.

[102] J. Kolko. Can I Get Some Service Here? Information Technology, Service Industries and the Future of Cities. Working Paper of Public Policy Institute of California, 2000.

[103] Kaldor N. The Case for Regional Policies. Scottish Journal of Political Economy, 1970, 17 (3): 337 – 348.

[104] Keeble D., Nachum L. Why Do Business Service Firms Cluster? Small Consultancies, Clustering and Decentralization in London and Southern England. Transaction of the Institute of British Geographers, 2002, 27 (1): 67 – 90.

[105] Kim S. Diversity in Urban Labor Markets and Agglomeration Economies. Regional Science, 1987, 62 (1): 57 – 70.

[106] Kind H., K H. Midelfart Knarvik, C. Schjelderup. Competing for Capital in a "Lumpy World". Joumal of Public Economics, 2000 (78): 253 – 274.

[107] Kirchgassner G., W. Pommerehne. Tax Harmonization and Tax Competition in the European Union: Lessons from Switzerland. Journal of Public Economics, 1996, 60 (3): 351 – 371.

[108] Koh H. Essays on Agglomeration and Inter – jurisdictional Competition, Doctor Oeconomiae Publicae an der Ludwig – Maximilians – Universitat Munchen, 2010.

[109] Kolko J. Agglomeration and Co – agglomeration of Services Industries, MPRA Paper No. 3362, 2007.

[110] Kolko J. Can I Get Some Service Here? Information Technology, Service Industries and the Future of Cities, Working Paper, Public Policy Institute of California, 2000.

[111] Konrad K. A., D. Kovenock. Competition for FDI with Vintage Investment and Agglomeration Advantages. Purdue University Economics Working Papers 1210, Purdue University, Department of Economics, 2008.

[112] Krenz A. Services Sectors' Agglomeration and Its Interdependence with Industrial Agglomeration in the European Union. No. 107, Center for European, Governance and Economic Development Research Discussion Papers from University of Goettin-

gen, 2010.

[113] Krugman P. Increasing Returns and Economic Geography, Journal of Political Economy, 1991, 99 (3): 483 -499.

[114] Krugman P., A. Venables. Integration, Specialization and Adjustment. European Economic Review, 1996 (40): 959 -967.

[115] Ladd H. Mimicking of Local Tax Burdens among Neighboring Counties. Public Finance Quarterly, 1992, 20 (4): 450 -467.

[116] Lanaspa L., F. Pueyo, F. Sanz. Foreign Direct Investment, Industrial Location and Capital Taxation. The Annals of Regional Science, 2008, 42 (2): 413 -423.

[117] Le Gallo J., C. Eutur. Exploratory Spatial Data Analysis of the Distribution of Regional Per Capita GDP in Europe, 1980 - 1995. Papers in Regional Science, 2003 (82): 175 -201.

[118] Ludema R., I. Wooton. Economic Geography and the Fiscal Effects of Regional Integration. Joumal of International Economics, 2000 (52): 331 -357.

[119] Luna L. Local Sales Tax Competition and the Effect on County Governments' Tax Rate and Tax Bases. Journal of the American Taxation, 2004, 26 (1): 67.

[120] Malmberg A., P. Maskell. The Elusive Concept of Localization Economies: Towards a Knowledge - Based Theory of Spatial Clustering. Environment and Planning A, 2002, 34 (3): 429 -449.

[121] Marcon E., F. Puech. Measures of the Geographic Concentration of Industries: Improving Distance -based Methods, 2010, 10 (5): 745 -762.

[122] Mark S. T., T. J. McGuire, L. E. Papke. The Influence of Taxes on Employment and Population Growth: Evidence from the Washington, D. C. Metropolitan Area. National Tax Journal, March 2000.

[123] Marshall A. Principles of Economics: An Introductory Volume. Macmillan, UK, 1920.

[124] Martin P., T. Mayer, F. Mayneris. Natural Clusters: Why Policies Promoting Agglomeration are Unnecessary, 2008, http: //www. voxeu. org/index. php? q = node/1354.

[125] Martin P., C. Rogers. Industrial Location and Public Infrastructure. Journal of International Economics, 1995, 39 (3-4): 335-351.

[126] Martin R., P. Sunley. Deconstructing Clusters: Chaotic Concept or Policy Panacea? Journal of Economic Geography, 2003, 3 (1): 5-35.

[127] Maurel F., B. Sédillot. A Measure of the Geographic Concentration in French Manufacturing Industries. Regional Science and Urban Economics, 1999 (29): 575-604.

[128] Maurer B., U. Walz. Regional Competition for Mobile Oligopolistic Firms: Does Public Provision of Local Inputs Lead to Agglomeration? Journal of Regional Science, 2000, 40 (2): 353-375.

[129] Maurice B., J. Kiviet. The Accuracy of Inference in Small Samples of Dynamic Panel Data Models. Tinbergen Institute Discussion Papers 01-006/4, Tinbergen Institute, 2001.

[130] Mccann P., S. Sheppard. The Rise, Fall and Rise Again of Industrial Location Theory. Regional Studies, 2003, 37 (6-7): 649-663.

[131] Midelfart-Knarvik K. H., H. G. Overman, S. J. Redding, A. J. Venables. The Location of European Industry. Working Paper, 2000, https://www.researchgate.net/publication/5063191_The_Location_of_European_Industry.

[132] Mintz J., H. Tulkens. Commodity Tax Competition between Member States of a Federation: Equilibrium and Efficiency. Journal of Public Economics, 1986, 29 (2): 133-172.

[133] Mintz J., Smart M. Income Shifting, Investment, and Tax Competition: Theory and Evidence from Provincial Taxation in Canada (August 2001). CESifo Working Paper Series No. 554.

[134] Miyagiwa K. Scale Economies in Education and the Brain Drain Problem. International Economic Review, 1991, 32 (3): 743-759.

[135] Moomaw R. L. Productivity and City Size: A Critique of the Evidence. Quarterly Journal of Economics, 1981 (96): 675-688.

[136] Morrison D., A. Schwartz. Distinguishing External from Internal Scale Effects: The Case of Public Infrastructure. The Journal of Productivity Analysis, 1994 (5): 249-270.

[137] Moulaert F. , C. Gallouj. The Locational Geography of Advanced Producer Firms: The Limits of Economics of Agglomeration, Collected in Daniels P. , S. Illeris, J. Bonamy and J. Philippe. The Geography of Services. Frank Cass, London, 1993.

[138] Moulaert F. , C. Gallouj. The Locational Geography of Advanced Producer Service Firms: The Limits of Economies of Agglomeration. The Service Industries Journal, 1993, 13 (2): 91 –106.

[139] Musgrave R. A. Devolution, Grants, and Fiscal Competition. Journal of Economic Perspectives, American Economic Association, 1997, 11 (4): 65 –72.

[140] Musgrave R. A. The Theory of Public Finance. McGraw Hill, New York, 1959.

[141] Nelson K. Labor Demand, Labor Supply and the Suburbanization of Low – wage Office Work. London: Allen & Unwin, 1986.

[142] Newman R. J. , D. H. Sullivan. Economic Analysis of Business Tax Impacts on Industrial Location: What Do We Know and How Do We Know It? Journal of Urban Economics, 1988 (23): 215 –234.

[143] Noyelle T. J. , T. M. Stanback. The Economic Information of American Cities. NJ: Rowman & Allanheld, 1984.

[144] Oates W. E. Fiscal Federalism. New York: Harcourt Brace Jovanovich, 1972.

[145] Ott I. , S. Soretz. Governmental Activity, Integration, and Agglomeration. Kiel Working Papers 1465, Kiel Institute for the World Economy (IfW), 2008.

[146] Ottaviano I. P. , J. Thisse. Agglomeration and Economic Geography (March 2003), CEPR Discussion Paper No. 3838.

[147] O' Donoghue D. , B. Gleave. A Note on Methods for Measuring Industrial Agglomeration. Regional Studies, 2004, 38 (4): 419 –427.

[148] Paci R. S. Usai. Knowledge Flows across European Regions. The Annals of Regional Science, 2009, 43 (3): 669 –690.

[149] Partridge M. , D. Rickman K. Ali, M. R. Olfert. Lost in Space: Population Growth in the American Hinterlands and Small Cities. Journal of Economic Geography, 2008, 8 (6): 727 –757.

[150] Perez – Ximenez D. , F. Sanz – Gracia. Geographical Concentration of Service Activities across U. S. States and Counties, 1969 – 2000. XVII International RESER

Conference, Tampere, Sep. 2007.

[151] Picard P. M. , E. Toulemonde. Firms Agglomeration and Unions. European Economic Review, 2005 (50): 669 - 694.

[152] Porter. Location, Competition, and Economic Development: Local Clusters in a Global Economy, Economic Development Quarterly, 2004, 14 (1): 15 - 34.

[153] Puga D. , A. Venables. The Spread of Industry: Spatial Agglomeration in Economic Development. Journal of the Japanese and International Economies, 1996, 10 (4): 440 - 464.

[154] Qian Y. , G. Roland. Federalism and the Soft Budget Constraint. American Economic Review, 1998, 88 (5): 1143 - 1162.

[155] Revelli F. Spatial Patterns in Local Taxation: Tax Mimicking or Error Mimicking? Applied Economics, 2001, 33 (9): 1101 - 1107.

[156] Revelli F. Testing the Tax Mimicking versus Expenditure Spill - over Hypotheses Using English Data. Applied Economics, 2002 (34): 1723 - 1731.

[157] Rice P. , A. J. Venables, E. Patacchini. Spatial Determinants of Productivity: Analysis for the Regions of Great Britain. Regional Science and Urban Economics, 2006 (36): 727 - 752.

[158] Richter W. F. , D. Wellisch. The Provision of Local Public Goods and Factors in the Presence of Firm and Household Mobility. Journal of Public Economics, 1996, 60 (1): 73 - 93.

[159] Ripley B. D. Spatial Statistics in R. R News, 2001, 1 (2): 14 - 15.

[160] Rork J. C. Coveting thy Neighbors' Taxation. National Tax Journal, 2003, 56 (4): 775 - 787.

[161] Rosenthal S. S. , W. C. Strange. Evidence on the Nature and Sources of Agglomeration Economies, in Handbook of Regional and Urban Economics, ed. by J. V. Henderson, and J. F. Thisse, Vol. 4 of Handbook of Regional and Urban Economics, Elsevier, 2004: 2119 - 2171.

[162] Ruiz - Valenzuela J. , R. Moreno - Serrano, E. Vaya - Valcarce. Has Concentration Evolved Similarly in Manufacturing and Services? A Sensitivity Analysis. Institut de Recerca en Economia Aplicada, Documents de Treball, 2007, No. 8.

[163] Salmon P. Decentralization as an Incentive Scheme. Oxford Review of Eco-

nomic Policy, 1987, 3 (2): 24 -43.

[164] Sassen S. The Global City: New York, London, Tokyo. Princeton University Press, 1991.

[165] Scott A. J. New Industrial Spaces. London: Pion, 1988.

[166] Shearmur R., D. Doloreux. Place, Space and Distance: Towards a Geography of Knowledge - Intensive Business Services Innovation. Industry and Innovation, 2008, 16 (1): 79 -102.

[167] Signe Krogstrup. A Synthesis of Recent Developments in the Theory of Capital Tax Competition. EPRU Working Paper Series 04 -02, Economic Policy Research Unit (EPRU), University of Copenhagen, Department of Economics, 2003.

[168] Simon C. J., C. Nardinelli. Human Capital and the Rise of American Cities, 1900 -1990. Regional Science and Urban Economics, 2002, 32 (1): 59 -96.

[169] Sinn H. W. The New Systems Competition. Malden, MA: Blackwell Publishing, 2003.

[170] Stanback T. The New Suburbanization. Westview Press, 1991.

[171] Tannenwald R. Tax Competition. The Encyclopaedia of Tax Policy, Washington: The Urban Institute, 1999: 367 -371.

[172] Tervo H. Cities, Hinterlands and Agglomeration Shadows: Spatial Developments in Finland During 1880 - 2004. Explorations in Economic History, 2010 (47): 476 -486.

[173] Tiebout C. M. A Pure Theory of Local Expenditures. Journal of Political Economy, 1956, 64 (5): 416 -424.

[174] Vandenbussche H., K. Crabbe, B. Janssen. Is There Regional Tax Competition? Firm Level Evidence for Belgium. De Economist, 2005 (153): 257 -276.

[175] Weber A. Theory of the Location of Industries. University of Chicago Press, 1929.

[176] Weichenrieder A. J. Public Procurement in the Presence of Capital Taxation. Regional Science and Urban Economics, 2001, 31 (2 -3): 339 -353.

[177] White M. J. Firm Location in a Zoned Metropolitan Area. In Mills E. S. and W. E. Oates. Fiscal Zoning and Land Use Controls. Lexington, Mass: Heath - Lexington Books, 1975.

[178] Wildasin D. E. Nash Equilibria in Models of Fiscal Competition. Journal of Public Economics, 1988, 35 (2): 229 -240.

[179] Wilson J. D. A Theory of Interregional Tax Competition. Journal of Urban Economics, 1986 (19): 296 -315.

[180] Wilson J. D. , D. Wildasin. Capital Tax Competiton: Bane or Boon. Journal of Public Economics, 2004 (88): 1065 -1091.

[181] Wilson J. D. Theories of Tax Competition. National Tax Journal, 1999, 52 (2): 269 -304.

[182] Wrede M. Agglomeration, Tax Competition, and Fiscal Equalization. MAGKS Papers on Economics 200818, Philipps -Universit? t Marburg, Faculty of Business Administration and Economics, Department of Economics, 2008

[183] Yao Y, X. Zhang. Race to the Top and Race to The Bottom: Tax Competition in Rural China. IFPRI Discussion Papers 799, International Food Policy Research Institute (IFPRI), 2008.

[184] Zodrow G. , P. Mieszkowski. Pigou, Tiebout, Property Taxation, and the Underprovision of Local Public Goods. Journal of Urban Economics, 1986, 19 (3): 356 -370.

[185] 安虎森:《新经济地理学原理》,经济科学出版社,2009 年。

[186] 白重恩、杜颖娟、陶志刚、仝月婷:《地方保护主义及产业地区集中度的决定因素和变动趋势》,《经济研究》2004 年第 4 期,第 29 -40 页。

[187] 保罗·克鲁格曼:《地理和贸易》,北京大学出版社,2000 年。

[188] 曹顺良、刘杰、李宁、张爱清、王建会:《上海市信息服务业产业集群分析》,《软科学》2008 年第 11 期,第 31 -34 页。

[189] 陈前虎、徐鑫、帅慧敏:《杭州城市生产性服务业空间演化研究》,《城市规划》2008 年第 8 期,第 48 -52 页。

[190] 陈秀山、邵晖:《大都市生产者服务业区位选择及发展趋势——以北京市为案例的研究》,《学习与实践》2007 年第 10 期,第 14 -22 页。

[191] 陈泽鹏、李文秀:《区域中心城市服务业空间布局实证研究》,《广东社会科学》2008 年第 1 期,第 31 -36 页。

[192] 陈钊、陆铭:《在集聚中走向平衡:中国城乡与区域经济协调发展的实证研究》,北京大学出版社,2009 年。

［193］范剑勇：《产业集聚与中国地区差距研究》，格致出版社，2008 年。

［194］方远平、闫小培：《大都市服务业区位理论与实证研究》，商务印书馆，2008 年。

［195］葛夕良：《国内税收竞争研究》，中国财政经济出版社，2005 年。

［196］顾燕：《产业—就业关联：城市现代服务业发展及其对就业的影响》，复旦大学硕士学位论文，2008 年。

［197］贺灿飞：《中国制造业地理集中与集聚》，科学出版社，2009 年。

［198］胡霞、魏作磊：《中国城市服务业集聚效应实证分析》，《财贸经济》2009 年第 8 期，第 108 - 114 页。

［199］江小涓：《服务业增长：真实含义、多重影响和发展趋势》，《经济研究》2011 年第 4 期，第 4 - 14 页。

［200］李慧中、王海文：《结构演进、空间布局与服务业的发展——来自长三角的经验研究》，《复旦学报（社会科学版）》2007 年第 9 期，第 59 - 66 页。

［201］李文秀、谭力文：《服务业集聚的二维评价模型及实证研究——以美国服务业为例》，《中国工业经济》2008 年第 4 期，第 55 - 63 页。

［202］李志平：《现代服务业集聚区形成和发展的动力机制研究——以上海现代服务业集聚区形成和发展为例》，同济大学博士学位论文，2008 年。

［203］梁琦：《空间经济学的过去、现在与未来》，藤田昌久、保罗·克鲁格曼、安东尼·维纳布尔斯：《空间经济学——城市、区域与国际贸易》，中国人民大学出版社，2005 年。

［204］刘欣伟：《生产性服务业产业集群研究——以长江三角洲为例》，上海社会科学院博士学位论文，2009 年。

［205］刘奕、夏杰长：《服务业集群的形成机理和作用机制：国际经验》，《国外社会科学》2009 年第 6 期，第 64 - 68 页。

［206］刘奕、夏杰长：《以功能型服务集群策动制造业集群升级的实现路径与政策建议》，《宏观经济研究》2010 年第 3 期，第 33 - 37 页。

［207］马风华、刘俊：《我国服务业地区性集聚程度实证研究》，《经济管理》2006 年第 12 期，第 10 - 13 页。

［208］芮伟：《北京市中央商务区 CBD 现代服务业集群竞争优势研究》，首都经济贸易大学硕士学位论文，2008 年。

［209］邵晖：《北京市生产者服务业聚集特征》，《地理学报》2008 年第 12

期，第 1289 – 1298 页。

[210] 沈坤荣、付文林：《税收竞争、地区博弈及其增长绩效》，《经济研究》2006 年第 6 期，第 16 – 26 页。

[211] 丝奇雅·沙森：《全球城市：纽约　伦敦　东京（2001 年新版）》，上海社会科学院出版社，2005 年。

[212] 王缉慈：《超越集群——中国产业集群的理论探索》，科学出版社，2010 年。

[213] 解垩、王晓峰：《财政支出的相互作用：空间面板数据的模型分析》，《山东经济》2009 年第 3 期，第 102 – 107 页。

[214] 闫坤等：《服务业发展与财税政策研究》，经济科学出版社，2008 年。

[215] 于涛方、陈修颖、吴泓：《2000 年以来北京城市功能格局与去工业化进程》，《城市规划学刊》2008 年第 5 期，第 46 – 54 页。

[216] 张恒龙、陈宪：《财政竞争对地方公共支出结构的影响——以中国的招商引资竞争为例》，《经济社会体制比较》2006 年第 6 期，第 57 – 64 页。

[217] 朱玲：《新疆印象之一：活跃的口岸贸易》，《经济学家茶座》2007 年第 5 期，第 45 – 50 页。